普通高等教育"十三五"规划教材

房地产基本制度与政策

第二版

胡细英　刘桂海　主编

化学工业出版社

·北京·

《房地产基本制度与政策》共分十一章，以房地产的开发经营活动全过程为主线，全面介绍了与房地产有关的民法基础知识、房地产制度与政策概述、建设用地制度与政策、国有土地上房屋征收制度与政策、城乡规划制度与政策、房地产开发建设经营制度与政策、房地产交易制度与政策、房地产权属登记制度与政策、房地产中介服务制度与政策、房地产税收制度与政策、物业管理制度与政策等内容。《房地产基本制度与政策》可作为高等院校、高等职业学校等工程管理专业、房地产专业和其他相关专业的教材，也可以作为房地产行业培训和执业资格考试、职业水平评价的参考用书。

图书在版编目（CIP）数据

房地产基本制度与政策/胡细英，刘桂海主编. —2版. —北京：化学工业出版社，2019.10（2021.2重印）
普通高等教育“十三五”规划教材
ISBN 978-7-122-35203-3

Ⅰ.①房… Ⅱ.①胡…②刘… Ⅲ.①房地产业-经济制度-中国-高等学校-教材②房地产经济-经济政策-中国-高等学校-教材 Ⅳ.①F299.233.1

中国版本图书馆CIP数据核字（2019）第201108号

责任编辑：满悦芝　　文字编辑：李　曦
责任校对：杜杏然　　装帧设计：张　辉

出版发行：化学工业出版社（北京市东城区青年湖南街13号　邮政编码100011）
印　　装：三河市双峰印刷装订有限公司
787mm×1092mm　1/16　印张13　字数309千字　2021年2月北京第2版第2次印刷

购书咨询：010-64518888　　售后服务：010-64518899
网　　址：http://www.cip.com.cn
凡购买本书，如有缺损质量问题，本社销售中心负责调换。

定　　价：42.00元

修订说明

《房地产基本制度与政策》自 2016 年出版以来，以其实用性和时效性受到广大读者欢迎。但随着我国房地产业的迅速发展，国家为适应实践发展的需要在房地产方面又陆续颁布了一些新的法律、法规和部门规章，尤其是 2017 年《中华人民共和国民法总则》的颁布实施，以及为贯彻党的十九大精神，转变政府职能，深化简政放权，创新监管方式，近年来修订了一大批法规，对我国的房地产基本制度与政策产生了重大影响。为了确保本书的时效性和实用性，并与现行房地产制度政策相衔接，更好地适应广大读者更新知识、开阔视野的需要，我们于 2019 年对本书进行了修订。本次修订，我们在保持原体系、结构和内容的基础上，纳入了近三年来新发布的法律、法规和部门规章的相关内容，并根据实践的发展和变化，调整了部分内容，增加了部分内容，删除了已废止的房地产制度与政策章节。修改后的《房地产基本制度与政策》第二版更好地反映了近期我国房地产方面的立法成果和实践中的新变化，也充分体现了其与《中华人民共和国民法总则》的衔接。我们希望修订版能更好地满足广大读者的需求，但受时间条件所限，疏漏之处在所难免，欢迎读者批评指正。

编者

2019 年 10 月

修订说明

编者

2019年10月

前言 Preface

随着我国社会主义市场经济的迅速发展，房地产业对国民经济发展作出了重大贡献。促进房地产业健康发展，是提高居民住房水平，改善居住质量，满足人民群众物质文化生活需要的基本要求；是促进消费，扩大消费，拉动投资增长，保持国民经济持续快速健康发展的有力措施；是充分发挥人力资源优势，扩大社会就业的有利途径。房地产业的发展已成为社会关注的热点问题，房地产业的波动会对一个地方的国民经济产生相当大的影响。房地产业又是一个受资金、政策、社会环境、关联产业等因素影响非常大的产业。为更好地解决群众住房问题，建立良好的市场秩序，促进房地产业持续健康发展，引导房地产业的发展方向，规范房地产开发经营行为，促进房地产业与国民经济协调发展，国家根据房地产业发展及宏观调控的需要制定了一系列的法律制度与政策，使我国房地产管理制度逐步健全和完善。本书根据房地产市场发展现状，突出了《中华人民共和国物权法》《中华人民共和国城市房地产管理法》等法律制度的重要地位，特别对近年来更新、废止的法律法规作出及时调整，并结合房地产经济活动的基本现状、基本理论、基本规律进行了系统、详细的论述。全书以房地产的开发经营活动全过程为主线，全面介绍了与房地产有关的民法基础知识、房地产制度与政策概述、建设用地制度与政策、国有土地上房屋征收制度与政策、城乡规划制度与政策、房地产开发建设经营制度与政策、房地产交易制度与政策、房地产权属登记制度与政策、房地产中介服务制度与政策、房地产税收制度与政策、物业管理制度与政策等内容。本书可作为高等院校、高等职业学校等工程管理专业、房地产专业和其他相关专业的教材，也可以作为房地产行业培训和执业资格考试、职业水平评价的参考用书。本书部分内容是参考了全国注册房地产估价、房地产经纪人员的水平评价等全国考试大纲的要求而编写的。

本书由胡细英、刘桂海主编。胡细英负责全书的统稿，大纲的制订、策划，刘桂海负责初稿的审阅。胡细英、黄荣萍负责第一、三、四、七、八、九、十一章的编写，刘桂海、吴巍负责第二、五、六、十章的编写。

本书在编写过程中参阅了有关专家的著作和论文，在此表示诚挚的谢意。

由于编者水平有限，不妥之处恳请读者批评指正。

编　者

2019 年 10 月

Contents

目录

第五章 城乡规划制度与政策 72

第六章 房地产开发建设经营制度与政策 83

第一章　民法基础知识

第一节　法的概述

一、法的渊源

法的渊源主要指法的效力来源，亦即根据法的效力来源不同对法所作的基本分类。在中国，法的渊源的含义的规范化表述，是指由不同国家机关制定、认可和变动的，具有不同法的效力或地位的各种法的形式。中国法的渊源有较为明显的特点，就是中国自古以来形成了以成文法为主要的法的渊源的传统。而成文法的表现形式在不同历史时代则不尽相同。中国现时成文法渊源包括：宪法、法律、行政法规、地方性法规、自治法规、行政规章、特别行政区法、国际条约。其中宪法、法律、行政法规在中国法的渊源体系中分别居于核心地位和尤为重要的地位。这主要是从立法体制、法的效力等级和效力范围角度所作的分类，亦可以说是从立法的角度所作的分类。这一类法的渊源是中国现时各种立法主体进行立法活动的结果，其中主要是从中央到地方有关权力机关所立的法；也有最高国家行政机关国务院所立的规范性法律文件和其他有关政府机关制定的规范性法律文件。

（一）宪法

作为法的渊源，《中华人民共和国宪法》（以下简称《宪法》）居于最高的、核心的地位，是一级大法或根本大法。从实质特征看，《宪法》制定和修改的程序更严格。只有最高国家权力机关全国人民代表大会（以下简称“全国人大”）才能行使修改宪法的权力，《宪法》的修改须由全国人民代表大会常务委员会（以下简称“全国人大常委会”）或五分之一以上全国人民代表大会代表提议，并由全国人大以全体代表的三分之二以上的多数通过。《宪法》规定和调整的内容比其他法更重要、更系统。它综合性地规定和调整诸如国家性质、社会经济和政治制度、国家政权的总任务、公民基本权利和义务、国家机构这些带根本性、全局性的关系或事项。《宪法》具有最高的效力等级，是其他法的立法依据或基础。其他法的内容或精神必须符合或不得违背它的规定或精神，否则无效。

（二）法律

法律是由全国人大及其常委会依法制定和变动的，规定和调整国家、社会和公民生活中某一方面带根本性的社会关系或基本问题的一种法。通常亦被人们称为狭义上的法律，是中国法的渊源体系的主导。法律的地位和效力低于宪法而高于其他法，是法的形式体系中的二级大法。法律是行政法规、地方性法规和行政规章的立法依据或基础，后者不得违反它，否则无效。法律分为基本法律和基本法律以外的法律两种。基本法律由全国人大制定和修改，在全国人大闭会期间，全国人大常委会也有权对其进行部分补充和修改，但不得同其基本原则相抵触。基本法律规定国家、社会和公民生活中具有重大意义的基本问题，如《中华人民共和国物权法》《中华人民共和国合同法》等。基本法律以外的法律由全国人大常委会制定和修改，规定由基本法律调整以外的国家、社会和公民生活中某一方面的重要问题，其调整面相对较窄，内容较具体，如《中华人民共和国城市房地产管理法》《中华人民共和国土地管理法》等。两种法律具有同等效力。全国人大及其常委会还有权就有关问题作出规范性决议或决定，它们与法律具有同等地位和效力。

（三）行政法规

行政法规是指国务院根据宪法和法律，按照法定程序制定的有关行使行政权力，履行行政职责的规范性文件的总称。行政法规的制定主体是国务院，行政法规根据宪法和法律的授权制定，行政法规必须经过法定程序制定，行政法规具有法的效力。行政法规一般以条例、办法、实施细则、规定等形式制定，发布行政法规需要国务院总理签署国务院令。行政法规作为一种法的渊源，在中国法的渊源体系中处于低于宪法、法律和高于一般地方性法规的地位。行政法规要根据宪法、法律来制定，不得与宪法、法律相抵触。而一般地方性法规亦不得与行政法规相抵触，否则无效。行政法规在中国法的渊源体系中具有纽带作用。行政法规的立法目的是保证宪法和法律实施，有了行政法规，宪法和法律的原则和精神便能具体化，便能更好地、有效地实现。行政法规又是联结地方性法规与宪法和法律的重要纽带。地方性法规的制定不得与行政法规相抵触，就进一步保证了宪法、法律得以实施。

（四）地方性法规、经济特区法规和自治法规

地方性法规是由特定的地方国家权力机关依法制定和变动的，效力不超出本行政区域范围，作为地方司法依据之一，在法的渊源体系中具有基础作用的规范性法律文件的总称。地方性法规是低于宪法、法律、行政法规但又具有不可或缺作用的基础性法的渊源。现阶段，省、自治区、直辖市、省级政府所在地的市、经国务院批准的较大市的人大及其常委会，根据本地的具体情况和实际需要，在不同宪法、法律和行政法规相抵触的前提下，可以制定和颁布地方性法规，报全国人大常委会和国务院备案。地方性法规在本行政区域的全部范围或部分区域有效。地方性法规的基本特征在于：立法主体只能是地方国家权力机关，任务是解决地方问题；有更多的关系需要处理，比中央立法更复杂和具体；具有从属与自主两重性；城市地方性法规在整个地方性法规中逐渐占据重要位置。地方性法规的作用主要有：使宪法、法律、行政法规和国家大政方针得以有效实施；解决中央法律、法规不能独力解决或暂时不宜由中央解决的问题；自主地解决应由地方性法规解决的各种问题。地方性法规要坚持两条基本原则：一是体现地方特色；二是与宪法、法律和行政法规不相抵触。全国人大常委会有权撤销同宪法、法律和行政法规相抵触的地方性法规。

经济特区法规是经济特区所在地的省、市的人民代表大会及其常务委员会根据全国人大的授权制定的法规，对法律、行政法规、地方性法规作变通规定的，在本经济特区适用经济特区法规的规定。

自治法规是民族自治地方的权力机关所制定的特殊的地方规范性法律文件即自治条例和单行条例的总称。自治条例是民族自治地方根据自治权制定的综合的规范性法律文件；单行条例则是根据自治权制定的调整某一方面事项的规范性法律文件。自治条例和单行条例在中国法的渊源中是低于宪法、法律的一种形式，可以作为民族自治地方的司法依据。

（五）规章

规章是有关行政机关依法制定的事关行政管理的规范性法律文件的总称，分为部门规章和地方政府规章两种。部门规章是国务院所属部委根据法律和行政法规，在本部门的权限内，所发布的各种行政性的规范性法律文件。其地位低于宪法、法律和行政法规，且不得与它们相抵触。地方政府规章是有权制定地方性法规的地方的人民政府根据法律、行政法规，制定的规范性法律文件。地方政府规章除不得与宪法、法律和行政法规相抵触外，还不得与上级和同级地方性法规相抵触。部门规章由部门首长签署命令予以公布，地方政府规章由省长或者自治区主席或者市长签署命令予以公布。

（六）国际条约

国际条约指两个或两个以上国家或国际组织间缔结的确定其相互关系中权利和义务的各种协议，是国际间相互交往的一种最普遍的法的渊源或法的形式。缔约双方或各方即为国际法的主体。国际条约不仅包括以条约为名称的协议，也包括国际法主体间形成的宪章、公约、盟约、规约、专约、协定、议定书、换文、公报、联合宣言、最后决议书。国际条约本属国际法范畴，但对缔结或加入条约的国家的国家机关、公职人员、社会组织和公民也有法的约束力；在这个意义上，国际条约也是该国的一种法的渊源或法的形式，与国内法具有同等约束力。随着中国对外开放的发展，与别国交往日益频繁，与别国缔结的条约和加入的条约日渐增多。这些条约也是中国司法的重要依据。

二、法律适用规则

根据《中华人民共和国立法法》（以下简称《立法法》）相关规定，主要原则有：

1. 一般不溯及既往

《立法法》第九十三条规定，法律、行政法规、地方性法规、自治条例和单行条例、规章不溯及既往，但为了更好地保护公民、法人和其他组织的权利和利益而作的特别规定除外。

2. 上位法优于下位法

《立法法》第八十八条规定，法律的效力高于行政法规、地方性法规、规章。行政法规的效力高于地方性法规、规章。第八十条规定，地方性法规的效力高于本级和下级地方政府规章。省、自治区人民政府制定的规章的效力高于本行政区域内的设区的市、自治州的人民政府制定的规章。

3. 特别法优于一般法

《立法法》第九十二条规定，同一机关制定的法律、行政法规、地方性法规、自治条例和单行条例、规章，特别规定与一般规定不一致的，适用特别规定。

4. 新法优于旧法

《立法法》第九十二条规定，同一机关制定的法律、行政法规、地方性法规、自治条例和单行条例、规章，新的规定与旧的规定不一致的，适用新的规定。

5. 同一事项的新的一般规定与旧的特别规定不一致，提交有关机关裁决

《立法法》第九十四条、九十五条规定，法律之间对同一事项的新的一般规定与旧的特别规定不一致，不能确定如何适用时，由全国人民代表大会常务委员会裁决。行政法规之间对同一事项的新的一般规定与旧的特别规定不一致，不能确定如何适用时，由国务院裁决。

地方性法规、规章之间不一致时，由有关机关依照下列规定的权限作出裁决：同一机关制定的新的一般规定与旧的特别规定不一致时，由制定机关裁决；地方性法规与部门规章之间对同一事项的规定不一致，不能确定如何适用时，由国务院提出意见，国务院认为应当适用地方性法规的，应当决定在该地方适用地方性法规的规定；认为应当适用部门规章的，应当提请全国人民代表大会常务委员会裁决；部门规章之间、部门规章与地方政府规章之间对同一事项的规定不一致时，由国务院裁决。根据授权制定的法规与法律规定不一致，不能确定如何适用时，由全国人民代表大会常务委员会裁决。

第二节　民法总则

一、民法概述

（一）民法的概念

民法是调整平等民事主体之间的财产关系、人身关系的法律规范的总和。民法调整的平等民事主体之间的关系包括财产关系和人身关系。财产关系，包括物权、债权、知识产权。人身关系是人们在社会生活中形成的具有人身属性，与主体的人身不可分离的，不是以经济利益而是以特定精神利益为内容的社会关系。

民法在本质上是调整商品交换关系的最一般的行为规则。我们现在的民法是从古代的罗马法发展而来的，罗马法是奴隶制简单商品交换的最一般的行为规则；到了资产阶级革命时期，随着资本主义萌芽的诞生，罗马法复兴了，成为了资本主义商品交换的最一般的行为规则，所以《法国民法典》《德国民法典》是资本主义商品交换的最一般的行为规则；1917 年十月革命后，在苏联新经济政策的历史背景之下，在列宁的亲自主持制定之下，1922 年颁布了《苏俄民法典》，它是社会主义时期商品交换的最一般的行为规则。

编纂一部真正属于中国人民的民法典，是新中国几代人的夙愿。党的十八大以来，根据党中央的决策部署，十二届全国人大及其常委会将编纂民法典和制定民法总则作为立法工作的重点任务。2016 年 6 月、10 月、12 月，全国人大常委会先后 3 次审议了《中华人民共和国民法总则（草案）》，并且先后 3 次于会后将草案审议稿在中国人大网公布征求社会公众意见，两次将草案稿印送全国人大代表征求意见，还将草案印发中央有关部门、地方人大、法学教学科研机构征求意见。《中华人民共和国民法总则》（以下简称《民法总则》），是在深入调查研究，广泛听取全国人大代表、全国政协委员和社会各界意见的基础上，反复修改形成的，体现了科学立法、民主立法的精神。

《民法总则》基本吸收了《民法通则》规定的民事基本制度和一般性规则，同时作了补充、完善和发展。《民法通则》规定的合同、所有权及其他财产权、民事责任等具体内容还需要在编纂民法典各分编时作进一步统筹，系统整合。据此，《民法总则》通过后暂不废止《民法通则》。《民法总则》与《民法通则》的规定不一致的，根据新法优于旧法的原则，适用《民法总则》的规定。

《民法总则》是民法典的开篇之作，在民法典中起统领性作用。《民法总则》规定民事活动必须遵循的基本原则和一般性规则，统领民法典各分编；各分编将在总则的基础上对各项民事制度作出具体规定。《民法总则》以 1986 年制定的《民法通则》为基础，采取“提取公因式”的办法，将民事法律制度中具有普遍适用性和引领性的规定写入《民法总则》，就民法基本原则、民事主体、民事权利、民事法律行为、民事责任和诉讼时效等基本民事法律制度作出规定，既构建了我国民事法律制度的基本框架，也为各分编的规定提供依据。《中华人民共和国民法总则》已于2017年3月15日第十二届全国人民代表大会第五次会议通过，自2017年10月1日起施行；民法典各个分编开始编纂，预计在2020年形成统一的民法典。《民法总则》作出民事法律制度中具有普遍适用性和引领性的规定，在民法典中起统领性作用。

（二）民法的基本原则

《民法总则》确立的基本原则是民事主体从事民事活动和司法机关进行民事司法裁判应当遵循的基本原则，与《民法通则》相较，有所创新和完善。《民法总则》确立了以下基本原则。

1. 平等原则

平等原则主要有两层含义，一层含义是法律面前人人平等的宪法原则在民法中的体现，一层含义是平等保护所有民事主体的合法民事权益。

2. 自愿原则

民事主体从事民事活动，应当遵循自愿原则，按照自己的意思设立、变更、终止民事法律关系。意思自治是现代民法的“三大基石”之一。

3. 公平原则

所谓公平就是以利益的均衡作为价值判断标准以调整民事主体之间的经济利益关系，通过利益均衡配置民事主体的权利义务，公平正义是对民事司法活动的基本要求。

4. 诚信原则

诚实守信是市场活动的基本准则，是保障交易秩序的重要法律原则，它和公平原则一样，既是法律原则，又是一种重要的道德规范，它要求全部民事主体诚实不欺，讲究信用，以善意的方式行使权利。值得注意的是，诚实信用原则是一项霸王条款，由于在法律中不可能把民法所需要遵守的规范写全，所以制定了该项原则。

5. 绿色原则

这是《民法总则》新确定的一项法律原则，是具有重大意义的创举，规定民事主体从事民事活动，应当有利于节约资源，保护生态环境。这项原则既传承了天地人和、人与自然和谐相处的传统文化理念，又体现了新的发展思想，有利于缓解我国不断增长的人口与资源生态的矛盾。

6. 公序良俗原则

公序良俗是由“公共秩序”和“善良风俗”两个概念构成的，要求民事主体遵守社会公共秩序，遵循社会主体成员所普遍认可的道德准则。这项原则还有一种含义，凡违反公序良俗的民事法律行为是无效的。

（三）民事法律关系

1. 概念

民事法律关系，就是民事法律规范所调整的社会关系，即为民法所确认和保护的，符合民事法律规范的，以权利、义务为内容的社会关系。

2. 民事法律关系的特点

（1）民事法律关系是人与人之间的社会关系　例如物权关系，其是人与人之间因对物的占有、使用、收益、处分而产生的权利和义务关系，是人与人之间的社会关系。

（2）民事法律关系本质上是权利和义务关系　任何具有权利和义务内容的社会关系就是法律关系，反之，不具有法律上权利和义务内容的关系则不是法律关系，而是其他关系，如道德关系。

3. 民事法律关系的三要素

民事法律关系的三要素，是指民事法律关系的主体、民事法律关系的客体、民事法律关系的内容。民事法律关系的主体，是指参加民事法律关系，享有民事权利，承担民事义务的自然人、法人。民事法律关系的客体，是指民事法律关系主体的权利和义务所指向的对象，其可以是物、行为，也可以是无体财产，例如人身法律关系的客体是人身利益。民事法律关系的内容，就是民事权利和民事义务。权利本质上是一种利益，当受到法律保护的时候，其就被称为民事权利。义务是指因他人行为而对自己行为作出限制，即必须为某种行为或者必须不为某种行为。权利和义务不可分，没有无权利的义务，也没有无义务的权利。

民法是权利学，是以权利为本位，以权利为体系的。民法中的权利包括物权、债权、知识产权、人身权。

（四）民事法律事实

能够引起民事法律关系发生、变更、消灭的客观事实，称为民事法律事实。其中，不以人的主观意志为转移的事实，称为事件；人们有意识、有目的地进行的客观活动，称为人的行为。

例如住户甲将花盆放在阳台上，一阵大风将阳台上的花盆刮下来，砸到楼下汽车顶上。甲将花盆放在阳台上是其有意识、有目的的行为，而大风将花盆刮下属于事件，这是一个由人的行为和事件结合在一起构成的损害赔偿法律关系。若因台风、海啸等原因使大家的花盆都被刮下来，则属于不可抗力，属于意外事件，当事人可以不承担民事损害赔偿。损害赔偿是行为，但损害赔偿法律关系是侵权行为之债，是法律关系。一个人违反交通规则将他人撞死，这是一个民事法律事实构成。造成的人身伤害以及造成的财产损失是侵权行为之债，是民事法律关系；违反交通规则是违反了行政法律规定，是行政法律关系；如果有逃逸行为，或者造成严重的损害事故，则还要承担刑事责任。

二、民事法律行为

（一）民事法律行为的含义

《民法总则》第一百三十三条将民事法律行为定义为“民事主体通过意思表示设立、变更、终止民事法律关系的行为”。民事法律行为作为民事法律事实中行为的一种，具有如下三项特征而区别于其他各类民事法律事实。

1. 民事法律行为是一种产生、变更、消灭民事权利义务关系的行为

这样，在法理学上，民事法律行为作为法律行为的一种，就与行政法律行为、民事诉讼法律行为、刑事诉讼法律行为等相并列。在此，理解民事法律行为的外延就不再着眼于其合法性，而在于其引起的民事法律后果。

2. 民事法律行为是以行为人的意思表示作为构成要素

意思表示是指行为人追求民事法律后果的内心意思用一定的方式表示于外部的活动。比如，旅客在饭店将其要下榻某一房间的想法用口头方式告诉前台接待人员的表示就是意思表

示。缺少民法所确认的意思表示的行为就不是民事法律行为。

3. 民事法律行为能够实现行为人所预期的民事法律后果

民事法律行为是一种目的性行为，即以设立、变更或终止民事法律关系为目的。这一目的是行为人在实施民事法律行为之时所追求的预期后果。基于法律确认和保护民事法律行为的效力，行为人所追求的预期后果必然可以实现。可见，民事法律行为的目的与实际产生的后果是相互一致的。这一特点使得民事法律行为区别于民事违法行为。民事违法行为（如侵权行为）也产生法律后果（侵权责任）。但是，这种法律后果并不是行为人实施民事违法行为时所追求的后果，而是根据法律规定直接产生，并非以当事人的意思表示为根据。

（二）民事法律行为的分类

1. 单方法律行为、双方法律行为和多方法律行为

依民事法律行为的成立须有几个方面的意思表示而作此分类。单方法律行为指依一方当事人的意思表示而成立的法律行为，大体上可以分为两种：一是行使个人权利的行为，而该行为仅仅发生个人的权利变动，如抛弃所有权、他物权的行为等；二是涉及他人权利的发生、变更或消灭等，如债务的免除、委托代理的撤销、委托代理的授权、处分权的授予、无权代理的追认、遗嘱的订立、继承权的抛弃等。双方法律行为指由双方当事人相对应的意思表示的一致而成立的法律行为，一般的合同（契约）都是双方法律行为。多方法律行为指依两个或两个以上当事人彼此意思表示的一致才能成立的法律行为，如合伙合同、联营合同、订立公司章程的行为等。多方法律行为与双方法律行为的区别在于，前者的当事人所追求的利益与目标是共同的，而后者的当事人的利益与目标恰恰是相对的。

2. 有因行为与无因行为

根据民事法律行为与原因的关系而作此分类。有因行为是指与原因不可分离的行为。所说的原因就是民事法律行为的目的，对于有因行为，原因不存在，行为就不能生效。无因行为是指行为与原因可以分离，不以原因为要素的行为。无因行为并非没有原因，而是指原因无效并不影响行为的效力。例如债权转让或债务承担合同行为即为无因行为，还有，委托代理关系中委托人的授权行为也是无因行为。

3. 财产行为与身份行为

以法律行为发生的效果是财产性还是身份性的而作此分类。财产行为是以发生财产上法律效果为目的的行为，财产行为的后果是在当事人之间发生财产权利与义务的变动，如给付行为、处分行为与负担行为等。身份行为是指直接以发生或丧失身份关系为目的的行为，如结婚、离婚、收养等行为。

4. 主法律行为与从法律行为

根据法律行为相互间的附属关系而作此分类。主法律行为是指不需要其他法律行为的存在即可独立存在的法律行为；从法律行为是指以其他法律行为的存在为其存在前提的法律行为。

5. 负担行为与处分行为

依据法律行为所产生的效果而作此分类。负担行为是指以发生债权债务为其效力的行为，亦称债权行为或债务行为。处分行为是指直接发生、变更、消灭物权或准物权的行为。

民事法律行为还有几种重要的分类，包括单务行为与双务行为、有偿行为与无偿行为、诺成性行为与实践性行为、要式行为与不要式行为等。因这些分类存在着对应的合同分类，将在合同法中阐述。

（三）民事法律行为的成立与生效

民事法律行为的成立与生效这两个概念既有区别又有联系。在现代民法上，尽管在多数情形下，“同时成立原则”仍然适用，但在民法理论和民事立法上，已经将二者区分开来，并且在一些场合下，民事法律行为的成立与生效确实不是同时完成的。民事法律行为的成立是指当事人意思表示的完成，其着眼点在于某一民事法律行为是否已经客观存在。而民事法律行为的生效，是指民事法律行为的当事人约定的权利义务内容产生了法律效力，其着眼点在于法律是否对某一已成事实的民事法律行为的效果给予积极性评价。因此，民事法律行为的生效除了当事人意思表示的一致外，还以意思表示的内容及形式的合法为要件。概而言之，民事法律行为的生效是以民事法律行为的成立为前提的；但已成立的民事法律行为，不一定都能生效，生效与否还要看是否具备法定的生效要件。可见，民事法律行为的成立与否纯属一种事实判断，民事法律行为的生效与否则属于一种价值判断。

三、代理

代理是指代理人以被代理人（又称本人）的名义，在代理权限内与第三人（又称相对人）实施民事行为，其法律后果直接由被代理人承受的民事法律制度。代理人在代理权限范围内实施代理行为。代理人以被代理人的名义实施民事法律行为，被代理人对代理人的行为承担民事责任。

以代理权产生根据的不同分为委托代理、法定代理。①委托代理，又称意定代理，即代理人依照被代理人授权进行的代理。②法定代理，是根据法律的规定而直接产生的代理关系，主要是为保护无民事行为能力人和限制民事行为能力人的合法权益而设定，如父母对未成年子女的代理。

以代理是否转托他人分为本代理和复代理。①本代理，是指代理人的代理权来源于被代理人直接授予代理权的行为，或来源于法律的规定以及有关机关的指定的代理。②复代理，指代理人为了被代理人的利益，转托他人实施代理的行为。与此相对，由代理人亲自进行的代理则为本代理。

四、民事责任

民事责任是民事主体不履行或不完全履行民事义务的法律后果，是保障民事权利实现的重要措施，也是对不履行民事义务行为的一种制裁。民事主体依照法律规定和当事人约定，履行民事义务，承担民事责任。二人以上依法承担按份责任，能够确定责任大小的，各自承担相应的责任；难以确定责任大小的，平均承担责任。二人以上依法承担连带责任的，权利人有权请求部分或者全部连带责任人承担责任。因不可抗力不能履行民事义务的，不承担民事责任。不可抗力是指不能预见、不能避免且不能克服的客观情况，如战争、罢工、风灾、地震、雷电、流行病等。承担民事责任的方式主要有以下 11 种：①停止侵害；②排除妨碍；③消除危险；④返还财产；⑤恢复原状；⑥修理、重作、更换；⑦继续履行；⑧赔偿损失；⑨支付违约金；⑩消除影响、恢复名誉；⑪赔礼道歉。以上承担民事责任方式，可以单独适用，也可以合并适用。

五、诉讼时效

诉讼时效是指民事权利受到侵害的权利人在法定的时效期间内不行使权利，当时效期间届满时，义务人获得诉讼时效抗辩权，权利人的请求权不受国家强制力保护的法律制度。但不是所有的请求权都适用诉讼时效，《民法总则》规定请求停止侵害、排除妨碍、消除危险；不动产物权和登记的动产物权的权利人请求返还财产；请求支付抚养费、赡养费或者扶养费等不适用诉讼时效的规定。

（一）普通诉讼时效期间

《民法总则》规定将现行《民法通则》规定的 2 年一般诉讼时效期间延长为 3 年，以适应交易方式与类型不断创新、权利义务关系更趋复杂的现实情况，有利于更好地保护债权人的合法权益。

（二）最长权利保护期间

《民法总则》规定：自权利受到损害之日起超过二十年的，人民法院不予保护；有特殊情况的，人民法院可以根据权利人的申请决定延长。

（三）诉讼时效的中止和中断

在诉讼时效期间的最后六个月内，因下列障碍，权利人不能行使请求权的，诉讼时效中止，自中止时效的原因消除之日起满六个月，诉讼时效期间届满：①不可抗力；②无民事行为能力人或者限制民事行为能力人没有法定代理人，或者法定代理人死亡、丧失民事行为能力、丧失代理权；③继承开始后未确定继承人或者遗产管理人；④权利人被义务人或者其他人控制；⑤其他导致权利人不能行使请求权的障碍。

有下列情形之一的，诉讼时效中断，待中断的事由消除后，诉讼时效期间重新计算：①权利人向义务人提出履行请求；②义务人同意履行义务；③权利人提起诉讼或者申请仲裁；④与提起诉讼或者申请仲裁具有同等效力的其他情形。

第三节 物权法

一、物权概述

物权是指权利人直接支配标的物享有其利益并排除他人之干涉的民事财产权。

（一）物权的特征

① 物权是民事财产权的一种，在这一点上物权与债权相同。作为财产权，物权以可流转为其原则以不得流转为例外；由于物权是财产权，所以物权受到侵害以后可以通过损害赔偿实现完全救济；又由于物权是财产权，所以其受到侵害以后即便权利人受有精神损害也不得要求精神损害赔偿。

② 物权的客体是特定的物。物权客体是现实存在的、独立的物，明确物权的客体，以确保权利人对物权的行使。

③ 物权是支配权、绝对权和对世权。物权是权利人直接支配的权利，权利的主体特定，而义务主体为权利人以外的其他任何人，都负有不得非法干涉和侵害权利人所享有的物权的义务。

（二）物权的效力

物权的优先效力。物权的优先效力体现在如下两个方面：一是物权对于债权的优先效力。在同一标的物上物权与债权并存时，物权有优先于债权的效力。这一原则有例外，即买卖不破除租赁。二是物权相互间的优先效力。同一个标的物上存在两个以上物权的，先成立的物权优先于后成立的物权。这一原则有两个例外：其一，法定物权优先于意定物权，例如留置权无论成立在先还是在后都优先于标的物上的抵押权和质权；其二，他物权成立在后，但是优先于所有权。

物权的追及效力。所谓物权的追及效力是指不论标的物辗转于何人之手，除法律规定外，物权人均可追及至物之所在行使物权的法律效力。物权的追及效力也有一个例外，即动产的善意取得制度。

物权的妨害排除力。物权作为绝对权、对世权具有对抗任何第三人的效力，因此任何人不得干涉权利人行使其物权。物权的权利人在其权利的实现上遇有某种妨害时，物权人有权对于造成妨害其权利事由发生的人请求排除此等妨害，称为物上请求权。

（三）物权法定

物权法定是指物权的种类、物权的内容和效力都只能由法律加以规定，当事人不得任意创设，其具体内容包括：

① 类型法定。所谓类型法定是指物权的类型只能由《中华人民共和国物权法》（以下简称《物权法》）或者其他法律规定，不得由当事人随意创设，即当事人在其协议中不得明确规定其通过合同设定的权利为物权，也不得设定与法定的物权不相符合的物权。当事人创设《物权法》所未规定的物权不能发生物权的效力，但是这并不能否定当事人的约定的效力，当事人的约定仍然有效，只不过只能在当事人之间发生法律效力（作为合同只产生债权效力）。

② 物权的内容由法律规定，而不能由当事人通过协议设定。

③ 物权的效力必须由法律规定，而不能由当事人通过协议加以设定。

④ 物权的公示方法必须由法律规定，不得由当事人随意确定。物权法定原则与合同自由原则的区别体现了合同法与物权法的不同之处。

物权法定原则不仅仅禁止当事人约定法律所未规定的物权类型和内容，而且也限制法律以外的其他法律规范创设《物权法》和其他法律所未规定的物权类型，因此行政法规、地方法规和部门规章等均不能创设物权类型和改变法律所规定的物权内容。

我国现行民法规范确认的物权有：所有权，国有、集体土地的使用权，其他自然资源所有权，土地承包经营权，典权，抵押权，质权和留置权。

（四）物权的分类

1. 自物权与他物权

自物权是权利人对于自己的物所享有的权利。因其与他人之物无关，故称作自物权。所有权是自物权。他物权是在他人所有的物上设定的物权。他物权是对他人的物享有的权利，其内容是在占有、使用、收益或者处分某一方面对他人之物的支配。

2. 动产物权与不动产物权

这是根据物权的客体是动产还是不动产所作的分类。不动产所有权、建设用地使用权、不动产抵押权等是不动产物权，而动产所有权、动产质权、留置权则是动产物权。

3. 主物权与从物权

这是以物权是否具有独立性进行的分类。主物权是指能够独立存在的物权，如所有权、建设用地使用权。从物权则是指必须依附于其他权利而存在的物权。如抵押权、质权、留置权，是为担保的债权而设定的。地役权在与需役地的所有权或使用权的关系上，也是从物权。

4. 所有权与限制物权

这是以对于标的物的支配范围的不同对物权所作的区分。所有权是全面支配标的物的物权。限制物权是于特定方面支配标的物的物权。

二、物权的变动

（一）物权变动的概念

物权的变动是物权的产生、变更和消灭的总称。从权利主体方面观察，即物权的取得、变更和丧失。物权的产生即物权人取得了物权，它在特定的权利主体与不特定的义务主体之间形成了物权法律关系，并使特定的物与物权人相结合。物权取得分原始取得和继受取得。原始取得是不以他人的权利及意思为依据，而是依据法律直接取得物权。继受取得是以他人的权利及意思为依据取得物权，其中，创设的继受取得是指所有人在自己的所有物上为他人设定他物权，而由他人取得一定的他物权。移转的继受取得是指物权人将自己享有的物权以一定法律行为移转给他人，由他人取得该物权。物权的变更是指物权的主体、客体或内容的变更。物权的消灭是指物权的丧失，分绝对消灭和相对消灭，绝对消灭即物权本身不存在，如物的毁灭，相对消灭如物的买卖、赠与。

（二）物权变动的原则

物权是对于物进行直接支配的权利，具有优先权和物上请求权的效力。如果不以一定的可以从外部查知的方式表现物权的产生、变更、消灭，必然纠纷不已，难以确保交易安全。

1. 公示原则

① 公示原则要求物权的产生、变更、消灭，必须以一定的可以从外部查知的方式表现出来。这是因为物权有排他的性质，其变动常有排他的后果，如果没有一定的可以从外部查知的方式将其变动表现出来，就会给第三人带来不测的损害，影响交易的安全。

② 不动产以登记为不动产物权的公示方法；动产以交付为动产物权的公示方法。

2. 公信原则

① 物权的变动以登记和交付为公示方法，当事人如果信赖这种公示而为一定的行为，即使登记或交付所表现的物权状态与真实的物权状态不符，也不能影响物权变动的效力——公信原则的基本要求。

② 物权的变动之所以要有公信原则，是因为仅贯彻公示原则，在进行物权交易时，固然不必顾虑他人主张未有公示的物权，免受不测的损害。但公示所表现的物权状态与真实的物权状态不相符合的情况在现实生活中也是存在的，如果在物权交易中都得先一一调查，必然十分不便。在物权变动中以公信原则为救济，使行为人交易信赖登记与交付所公示的物状态进行交易，不必担心其实际权利的状况。

③ 对于动产予以交付（占有）公信力，对于不动产以登记公信力。一般说来，物权的变动本来应当是在事实和形式上都是真实的才会产生变动，但由于这两个原则被采用的结果，就会发生即使事实上已经变动，但形式上没有采取公示方法，仍然不发生物权变动的效力；如果形式上已经履行变动手续，但事实上并未变动，仍然发生物权变动的效力。

（三）物权变动的原因

1. 物权的取得

物权可基于民事法律行为而取得，如买卖、互易、遗赠、赠与等；也可非基于民事法律行为而取得，主要有：

① 因取得时效取得物权。

② 因征收或没收取得物权。

③ 因法律的规定取得物权（留置权）。

④ 因附合、混合、加工取得所有权。

⑤ 因继承取得所有权。

⑥ 因拾得遗失物、发现埋藏物取得所有权。

⑦ 因合法建造取得所有权。

⑧ 因人民法院、仲裁委员会的法律文书取得物权。

⑨ 孳息的所有权取得。

天然孳息由所有权人取得；既有所有权人又有用益物权人的，由用益物权人取得。当事人另有约定的，按照约定。法定孳息当事人有约定的，按照约定取得；没有约定或者约定不明的，按照交易习惯取得。

2. 物权的消灭

民事法律行为的原因：

（1）抛弃　权利人一方作出意思表示即生效力，是单方法律行为；他物权的抛弃，须向因抛弃而受利益的人为意思表示。抛弃的意思表示不一定向特定人为之，只要权利人抛弃其占有、表示其抛弃的意思，即生抛弃的效力。不动产物权的抛弃，还需办理注销登记才发生效力。原则上物权一经权利人抛弃即归消灭，但如果因为物权的抛弃会妨害他人的权利时，则物权人不得任意抛弃其权利。

（2）合同　这是指当事人之间关于约定物权存续的期间，或约定物权消灭的意思表示一致的民事行为。在合同约定的期限届满或约定物权消灭的合同生效时，物权即归于消灭。例如，债务人将其土地使用权抵押后，经与抵押权人协商，另以价值相当的房产做抵押，消灭原来的土地使用权抵押。

（3）撤销权的行使　法律或合同规定有撤销权的，因撤销权的行使会导致物权消灭。例如，承包经营权人没有按承包合同的规定向集体组织交付承包收益时，集体组织可以撤销其承包经营权。

民事法律行为以外的原因：

（1）标的物灭失　物权的标的物如果在生产中被消耗，在生活中被消费，如油料燃烧、食物被吃掉、汽车报废；或者标的物因其他原因灭失，如地震、大火导致房屋倒塌、烧毁。在这些情况下，由于标的物不存在了，因而该物的物权也就不存在了。应注意的是，标的物虽然毁损，但是对于其残余物，原物的所有人仍然享有所有权。如房屋毁坏，房屋所有权虽然消灭，但所有人基于所有权的效力，取得砖土瓦木等动产所有权。另外，由于担保物权的物上代位性，在担保标的物灭失或毁损时，担保物权续存于保险金、赔偿金等在经济上为该标的物的替代物之上。

（2）法定期间的届满　在法律对他物权的存续规定了期间时，该期间届满，则物权消灭。

（3）混同 这是指法律上的两个主体资格归属于一人，无并存的必要，一方为另一方所吸收的关系。混同有债权与债务的混同和物权的混同，这里专指物权的混同。物权的混同，是指同一物的所有权与他物权归属于一人时，其他物权因混同而消灭。例如甲在其房屋上为乙设定抵押权，后来乙购买了该栋房屋取得其所有权，则所有权与抵押权同归于一人，抵押权消灭。另外，物权的混同还指所有权以外的他物权与以该他物权为标的物之权利归属于一人时，其权利因混同而消灭。例如，甲对乙的土地享有使用权，甲在其土地使用权上为丙设定了抵押权，后来丙因某种原因取得了甲的土地使用权，这时土地使用权与以该土地使用权为标的的抵押权归属于一人，抵押权消灭。

三、不动产所有权

（一）土地所有权

1. 国家土地所有权

城市市区的土地属于全民所有即国家所有。农村和城市郊区的土地，除法律规定属于国家所有的以外，属于集体所有。

2. 集体土地所有权

集体土地所有权的主体：

① 村农民集体。村农业生产合作社等农业集体经济组织或村民委员会对土地进行经营、管理。

② 如果村范围内的土地已经分别属于村内两个以上农业集体经济组织所有的，可以属于各该农业集体经济组织的农民集体所有。

③ 土地如果已经属于乡（镇）农民集体所有的，可以属于乡（镇）农民集体所有。

（二）建筑物分区所有权

1. 专有部分

数人区分一建筑物而各有的那一部分。

① 以此专有部分为客体的区分所有权，为各区分所有人单独所有，在性质上与一般所有权并无不同。

② 区分所有人就专有部分的使用、收益、处分，不得违反各区分所有人的共同利益。

2. 共有部分

区分所有的建筑物及其附属物的共同部分，即专有部分之外的建筑物的其他部分。

① 建筑物的共有部分，为相关区分所有人所共有，均不得分割。

② 各区分所有人对共有部分，应按其目的加以使用。

③ 共有部分的修缮费以及其他负担，由各区分所有人按其所有部分的价值分担。

3. 建筑物区分所有权

数人区分一建筑物而各有其专有部分，并就共用部分按其应有部分享有所有权。

（三）相邻关系

两个或两个以上相互毗邻的不动产所有人或使用人，在行使占有、使用、收益、处分权利时的权利义务关系。本质上是一方所有人或使用人的财产权利的延伸，同时又是对他方所有人或使用人的财产权利的限制。处理相邻关系的原则：有利生产，方便生活，团结互助，公平合理。

（四）共有

共有是指两个或两个以上的人对同一项财产享有所有权。共有人按照约定管理共有的不动产或者动产；没有约定或者约定不明确的，各共有人都有管理的权利和义务。共有分为按份共有和共同共有。

1. 按份共有

按份共有是指两个或两个以上的人对同一项财产按照份额享有所有权。各个共有人对于共有物按照份额享有所有权，各个共有人对于共有物按照各自的份额对共有物分享权利、分担义务。按份共有并不是把共有物分为若干份，各共有人各享有一个所有权，而是共有人对共有物按照各自的份额享有权利和承担义务。各个共有人虽然拥有一定的份额，但共有人的权利并不仅限于共有物的某一部分上，而是及于共有物的全部。共有人按照各自的份额对共有物共享所有权。

按份共有人有权处分其份额。共有人对其份额只能进行法律上的处分，即将其份额分出或转让。共有人对其份额可以转让而不必征得其他共有人的同意。出售时，其他共有人在同等条件下，有优先购买的权利。处分共有的不动产或者动产以及对共有的不动产或者动产作重大修缮的，应当经占份额三分之二以上的按份共有人同意，但共有人之间另有约定的除外。

2. 共同共有

共同共有是指两个或两个以上的人基于共同关系，共同享有一物的所有权。共同共有根据共同关系（由法律直接规定或由合同约定），以共同关系的存在为前提。共同共有没有共有份额。共同共有是不确定份额的共有，只要共同共有关系存在，共有人就不能划分自己对财产的份额。只有在共同共有关系消灭，对共有财产进行分割时，才能确定各个共有人应得的份额。共同共有的共有人平等地享有权利和承担义务。各个共有人对于共有物，平等地享有占有、使用、收益、处分权。处分共有的不动产或者动产以及对共有的不动产或者动产作重大修缮的，应当经全体共同共有人同意，但共有人之间另有约定的除外。

（五）善意取得制度

无处分权人将不动产转让给受让人的，所有权人有权追回，但符合下列情形的，受让人取得该不动产或者动产的所有权：

① 受让人受让该不动产或者动产时是善意的。

② 以合理的价格转让。

③ 转让的不动产或者动产依照法律规定应当登记的已经登记，不需要登记的已经交付给受让人。

受让人善意取得不动产或者动产的所有权的，原所有权人有权向无处分权人请求赔偿损失。

四、用益物权

用益物权指对他人所有的物，在一定范围内进行占有、使用、收益、处分的他物权。用益物权人只是在一定方面具有支配标的物的权利，没有完全的支配权。所有人为了充分发挥物的效用，将所有权与其部分权能相分离，由用益物权人享有和行使对物的一定范围的使用、收益权能的结果。用益物权是所有权派生的权利。用益物权一旦产生，其权利人就在设定的范围内独立地支配其标的物，进行使用和收益。用益物权人不仅可以排除一般的人对于其行使用益物权的干涉，而且用益物权人在其权利范围内可以依据用益物权直接对抗物的所有人对其权利的非法妨害。

（一）土地承包经营权

土地承包经营权是承包人因从事种植业、林业、畜牧业、渔业生产或其他生产经营项目而承包使用、收益集体所有或国家所有的土地或森林、山岭、草原、荒地、滩涂、水面的权利。农村集体经济组织实行家庭承包经营为基础、统分结合的双层经营体制。农民集体所有和国家所有由农民集体使用的耕地、林地、草地以及其他用于农业的土地，依法实行土地承包经营制度。耕地的承包期为三十年。草地的承包期为三十年至五十年。林地的承包期为三十年至七十年；特殊林木的林地承包期，经国务院林业行政主管部门批准可以延长。前款规定的承包期届满，由土地承包经营权人按照国家有关规定继续承包。土地承包经营权自土地承包经营权合同生效时设立。县级以上地方人民政府应当向土地承包经营权人发放土地承包经营权证、林权证、草原使用权证，并登记造册，确认土地承包经营权。土地承包经营权人依照农村土地承包法的规定，有权将土地承包经营权采取转包、互换、转让等方式流转。流转的期限不得超过承包期的剩余期限。未经依法批准，不得将承包地用于非农建设。

（二）建设用地使用权

建设用地使用权是因建筑物或其他构筑物而使用国家所有的土地的权利。建设用地使用权人依法对国家所有的土地享有占有、使用和收益的权利，有权利用该土地建造建筑物、构筑物及其附属设施。建设用地使用权可以在土地的地表、地上或者地下分别设立。新设立的建设用地使用权，不得损害已设立的用益物权。设立建设用地使用权，可以采取出让或者划拨等方式。工业、商业、旅游、娱乐和商品住宅等经营性用地以及同一土地有两个以上意向用地者的，应当采取招标、拍卖等公开竞价的方式出让。严格限制以划拨方式设立建设用地使用权。采取划拨方式的，应当遵守法律、行政法规关于土地用途的规定。采取招标、拍卖、协议等出让方式设立建设用地使用权的，当事人应当采取书面形式订立建设用地使用权出让合同。集体所有的土地作为建设用地的，应当依照土地管理法等法律规定办理。

（三）宅基地使用权

宅基地使用权是指农村集体经济组织的成员依法享有的在农民集体所有的土地上建造个人住宅的权利。根据我国《物权法》的规定，宅基地使用权人依法对集体所有的土地享有占有和使用的权利，有权依法利用该土地建造住宅及其附属设施。宅基地使用权的取得、行使和转让，适用土地管理法等法律和国家有关规定。宅基地因自然灾害等原因灭失的，宅基地使用权消灭。对失去宅基地的村民，应当重新分配宅基地。已经登记的宅基地使用权转让或者消灭的，应当及时办理变更登记或者注销登记。

（四）地役权

地役权是以他人土地供自己土地便利而使用的权利。地役权人有权按照合同约定，利用他人的不动产，以提高自己的不动产的效益。地役权的成立，必须有两块土地的存在，为其便利而使用他人的土地为需役地；供他人土地便利而使用的土地为供役地。地役权具有从属性和不可分性，与需役地所有权或使用权共命运，地役权不得与需役地分离而为其他权利的标的，如果在需役地上设定其他权利，则地役权亦包括在内。

地役权自地役权合同生效时设立。当事人要求登记的，可以向登记机构申请地役权登记；未经登记，不得对抗善意第三人。供役地权利人应当按照合同约定，允许地役权人利用其土地，不得妨害地役权人行使权利。地役权人应当按照合同约定的利用目的和方法利用供役地，尽量减少对供役地权利人物权的限制。地役权的期限由当事人约定，但不得超过土地承包经营权、建设用地使用权等用益物权的剩余期限。土地所有权人享有地役权或者负担地役权的，设立土地承包经营权、宅基地使用权时，该土地承包经营权人、宅基地使用权人继续享有或者负担已设立的地役权。土地上已设立土地承包经营权、建设用地使用权、宅基地使用权等权利的，未经用益物权人同意，土地所有权人不得设立地役权。地役权不得单独转让。土地承包经营权、建设用地使用权等转让的，地役权一并转让，但合同另有约定的除外。地役权不得单独抵押。土地承包经营权、建设用地使用权等抵押的，在实现抵押权时，地役权一并转让。需役地以及需役地上的土地承包经营权、建设用地使用权部分转让时，转让部分涉及地役权的，受让人同时享有地役权。供役地以及供役地上的土地承包经营权、建设用地使用权部分转让时，转让部分涉及地役权的，地役权对受让人具有约束力。

五、担保物权

担保物权是为确保债权的实现而设定的，以直接取得或支配特定财产的交换价值为内容的权利。担保物权具有从属性和不可分性。担保物权以主债的成立为前提，随主债的转移而转移，并随主债的消灭而消灭。担保物权所担保的债权的债权人得就担保物的全部行使其权利。

（一）抵押权

抵押权是对于债务人或第三人不转移占有而供担保的不动产及其他财产，优先清偿其债权的权利。抵押权依抵押行为而设立，抵押行为是当事人以意思表示设定抵押权的双方民事法律行为，其具体表现形式为抵押合同。设立抵押权，当事人应当采取书面形式订立抵押合同。抵押权自登记时设立。

债务人或者第三人有权处分的下列财产可以抵押：

① 建筑物和其他土地附着物。

② 建设用地使用权。

③ 以招标、拍卖、公开协商等方式取得的荒地等土地承包经营权。

④ 生产设备、原材料、半成品、产品。

⑤ 正在建造的建筑物、船舶、航空器。

⑥ 交通运输工具。

⑦ 法律、行政法规未禁止抵押的其他财产。

下列财产不得抵押：

① 土地所有权。

② 耕地、宅基地、自留地、自留山等集体所有的土地使用权，但法律规定可以抵押的除外。

③ 学校、幼儿园、医院等以公益为目的的事业单位、社会团体的教育设施、医疗卫生设施和其他社会公益设施。

④ 所有权、使用权不明或者有争议的财产。

⑤ 依法被查封、扣押、监管的财产。

⑥ 法律、行政法规规定不得抵押的其他财产。

（二）质权

质权是指为了担保债权的履行，债务人或第三人将其动产或权利移交债权人占有，当债务人不履行债务时，债权人有就其占有的财产优先受偿的权利。

（三）留置权

留置权是指债权人按照合同约定占有债务人的财产，在债务人逾期不履行债务时，有留置该财产，并就该财产优先受偿的权利。

第四节　合同法

一、合同法概述

合同是指平等主体的自然人、法人、其他组织之间设立、变更、终止民事权利义务关系的协议。合同是一种民事法律行为，是由当事人在平等基础上意思表示一致而成立。合同法是调整平等主体之间关于债权债务合同关系的法律规范。

（一）合同法的基本原则

1. 平等原则

合同当事人的法律地位一律平等，一方不得将自己的意志强加给另一方。《中华人民共和国合同法》（以下简称《合同法》）第三条规定："合同当事人的法律地位平等，一方不得将自己的意志强加给另一方。"这条规定了平等原则。平等原则主要表现为当事人的法律地位是平等的，相互间不存在命令与服从、管理与被管理的关系，当事人必须平等地协商相互间的权利义务，当事人的权利平等地受法律保护。

2. 自愿原则

合同的订立完全由当事人的真实意愿来决定。《合同法》第四条规定："当事人依法享有自愿订立合同的权利，任何单位和个人不得非法干预。"这条规定了合同自愿原则。合同自愿原则是民法上意思自治原则的具体体现及中心内容，它贯彻于合同动态发展的整个过程，包括订约自由、选择合同相对人的自由、决定合同内容的自由、选择合同方式的自由、变更和解除合同的自由等。

3. 公平原则

合同当事人在订立合同时，应依照公平原则确定双方的权利和义务，平等地签订和履行合同条款。《合同法》第五条规定："当事人应当遵循公平原则确定各方的权利和义务。"这条规定了公平原则。公平原则本来是道德上的规则，但作为合同法的基本原则就成了法律准则。它坚持正义与效益的统一，既要求当事人按照公平原则设立权利和义务，也要求按照公平原则履行合同，按照公平原则处理当事人之间的纠纷。

4. 诚实信用原则

合同当事人行使权利、履行义务应真诚实在，恪守信用，不滥用权利，不弄虚作假，认真履行合同义务。《合同法》第六条规定："当事人行使权利、履行义务应当遵循诚实信用原则。"这条规定了诚实信用原则。诚实信用原则与公平原则一样本来都是道德准则，但作为合同法的基本原则就成了法律准则，它通常被称为"帝王规则"，可见其重要性。它既要求当事人在行使权利上不得滥用权力，不损害他方的合法利益，也要求在履行义务上不欺诈，严格遵守诺言；要求当事人既依约定履行主义务，也应依要求履行附随义务。

5. 守法和公序良俗原则

合同当事人应遵守法律和行政法规，尊重和维护社会共同利益。《合同法》第七条规定："当事人订立、履行合同，应当遵守法律、行政法规，尊重社会公德，不得扰乱社会经济秩序，损害社会公共利益。"这条规定了守法与公序良俗原则，即当事人订立、履行合同，不得违反法律、法规的规定，不得违反公序良俗（公共秩序和善良风俗）。社会经济秩序、社会公共利益、社会公德是公序良俗的基本内容。

（二）合同的种类

1. 有名合同与无名合同

根据法律、行政法规是否规定了合同的名称和相应的适用范围，可以分为有名合同和无名合同。有名合同是指法律上或者经济生活习惯上按其类型已确定了一定名称的合同，又称典型合同。《合同法》规定了15种合同，《担保法》《土地管理法》《城市房地产管理法》等都对有关的合同作了规范，这些都是有名合同。无名合同是指法律尚未规定其名称和相应的调整范围的合同，也称非典型合同，如旅游合同、服务合同等。无名合同参照相近似合同的规定，没有相近似的合同，按照《合同法》总则的规定执行。

2. 双务合同与单务合同

双务合同即缔约双方相互负担义务，双方的义务与权利相互关联、互为因果的合同。如买卖合同、承揽合同、委托合同（无偿有偿都是双务）、保管合同（无偿有偿都是双务）。单务合同指仅由当事人一方负担义务，而他方只享有权利的合同。如赠与（唯一一个纯粹的无偿合同）、自然借款（无偿有偿都是单务）等合同为典型的单务合同。

3. 有偿合同与无偿合同

有偿合同为合同当事人一方因取得权利需向对方偿付一定代价的合同，如买卖、互易合同等。无偿合同即当事人一方只取得权利而不偿付代价的合同，故又称恩惠合同，如赠与、使用合同等。有些合同既可以是有偿的也可以是无偿的，由当事人协商确定，如委托、保管等合同。双务合同都是有偿合同，单务合同原则上为无偿合同，但有的单务合同也可为有偿合同，如民间借贷合同。

4. 诺成合同与实践合同

以当事人双方意思表示一致，合同即告成立的，为诺成合同，亦称不要物合同。除双方当事人意思表示一致外，尚须实物给付，合同始能成立，为实践合同，亦称要物合同。

5. 要式合同与非要式合同

凡合同成立须依特定形式始为有效的，为要式合同；反之，为非要式合同。

6. 主合同与从合同

凡不以他种合同的存在为前提而能独立成立的合同，称为主合同。凡必须以他种合同的存在为前提始能成立的合同，称为从合同。例如债权合同为主合同，保证该合同债务之履行的保证合同为从合同。从合同以主合同的存在为前提，故主合同消灭时，从合同原则上亦随之消灭。反之，从合同的消灭，并不影响主合同的效力。

二、合同的主体和内容

（一）合同订立的主体资格要求

合同法规定，当事人订立合同，应当具有相应的民事权利能力和民事行为能力。

1. 自然人的民事权利能力和民事行为能力

民事权利能力是指法律赋予的享有民事权利和承担民事义务的资格。它始于出生，终于死亡。

民事行为能力是指自然人能够通过自己的行为取得民事权利和承担民事义务的资格。它可分为三类：完全民事行为能力、限制民事行为能力、无民事行为能力。

2. 法人的民事权利能力和民事行为能力

我国的法人可分为企业法人、事业单位法人、机关法人和社会团体法人。

法人的民事权利能力和民事行为能力都始于法人的成立，终于法人的终止。

（二）内容

合同一般包括以下内容：

① 当事人的名称或姓名、住所。

② 标的。

③ 数量。

④ 质量。

⑤ 价款或者报酬。

⑥ 履行期限、地点和方式。

⑦ 违约责任。

⑧ 解决争议的方法。

三、合同的订立

（一）要约

要约是一方当事人向对方提出订立合同的建议和要求，即希望与他人订立合同的意思表示。发出要约的一方称要约人，对方称受要约人。要约的内容具体确定，表明经受要约人承诺，要约人即受该意思表示约束。要约必须是特定人所作的意思表示。要约一般应向特定的相对人作出。

要约于到达受要约人时生效。要约经受要约人承诺，合同即告成立。要约可以撤回，撤回要约的通知应当在要约到达受要约人之前或者与要约同时到达受要约人。要约可以撤销，撤销要约的通知应当在受要约人发出承诺通知之前到达受要约人。但有下列情形之一的，要约不得撤销：第一，要约人确定了承诺期限或者以其他形式明示要约不可撤销；第二，受要约人有理由认为要约是不可撤销的，并已经为履行合同作了准备工作。

要约失效的情形：第一，拒绝要约的通知到达要约人；第二，要约人依法撤销要约；第三，承诺期限届满，受要约人未作出承诺；第四，受要约人对要约的内容作出实质性变更。

（二）承诺

承诺是受要约人同意要约全部内容的意思表示。承诺生效时，合同成立。承诺必须由受要约人或其代理人作出，承诺的内容必须与要约的内容一致，承诺必须在要约规定的期限内到达要约人。承诺一般应当以通知的方式作出，即以书面或口头形式明确肯定把承诺送达要约人。承诺生效时，合同成立。承诺可以撤回。撤回承诺的通知应当在承诺通知到达要约人之前或者与承诺通知同时到达要约人。

（三）缔约过失责任

缔约过失责任是指在合同订立过程中，由于一方当事人的过错，致使合同不能成立，损害了对方当事人的利益而应承担的赔偿责任。适用的三种情形：第一，假借订立合同，恶意进行磋商；第二，故意隐瞒与订立合同有关的重要事实或者提供虚假情况；第三，有其他违背诚实信用原则的行为。

四、合同的效力

依法成立的合同，对当事人具有法律约束力。依法成立的合同，自成立时生效。法律、行政法规规定应当办理批准、登记等手续方可生效的合同，合同成立后必须经特别手续方能生效。

（一）有效合同

依法成立的合同具有法律效力，受到国家保护。

① 当事人必须具有相应的民事行为能力。

② 合同双方当事人意思表示必须真实。

③ 合同必须不违反法律和社会公共利益。

（二）无效合同

无效合同是指国家不予承认和保护的、没有法律效力的合同。无效合同从订立时起就没有法律约束力。《合同法》第五十二条规定，有下列情形之一的，合同无效：①一方以欺诈、胁迫的手段订立合同，损害国家利益；②恶意串通，损害国家、集体或者第三人利益；③以合法形式掩盖非法目的；④损害社会公共利益；⑤违反法律、行政法规的强制性规定。

（三）效力未定的合同

指合同有效要件的某个方面存在瑕疵，其效力尚处于不确定状态的合同。

① 限制民事行为能力人订立的合同，经法定代理人追认后，该合同有效。但纯获利益的合同或者与其年龄、智力、精神健康状况相适应而订立的合同，不必经法定代理人追认。若法定代理人拒绝追认，合同无效。

② 行为人没有代理权、超越代理权或者代理权终止后以被代理人名义订立的合同，未经被代理人追认，合同无效，对被代理人不发生效力，由行为人承担责任。

③ 无处分权的人处分他人财产，其处分行为无效；若经权利人追认或无处分权的人在订立合同后取得处分权的，该处分行为有效。

（四）可撤销的合同

因重大误解订立的合同，显失公平的合同，一方以欺诈、胁迫的手段或乘人之危订立的合同是可撤销的合同。对此类合同，受损害方有权请求人民法院或者仲裁机构予以变更或撤销。被撤销的合同自开始时即没有效力。

合同确认无效或被撤销后，因该合同取得的财产应予以返还。不能返还或没有必要返还的，应当折价补偿。有过错的一方应当赔偿对方因此受到的损失。双方都有过错的，各自承担相应的责任。

五、合同的履行

合同当事人要遵循全面履行和诚实信用的履行原则，切实完成合同义务。

（一）合同履行的一般规则

合同生效后，各方当事人应严格按照合同约定的内容切实全面履行合同义务。如果双方就合同的质量、价款或者报酬、履行地点等内容没有约定或约定不明确的，可以协议补充。不能达成补充协议的，按合同有关条款或依交易习惯确定。

（二）合同履行的特别规则

1. 同时履行抗辩权

同时履行抗辩权是指在没有约定履行顺序的双务合同中，当事人应同时履行自己的义务。如果债务清偿期届满，一方当事人仍未履行义务或履行义务不符合约定要求的，他方当事人有权拒绝其履行要求，暂不履行自己的义务。

2. 后履行抗辩权

后履行抗辩权指在双务合同中，当事人依照合同约定或法律规定，有先后顺序，先履行一方未履行债务或履行债务不符合约定的，后履行一方有权拒绝其相应的履行要求的行为。

3. 不安抗辩权

不安抗辩权是指在双务合同中应当先履行债务的当事人，有确切证据证明后履行义务的当事人出现不能保证其债务履行的法定情形，可以终止履行自己的义务的行为。

适用下列情形：经营状况严重恶化；转移财产、抽逃资金，以逃避债务；丧失商业信誉；有丧失或者可能丧失履行债务能力的其他情形。

当事人没有确切证据中止履行的，应当承担违约责任。当事人中止履行的，应当通知对方。对方提供适当担保时，应当恢复履行。

4. 中止履行

中止履行是指在合同履行过程中，由于某种特定情况的出现而暂停合同履行的行为。

5. 提前履行或部分履行

提前履行或部分履行是指在不损害债权人利益的前提下，债务人可以提前履行债务或部分履行债务。

（三）合同的保全

合同的保全是指为防止债务人财产的不正当减少，给债权人权利带来危害而设置的一种保全形式。

1. 代位权

代位权是指因债务人怠于行使享有的对第三人的到期债权而对债权人造成损害的，债权人可以向人民法院请求以自己的名义代位行使债务人对第三人的债权，以保全自己的利益实现。

代位权的符合条件：①债权人对债务人的债权合法；②债务人怠于行使其到期债权，对债权人造成损害；③债务人的债权已到期；④债务人的债权不是专属于债务人自身的债权。

2. 撤销权

撤销权是指因债务人放弃其到期债权或者无偿转让财产，对债权人造成损害的，债权人可以请求人民法院撤销债务人的行为。

撤销权的符合条件：①债务人实施了一定的处分其财产或者权利的行为；②债务人实施的处分行为须发生于债务成立之时或之后；③债务人的处分行为会对债权人造成损害；④债务人和受让人主观上有恶意或过错。

（四）合同的担保

合同的担保是当事人在订立合同时，为确保合同切实履行而采取的具有法律效力的保证措施。

1. 保证

保证是指保证人与债权人约定，当债务人不履行债务时，保证人按照约定履行债务或承担责任的行为。

保证人的资格：具有代为清偿债务能力的法人、其他组织或自然人，可以作保证人，但国家机关不得为保证人；学校、幼儿园、医院等以公益为目的的事业单位、社会团体不得为保证人；企业法人的分支机构、职能部门不得为保证人。

保证的方式有一般保证和连带保证。

2. 抵押

抵押是指债务人或者第三人不转移特定财产的占有，将该财产作为债权的担保。

抵押物的范围：抵押人所有的房屋和其他地上定着物；抵押人所有的机器、交通运输工具和其他财产；抵押人依法有权处分的国有土地使用权、房屋和其他地上定着物；抵押人依法有权处分的国有机器、交通运输工具和其他财产；抵押人依法承包并经发包方同意抵押荒山、荒沟、荒丘、荒滩等荒地的土地使用权等；依法可以抵押的其他财产。抵押应当以书面形式订立抵押合同。法律规定必须要进行登记的，要办理抵押物登记。

3. 质押

质押分为动产质押和权利质押。动产质押是指债务人或第三人将其动产移交债权人占有，将该动产作为债权的担保。应当订立书面质押合同。质押合同自质物移交于质权人占有时生效。权利质押是指债务人或第三人将其享有的并可依法转让的财产权利凭证交给债权人占有，作为债权的担保。下列权利可进行质押：汇票、本票、支票、债券、存款单、仓单、提单；依法可以转让的股份、股票；依法可以转让的商标专用权、专利权、著作权中的财产权；依法可以质押的其他权利。

4. 留置

留置是指债权人按照合同的约定占有债务人的动产，债务人不按照合同约定的期限履行债务的，债权人有权依法留置该财产，以该财产折价或者以拍卖、变卖该财产的价款优先受偿。

留置的符合条件：①债权人须已合法地占有债务人的财产；②该财产须与该合同有关；③债务已届清偿期；④不违反约定。

5. 定金

定金是合同当事人一方为了保证合同的履行，在合同订立时预先给付对方当事人的一定数额的金钱。

定金罚则：给付定金的一方不履行约定的债务的，无权要求返还定金；收受定金的一方不履行约定的债务的，应当双倍返还定金。

六、合同的变更、转让及终止

合同的变更是指合同成立后，尚未履行完毕以前，合同当事人协商一致，就合同的内容进行修改和补充的行为。合同的转让是指合同当事人一方依法将其合同全部或部分权利和义务转让给第三人的行为。合同的终止是指合同双方当事人之间的权利义务关系因一定法律事实的出现而归于消灭的行为。合同因债务已经按照约定履行、合同解除、债务互相抵消等情形而终止。

七、违约责任及合同纠纷的解决

（一）违约责任及其构成要件

违约责任是指合同当事人因不履行或不完全履行合同义务所应承担的民事责任。其构成要件，一是要有违约事实存在，二是违约方当事人必须不具备法定或约定的免责条件。合同法确立违约责任的原则，是无过错责任原则，即只要违约方没有法定或约定的免责条件，无论其主观上是否有过错均要承担违约责任。

（二）违约责任的承担方式

违约责任的承担方式主要有解除合同、继续履行、支付违约金、赔偿损失、实际履行、支付延期付款的利息、请求强制履行、承担修理、更换、重作、退货、减少价款或者报酬等。

（三）违约责任的免除

违约责任因不可抗力而免责，因合同约定的免责条件出现而免责。

（四）合同纠纷的解决

合同纠纷是指合同的当事人双方在签订、履行和终止合同的过程中，对所订立的合同是否成立、生效、合同成立的时间、合同内容的解释、合同的履行、合同责任的承担以及合同的变更、解除、转让等有关事项产生的纠纷。尽管合同是在双方当事人意思表示一致的基础上订立的，但由于当事人所处地位的不同，从不同的立场出发，对某些问题的认识往往会得出相对冲突的结论，因此，发生合同争议在所难免。为了及时解决合同纠纷，稳定市场经济秩序，保护合同当事人的合法权益，促进国民经济的发展，合同法对合同争议的处理作出了专门的规定。无论是哪种合同争议，都需要采取适当的方式（或者途径）来解决，根据合同法的规定，发生合同争议时当事人可以通过协商或者调解解决；当事人不愿协商、调解或者协商、调解不成的，可以根据仲裁协议向仲裁机构申请仲裁；当事人没有订立仲裁协议或者仲裁协议无效的，可以向人民法院起诉。

思考题

1. 法的渊源有哪些？
2. 法律适用规则有哪些？
3. 什么是民事法律关系？
4. 民事法律关系有哪几个要素？
5. 民法的基本原则有哪些？
6. 什么是民事法律事实？

7. 什么是民事法律行为？
8. 民事法律行为是如何分类的？
9. 什么是物权？有何特征？
10. 物权有哪些效力？
11. 什么是物权变动？
12. 建筑物分区所有权的含义是什么？
13. 什么叫共有？共有分哪两大类？
14. 善意取得制度是什么？
15. 什么叫用益物权？对用益物权有哪些一般规定？
16. 《物权法》对建设用地使用权的设立作了哪些规定？
17. 《物权法》对宅基地使用权作了哪些规定？
18. 《物权法》对地役权作了哪些规定？
19. 什么叫担保物权？
20. 担保物权与所担保的主债权是什么关系？
21. 订立合同的主体资格有哪些要求？
22. 什么是要约？什么是承诺？
23. 无效合同有哪些情形？
24. 什么是合同的效力待定？
25. 合同履行有哪些特别规则？
26. 违约责任的承担有哪些方式？
27. 合同纠纷如何解决？

第二章　房地产制度与政策概述

第一节　房地产概述

一、房地产

房地产是可开发的土地及其地上定着物、建筑物，包括物质实体和依托于物质实体上的权益。房地产既是一种客观存在的物质形态，同时也是一项法律权利。作为一种客观存在的物质形态，房地产是指房产和地产的总称，包括土地和土地上永久建筑物及其所衍生的权利。房产是指建筑在土地上的各种房屋，包括住宅、厂房、仓库和商业、服务、文化、教育、卫生、体育以及办公用房等。地产是指土地及其上下一定的空间，包括地下的各种基础设施、地面道路等。房地产由于其自己的特点，即位置的固定性和不可移动性，在经济学上又被称为不动产。可以有三种存在形态，即：土地、建筑物、房地合一。法律意义上的房地产本质是一种财产权利，这种财产权利是指寓含于房地产实体中的各种经济利益以及由此而形成的各种权利，如所有权、使用权、抵押权、租赁权等。

二、房地产业

房地产业是从事房地产投资、开发、经营、服务和管理的行业，在国民经济中，房地产业属于第三产业，是为生产和生活服务的部门。具体指以土地和建筑物为经营对象，从事房地产开发、建设、经营、管理以及维修、装饰和服务的集多种经济活动为一体的综合性产业，是具有先导性、基础性、带动性和风险性的产业。在房地产开发经营等过程中，需要多学科的知识和多行业的参与，例如测绘、勘察设计、城市规划、建筑、法律、市场营销等。但根据《国民经济行业分类》(GB/T 4754—2017)，房地产业包括房地产开发经营业、物业管理业、房地产中介服务业、房地产租赁经营业和其他房地产业。其中房地产开发经营是指房地产开发企业进行的房屋、基础设施建设等开发，以及转让房地产开发项目或者销售房屋等活动。物业管理是指物业服务企业按照合同约定，对房屋及配套的设施设备和相关场地进行维修、养护、管理，维护环境卫生和相关秩序的活动。房地产中介服务是指房地产咨询、房地产价格评估、房地产经纪等活动。房地产租赁经营是指各类单位和居民住户的营利性房地产租赁活动，以及房地产管理部门和企事业单位、机关提供的非营利性租赁服务，包括体育场地租赁服务。

房地产业是从事房地产投资、开发、经营、服务和管理的行业，包括房地产开发经营业、物业管理业、房地产中介服务业、房地产租赁经营业和其他房地产业。其中，房地产中介服务行业又可分为房地产经纪服务行业、房地产估价服务行业、房地产咨询服务行业等。在国民经济产业分类中，房地产业属于第三产业，是为生产和生活服务的部门。

三、房地产法的渊源

我国房地产法的渊源有宪法、法律、行政法规、地方性法规、部门规章、地方性政府规章等，并按照一定的内在联系而组成一个共同的有机整体，构成房地产法律体系。

（1）《宪法》的相关规定　《宪法》对于房地产作出了原则性规定，如《宪法》第十条规定："城市的土地属于国家所有。农村和城市郊区的土地，除由法律规定属于国家所有的以外，属于集体所有；宅基地和自留地、自留山，也属于集体所有。国家为了公共利益的需要，可以依照法律规定对土地实行征收或者征用并给予补偿。任何组织或者个人不得侵占、买卖或者以其他形式非法转让土地。土地的使用权可以依照法律的规定转让。一切使用土地的组织和个人必须合理地利用土地。"

（2）法律　主要有《中华人民共和国城市房地产管理法》《中华人民共和国土地管理法》《中华人民共和国物权法》等以调整房地产法律关系为主要内容的专门法律，其中《中华人民共和国城市房地产管理法》确立了我国房地产管理的基本原则，还对房地产开发用地、房地产开发、房地产交易、房地产权属登记等主要管理环节，确立了一系列基本制度，做出了具体规定。其他相关法律还有《中华人民共和国民法总则》《中华人民共和国城乡规划法》《中华人民共和国合同法》等。

（3）行政法规　主要有《城市房地产开发经营管理条例》《国有土地上房屋征收与补偿条例》《物业管理条例》《中华人民共和国土地管理法实施条例》以及《住房公积金管理条例》等。

（4）地方性法规　是有立法权的地方人民代表大会及其常务委员会制定的调整本行政区域内房地产法律关系的规范性文件，在本行政区域内有效，如《江西省房屋登记条例》《安徽省城市房地产交易管理条例》等。

（5）房地产方面的部门规章　主要是指国务院住房城乡建设行政主管部门制定的规章，如《商品房销售管理办法》《商品房屋租赁管理办法》等。另外，中华人民共和国国家发展和改革委员会、中华人民共和国国土资源部（现为中华人民共和国自然资源部）也颁布了一些包含房地产方面内容的部门规章，有些部门规章是部门联合发布的。地方政府规章是地方人民政府根据法律、法规的规定，制定的调整本行政区域内房地产管理的具体问题的规范性文件。

（6）最高人民法院的司法解释　在审理房地产案件中，会对房地产法的有关问题进行解释，或者对疑难问题进行研究并就此发布指导性的文件，如《最高人民法院关于审理商品房买卖合同纠纷案件适用法律若干问题的解释》《最高人民法院关于审理建设工程施工合同纠纷案件适用法律问题的解释》等，它们也是我国房地产法律体系的组成部分。

此外，房地产法律体系还应当包括房地产规范性文件和技术规范，如《商品住宅实行住宅质量保证书和住宅使用说明书制度的规定》等规范性文件，以及《房地产估价规范》《房产测量规范》等国家标准。

第二节 住房制度改革

一、改革开放前的城镇住房制度

1949 年中华人民共和国成立后，国家对城市房地产逐步实行国有化的政策。一方面，大量城市房屋经过私房社会主义改造运动转化为国有；另一方面，政府和国营企业又建造大量的住房提供给居民和职工租用，形成了具有中国特色的公有住宅体系。除国营单位自行经营管理的房屋外，政府房地产行政主管部门还直接经营管理一部分公房，出租给居民使用，由房管所具体负责管理和养护。新中国成立后的 70 年里，公有住宅的总量经历了一个由小到大、再由大到小的演变过程。新中国成立初期，私房总量远远大于公房总量。城市私房国有化改造以后，城市公有住宅数量又远远大于私有住宅。改革开放以后，国家确立了住房商品化方针，一方面，大力发展商品房市场；另一方面，积极鼓励和支持向职工和居民出售公有住房，私有住宅数量又迅速超过公有住宅数量。

长期以来，我国房屋管理一直采取福利型的行政管理模式，这种管理模式符合当时城镇住房制度的要求。我国改革开放前的城镇住房制度主要呈现三个特征：一是住房投资由国家和国营企业统包；二是住房分配采取实物分配；三是住房消费采取福利低租金和国家包修包养制度。在计划经济体制下的城镇住房制度，住房建设、分配和管理都由国家和国营企业统包，其弊端表现在：一方面，建设资金有投入无回收，形不成投入产出的良性循环，制约了住宅建设的发展，住房供应极其短缺，人均住房面积下滑；另一方面，收取的房租过低，不能维持房屋的维修养护，房屋损坏严重，大量的危旧破房得不到改造，危及群众的居住安全，加大了国家的负担。

二、城镇住房制度改革

1978 年以后，随着我国经济体制改革的逐步展开，房地产领域进行了三项改革：一是城镇住房制度改革；二是城市土地使用制度改革；三是房地产生产方式改革。

城镇住房制度改革是经济体制改革的重要组成部分。早在 1979 年，国家就开始逐步推行城镇住房制度改革，开始实行向居民售房的试点。1994 年，国务院下发了《关于深化城镇住房制度改革的决定》，全面开展公有住房向居民和职工出售工作。1998 年，国务院发布了《进一步深化城镇住房制度改革加快住房建设的通知》，取消住房实物分配，开始实施住房分配货币化。同时，提出经济适用住房建设的方针和政策，为中低收入居民购房铺平了道路。国家通过提高工资、给职工发放住房公积金和住房补贴，鼓励职工到房地产市场购买住房，为建立商品房市场和推进住房商品化奠定了基础。

随着我国经济体制改革和对外开放的发展，国家的经济体制开始发生巨大和深刻的变化，传统的城市土地使用制度难以适应改革开放的要求，改革成为历史的必然。城市土地使用制度改革以土地有偿使用为开端，以土地资源配置的市场化为目标，发展为城市土地实行有偿有期限使用制度。

房地产生产方式改革，就是改变国家统一投资、统一分配、统一修缮管理的统包统支制度，发挥国家、企业和个人的积极性，推行“统一规划、合理布局、综合开发、配套建设”

的综合开发模式，建立并完善商品房市场。综合开发后的住宅小区呈现三个特点：一是数量多，二是规模大，三是建筑水平与配套设施设备得到突破性提升。随着商品房市场的建立和完善，居住区规划布局日臻合理，配套设施日益完善，为下一步推行物业管理创造了有利条件。

三、住房保障制度

新中国成立之初，政府采取以下三种方式筹集住房：一是通过接受、没收、代管等方式将一些房产收归国有，并无偿分配给城镇居民居住。二是从 1956 年起，通过对私人出租房进行社会主义改造，采取公私合营与统一经租的方式分配给城镇居民居住，共改造了私有房屋大约 1 亿平方米。三是政府或企业直接投资建设或更新改造住房，分配给城镇居民租住。在计划经济体制下，公有住房成为“高投入、低收益”的公共产品，投入越大包袱越重，完全丧失了商品价值，企业以及个人对住房建设的热情不高，政府背上了沉重的包袱；而且由于低租金，导致租金收入无法满足住房日常的管理和维护成本，令大量新中国成立前的房产年久失修成为危房，居住条件恶化；虽然公有住房名义上归国家所有、全民所有，由地方政府管理，产权登记在各地房管部门或企业名下，但是这种产权方式让公有住房的房屋产权界定更加模糊，交易成本高昂，加之公有住房的全民福利性和无偿获得更使得城市居民成为公有住房的“免费搭车者”，公有住房的生产和供应相对缺乏效率。由此，全国城镇人均住房面积由 1949 年的 4.9 平方米下降到 1978 年的 3.6 平方米，住房供需矛盾进一步加剧。1978 年后，中国开始了经济体制改革和对外开放的进程，城市住房制度也在这一大背景下，开始了一个逐步市场化的探索过程。

近年来，为了推动城市住房保障制度，解决城市居民住房问题，国务院出台了《国务院关于解决城市低收入家庭住房困难的若干意见》（国发〔2007〕24 号），要求：一是进一步建立健全城市廉租住房制度，2007 年年底前，所有设区的城市要对符合规定住房困难条件、申请廉租住房租赁补贴的城市低保家庭基本做到应保尽保；2008 年年底前所有县城要基本做到应保尽保；增加中央财政对中西部地区廉租住房的支持力度；不低于地方土地出让净收益的 10%作为廉租住房保障资金。二是改进和规范经济适用住房制度，明确供应对象为城市低收入住房困难家庭，面积控制在 60 平方米左右；加强单位集资合作建房管理。三是通过城市棚户区改造，改善住房困难居民的住房状况，并解决农民工的住房问题。四是完善配套政策和工作机制，明确政策优惠、责任等内容。2007 年 8 月，建设部印发《解决城市低收入家庭住房困难发展规划和年度计划编制指导意见》，要求各级政府将住房保障规划和年度计划报上级建设主管部门备案，并将年度计划纳入《政府工作报告》，向同级人大报告，同时将年度执行情况纳入省级政府对市县政府目标考核的内容。2007 年 10 月，财政部印发《中央廉租住房保障专项补助资金实施办法》（财综〔2007〕57 号）及《廉租住房保障资金管理办法》（财综〔2007〕64 号）；2007 年 11 月，建设部等部委联合印发《经济适用住房管理办法》（建住房〔2007〕258 号）；同月，建设部等部委又联合印发《廉租住房保障办法》。至此，政府对城市住房保障制度进行了一次大的调整，将廉租住房保障对象由最低收入家庭逐步扩大到低收入家庭，将经济适用住房供应对象由中低收入家庭调低为低收入家庭，以期实现经济适用住房供应对象与廉租住房保障对象的衔接。但是，这种简单的对接导致两个无法覆盖的“夹心层”：一是家庭收入既不能享受廉租住房保障又无能力购买经济适用住房的低收入住房困难群体；二是家庭收入既不允许购买经济适用住房又无能力购买普通商品住房的住房困难群体。2010 年 6 月，住建部等部委联合下发《关于加快发展公共租赁住房的指导意见》（建保〔2010〕87 号），明确公共租赁住房供应对象主要是城市中等偏下收入住房困难家庭。供应公共租赁住房成为政府解决“夹心层”住房问题的重要手段，希望实现从低收入到高收入各个收入阶层住房供应的全覆盖。根据《住房城乡建设部、财政部、国家发展改革委〈关于公共租赁住房和廉租住房并轨运行的通知〉》（建保〔2013〕178 号）的精神，从 2014 年起，各地廉租住房（含购改租等方式筹集）建设计划调整并入公共租赁住房年度建设计划。2014 年以前年度已列入廉租住房年度建设计划的在建项目可继续建设，建成后统一纳入公共租赁住房管理。

四、公共租赁住房管理

（一）公共租赁住房的概念

根据《公共租赁住房管理办法》第三条的解释，公共租赁住房，是指限定建设标准和租金水平，面向符合规定条件的城镇中等偏下收入住房困难家庭、新就业无房职工和在城镇稳定就业的外来务工人员出租的保障性住房。由此可知，公共租赁住房是专门针对一个特殊群体的，即“夹心层”群体，这个群体一方面没有达到廉租房的入住标准，另一方面在短期内又无经济实力购置商品房。

公共租赁住房通过新建、改建、收购、长期租赁等多种方式筹集，可以由政府投资，也可以由政府提供政策支持，社会力量投资。公共租赁住房可以是成套住房，也可以是宿舍型住房。

（二）申请公共租赁住房的条件

申请公共租赁住房，应当符合以下条件：

① 在本地无住房或者住房面积低于规定标准。

② 收入、财产低于规定标准。

③ 申请人为外来务工人员的，在本地稳定就业达到规定年限。

具体条件由直辖市和市、县级人民政府住房保障主管部门根据本地区实际情况确定，报本级人民政府批准后实施并向社会公布。

（三）公共租赁住房轮候和配租

1. 公共租赁住房轮候对象的确定

市、县级人民政府住房保障主管部门应当会同有关部门，对申请人提交的申请材料进行审核。经审核，对符合申请条件的申请人，应当予以公示，经公示无异议或者异议不成立的，登记为公共租赁住房轮候对象，并向社会公开；对不符合申请条件的申请人，应当书面通知并说明理由。

申请人对审核结果有异议，可以向市、县级人民政府住房保障主管部门申请复核。市、县级人民政府住房保障主管部门应当会同有关部门进行复核，并在 15 个工作日内将复核结果书面告知申请人。

2. 公共租赁住房轮候期

直辖市和市、县级人民政府住房保障主管部门应当根据本地区经济发展水平和公共租赁住房需求，合理确定公共租赁住房轮候期，报本级人民政府批准后实施并向社会公布。轮候期一般不超过 5 年。

3. 公共租赁住房配租方案

公共租赁住房房源确定后，市、县级人民政府住房保障主管部门应当制定配租方案并向社会公布。配租方案应当包括房源的位置、数量、户型、面积，租金标准，供应对象范围，意向登记时限等内容。企事业单位投资的公共租赁住房的供应对象范围，可以规定为本单位职工。

（四）公共租赁住房的租赁合同

公共租赁住房的租赁合同一般应当包括以下内容：

① 合同当事人的名称或姓名。

② 房屋的位置、用途、面积、结构、室内设施和设备，以及使用要求。

③ 租赁期限、租金数额和支付方式。

④ 房屋维修责任。

⑤ 物业服务、水、电、燃气、供热等相关费用的缴纳责任。

⑥ 退回公共租赁住房的情形。

⑦ 违约责任及争议解决办法。

⑧ 其他应当约定的事项。

省、自治区、直辖市人民政府住房和城乡建设（住房保障）主管部门应当制定公共租赁住房租赁合同示范文本。

公共租赁住房租赁期限一般不超过 5 年。

（五）公共租赁住房的使用

公共租赁住房的所有权人及其委托的运营单位应当负责公共租赁住房及其配套设施的维修养护，确保公共租赁住房的正常使用。

政府投资的公共租赁住房维修养护费用主要通过公共租赁住房租金收入以及配套商业服务设施租金收入解决，不足部分由财政预算安排解决；社会力量投资建设的公共租赁住房维修养护费用由所有权人及其委托的运营单位承担。

公共租赁住房的所有权人及其委托的运营单位不得改变公共租赁住房的保障性住房性质、用途及其配套设施的规划用途。

（六）公共租赁住房的租金

市、县级人民政府住房保障主管部门应当会同有关部门，按照略低于同地段住房市场租金水平的原则，确定本地区的公共租赁住房租金标准，报本级人民政府批准后实施。公共租赁住房租金标准应当向社会公布，并定期调整。

公共租赁住房租赁合同约定的租金数额，应当根据市、县级人民政府批准的公共租赁住房租金标准确定。

（七）公共租赁住房承租人的禁止行为

承租人不得擅自装修所承租公共租赁住房。确需装修的，应当取得公共租赁住房的所有权人或其委托的运营单位同意。

承租人有下列行为之一的，应当退回公共租赁住房：

① 转借、转租或者擅自调换所承租公共租赁住房的。

② 改变所承租公共租赁住房用途的。

③ 破坏或者擅自装修所承租公共租赁住房，拒不恢复原状的。

④ 在公共租赁住房内从事违法活动的。

⑤ 无正当理由连续 6 个月以上闲置公共租赁住房的。

承租人拒不退回公共租赁住房的，市、县级人民政府住房保障主管部门应当责令其限期退回；逾期不退回的，市、县级人民政府住房保障主管部门可以依法申请人民法院强制执行。

（八）公共租赁住房的腾退

承租人累计 6 个月以上拖欠租金的，应当腾退所承租的公共租赁住房；拒不腾退的，公共租赁住房的所有权人或者其委托的运营单位可以向人民法院提起诉讼，要求承租人腾退公共租赁住房。

租赁期届满需要续租的，承租人应当在租赁期满 3 个月前向市、县级人民政府住房保障主管部门提出申请。市、县级人民政府住房保障主管部门应当会同有关部门对申请人是否符合条件进行审核。经审核符合条件的，准予续租，并签订续租合同。未按规定提出续租申请的承租人，租赁期满应当腾退公共租赁住房；拒不腾退的，公共租赁住房的所有权人或者其委托的运营单位可以向人民法院提起诉讼，要求承租人腾退公共租赁住房。

承租人有下列情形之一的，应当腾退公共租赁住房：

① 提出续租申请但经审核不符合续租条件的。

② 租赁期内，通过购买、受赠、继承等方式获得其他住房并不再符合公共租赁住房配租条件的。

③ 租赁期内，承租或者承购其他保障性住房的。

承租人有上述规定情形之一的，公共租赁住房的所有权人或者其委托的运营单位应当为其安排合理的搬迁期，搬迁期内租金按照合同约定的租金数额缴纳。

搬迁期满不腾退公共租赁住房，承租人确无其他住房的，应当按照市场价格缴纳租金；承租人有其他住房的，公共租赁住房的所有权人或者其委托的运营单位可以向人民法院提起诉讼，要求承租人腾退公共租赁住房。

五、住房公积金制度

住房公积金制度是指由职工所在的国家机关、国有企业、城镇集体企业、外商投资企业、城镇私营企业以及其他城镇企业、事业单位及职工个人缴纳并长期储蓄一定的住房公积金，用以日后支付职工家庭购买或自建自住住房、私房翻修等住房费用的制度。住房公积金制度是一种社会性、互助性、政策性的住房社会保障制度，有利于筹集、融通住房资金，大大提高了职工的商品房购买能力。发展住房金融是深化城镇住房制度改革的目标之一，也是城镇住房制度改革得以进一步推行的动力。

国务院为了加强对住房公积金的管理，维护住房公积金所有者的合法权益，促进城镇住房建设，提高城镇居民的居住水平，于 1999 年 4 月 3 日发布《住房公积金管理条例》，并于 2002 年 3 月 24 日、2019 年 3 月 24 日分别进行了修订。该条例适用于我国境内住房公积金的缴存、提取、使用、管理和监督。2005 年、2006 年财政部和建设部等部门分别发布了《建设部、财政部、中国人民银行关于住房公积金管理若干具体问题的指导意见》（建金管〔2005〕5 号）、《财政部、国家税务总局关于基本养老保险费、基本医疗保险费、失业保险费、住房公积金有关个人所得税政策的通知》（财税〔2006〕10 号）等文件。

2019 年 3 月 24 日《国务院关于修改部分行政法规的决定》对《住房公积金管理条例》

进行了修订，进一步简化了办理住房公积金的相关手续。①第十三条第二款："单位应当到住房公积金管理中心办理住房公积金缴存登记，经住房公积金管理中心审核后，到受委托银行为本单位职工办理住房公积金账户设立手续。每个职工只能有一个住房公积金账户。"修改为："单位应当向住房公积金管理中心办理住房公积金缴存登记，并为本单位职工办理住房公积金账户设立手续。每个职工只能有一个住房公积金账户。"②第十四条："新设立的单位应当自设立之日起 30 日内到住房公积金管理中心办理住房公积金缴存登记，并自登记之日起 20 日内持住房公积金管理中心的审核文件，到受委托银行为本单位职工办理住房公积金账户设立手续。"修改为："新设立的单位应当自设立之日起 30 日内向住房公积金管理中心办理住房公积金缴存登记，并自登记之日起 20 日内，为本单位职工办理住房公积金账户设立手续。""单位合并、分立、撤销、解散或者破产的，应当自发生上述情况之日起 30 日内由原单位或者清算组织到住房公积金管理中心办理变更登记或者注销登记，并自办妥变更登记或者注销登记之日起 20 日内持住房公积金管理中心的审核文件，到受委托银行为本单位职工办理住房公积金账户转移或者封存手续。"修改为："单位合并、分立、撤销、解散或者破产的，应当自发生上述情况之日起 30 日内由原单位或者清算组织向住房公积金管理中心办理变更登记或者注销登记，并自办妥变更登记或者注销登记之日起 20 日内，为本单位职工办理住房公积金账户转移或者封存手续。"③第十五条："单位录用职工的，应当自录用之日起 30 日内到住房公积金管理中心办理缴存登记，并持住房公积金管理中心的审核文件，到受委托银行办理职工住房公积金账户的设立或者转移手续。"修改为："单位录用职工的，应当自录用之日起 30 日内向住房公积金管理中心办理缴存登记，并办理职工住房公积金账户的设立或者转移手续。""单位与职工终止劳动关系的，单位应当自劳动关系终止之日起 30 日内到住房公积金管理中心办理变更登记，并持住房公积金管理中心的审核文件，到受委托银行办理职工住房公积金账户转移或者封存手续。"修改为："单位与职工终止劳动关系的，单位应当自劳动关系终止之日起 30 日内向住房公积金管理中心办理变更登记，并办理职工住房公积金账户转移或者封存手续。"

职工个人缴存的住房公积金和职工所在单位为职工缴存的住房公积金，属于职工个人所有。住房公积金的管理实行住房公积金管理委员会决策、住房公积金管理中心运作、银行专户存储、财政监督的原则。住房公积金应当用于职工购买、建造、翻建、大修自住住房，任何单位和个人不得挪作他用。

住房公积金的存、贷利率由中国人民银行提出，经征求国务院建设行政主管部门的意见后，报国务院批准。住房公积金管理中心应当在受委托银行设立住房公积金专户。单位应当到住房公积金管理中心办理住房公积金缴存登记，经住房公积金管理中心审核后，到受委托银行为本单位职工办理住房公积金账户设立手续。每个职工只能有一个住房公积金账户。住房公积金管理中心应当建立职工住房公积金明细账，记载职工个人住房公积金的缴存、提取等情况。新设立的单位应当自设立之日起 30 日内到住房公积金管理中心办理住房公积金缴存登记，并自登记之日起 20 日内持住房公积金管理中心的审核文件，到受委托银行为本单位职工办理住房公积金账户设立手续。

单位录用职工的，应当自录用之日起 30 日内到住房公积金管理中心办理缴存登记，到受委托银行办理职工住房公积金账户的设立或者转移手续。单位与职工终止劳动关系的，单位应当自劳动关系终止之日起 30 日内到住房公积金管理中心办理变更登记，并持住房公积金管理中心的审核文件，到受委托银行办理职工住房公积金账户转移或者封存手续。职工住房公积金的月缴存额为职工本人上一年度月平均工资乘以职工住房公积金缴存比例。单位为职工缴存的住房公积金的月缴存额为职工本人上一年度月平均工资乘以单位住房公积金缴存比例。新参加工作的职工从参加工作的第二个月开始缴存住房公积金，月缴存额为职工本人当月工资乘以职工住房公积金缴存比例。单位新调入的职工从调入单位发放工资之日起缴存住房公积金，月缴存额为职工本人当月工资乘以职工住房公积金缴存比例。

职工和单位住房公积金的缴存比例均不得低于职工上一年度月平均工资的5%；有条件的城市，可以适当提高缴存比例。单位和个人分别在不超过职工本人上一年度月平均工资12%的幅度内，其实际缴存的住房公积金，允许在个人应纳税所得额中扣除。单位和职工个人缴存住房公积金的月平均工资不得超过职工工作地所在设区城市上一年度职工月平均工资的3倍，具体标准按照各地有关规定执行。单位和个人超过上述规定比例和标准缴付的住房公积金，应将超过部分并入个人当期工资、薪金收入，计征个人所得税。

职工有下列情形之一的，可以提取职工住房公积金账户内的存储余额：购买、建造、翻建、大修自住住房的；离休、退休的；完全丧失劳动能力，并与单位终止劳动关系的；出境定居的；偿还购房贷款本息的；房租超出家庭工资收入的规定比例的。缴存住房公积金的职工，在购买、建造、翻建、大修自住住房时，可以向住房公积金管理中心申请住房公积金贷款。

住房公积金管理中心在保证住房公积金提取和贷款的前提下，经住房公积金管理委员会批准，可以将住房公积金用于购买国债。住房公积金管理中心不得向他人提供担保。住房公积金的增值收益应当存入住房公积金管理中心在受委托银行开立的住房公积金增值收益专户，用于建立住房公积金贷款风险准备金、住房公积金管理中心的管理费用和建设城市廉租住房的补充资金。

第三节　房地产宏观调控政策

房地产宏观调控指国家运用经济、法律和行政等手段，从宏观上对房地产业进行指导、监督、调节和控制，促进房地产市场总供给与总需求、供给结构与需求结构的平衡与整体优化，实现房地产业与国民经济协调发展的管理活动。我国对房地产的重要宏观调控分别发生在1993年、1998年、2003年、2005年、2008年、2010年、2013年。代表性调控政策包括“国十六条”“国八条”“国六条”“新国十条”“23号文件”“18号文件”“新国五条”等。我国各时期房地产宏观调控情况简述如下。

一、1993~1996年

1993～1996年，我国第一次对房地产业进行宏观调控。首次出现房地产热——房地产开发公司急剧增加，房地产开发投资高速增长，以炒地皮、炒钢材、炒项目为主的房地产市场异常活跃，尤其是海南等地，房地产开发过热，形成了较严重的房地产泡沫，经济运行出现严重过热态势和通货膨胀。1993年，国务院出台《关于当前经济情况和加强宏观调控的意见》，提出整顿金融秩序、加强宏观调控的十六条政策措施（通称“国十六条”）；1994年系列出台《国务院关于深化城镇住房制度改革的决定》《中华人民共和国城市房地产管理法》和《住宅担保贷款管理试行办法》。

二、1998～2002年

1998～2002年，促使住宅业成为新的经济增长点，核心是房改。为刺激消费、拉动内需，1998年7月，国务院颁布《国务院关于进一步深化城镇住房制度改革加快住房建设的通知》（国发〔1998〕23号），明确提出“促使住宅业成为新的经济增长点”，并拉开了以取消福利分房为特征的中国住房制度改革。“23号文件”强调，在停止住房实物分配后，新的国家住房保障体系在“逐步实行住房分配货币化”的同时，要“建立和完善以经济适用住房为主体的住房供应体系”。按照建设部当时的保守算法，“最低收入者家庭”和“高收入者家庭”分别占了城市居民家庭总数的10%上下，可以买“经济适用房”的“中低收入家庭”，最低的也要占到居民人数的80%以上，高的甚至占到总人口数的95%。1999年，中央政府开始在全国范围内停止福利分房制度，推行住房分配货币化制度。

三、2003～2005年

2003～2005年，确立房地产为国民经济支柱产业。从2003年开始，我国房地产投资快速增长，再次出现经济过热迹象。由于2003年土地使用权全面施行招投标、挂牌、拍卖方式取得，导致土地价格和房价大幅上涨。2003年6月，中国人民银行下发《中国人民银行关于进一步加强房地产信贷业务管理的通知》（简称“121号文件”），调整商业银行个人住房贷款政策。规定对购买高档商品房、别墅或第二套以上（含第二套）商品房的借款人，适当提高首付款比例，不再执行优惠住房利率规定。8月出台《国务院关于促进房地产市场持续健康发展的通知》（国发〔2003〕18号），首次明确指出“房地产业关联度高，带动力强，已经成为国民经济的支柱产业”，并提出促进房地产市场持续健康发展是保持国民经济持续快速健康发展的有力措施，对符合条件的房地产开发企业和房地产项目要继续加大信贷支持力度。“18号文件”确立的“国民经济的支柱产业”是对1998年“23号文件”所确立的“新的经济增长点”的升级，也标志着新一轮房地产宏观调控正式开始。

四、2005～2007年

2005～2007年，调控以稳定房价为主要任务。2005年房地产开发虽然继续保持着快速发展的惯性，但增速明显减慢，然而，房价快速上涨的势头仍然没有改变，以深圳、北京为代表的全国众多城市房价迅猛上涨，房价成为社会关注的焦点。为了抑制投资过热、调整住房供应结构、稳定房地产价格，中央政府打出调控“组合拳”。2005年3月底，国务院办公厅下发《国务院办公厅关于切实稳定住房价格的通知》，提出抑制住房价格过快上涨的八项措施（简称“国八条”），建立政府负责制，将稳定住房价格提升到政治高度。4月，国务院常务会议提出，当前加强房地产市场引导和调控要采取八项措施（简称“新国八条”），对“国八条”进一步细化、延伸。随即，国务院转发由建设部等七部委联合制定的房地产调控操作层面的细化方案。2006年5月，国务院常务会议通过有针对性的六项措施（简称“国六条”），将调整住房供应结构作为调控着力点。随后出台的《关于调整住房供应结构稳定住房价格的意见》（简称“九部委‘十五条’”）对“国六条”进一步细化。其中提到的“限套型”“限房价”的普通商品住房，被称作“限价房”——以期解决中等收入“夹心层”群体的住房问题。2007年，以稳定房价为诉求的房地产调控进一步深化。土地、信贷、税收等为房地产市场降温的各项调控新政密集推出，从土地管理、规范市场秩序、抑制投机

（尤其抑制外商投资房地产）、调整住房结构等多方面全面出击。

五、2008～2010年

2008～2010年，调控出现反复。2008年初货币政策从“适度从紧”改为“从紧”，而财政政策继续保持稳健。下半年随着世界金融危机的影响扩大，央行宣布“双率”齐降，货币政策再度从“从紧”向“适度宽松”转变。在前期调控政策和金融危机的影响下，房地产投资迅速减少，国际热钱纷纷撤出，房地产市场进入观望状态，成交量日减，房价也有所下降。然而，在调控效果刚刚显现时，政策再次松动。2009年，中国房地产市场从年初的“试探性抄底”，到年中的“放量大涨”，再到年底的“恐慌性抢购”，短短一年间，中国楼市迅速地由低迷转变为亢奋，由萧条转变为繁荣，调控由“去库存”转变为“挤泡沫”。2010年第一季度，房市神话继续上演，房价持续攀高。2009年12月，为遏制部分城市房价过快上涨，中央政府决定不再延长2008年年底出台的二手房营业税减免优惠政策，将个人住房转让营业税免征时限由2年恢复至5年，遏制炒房现象。随后提出了“增加普通商品住房的有效供给；继续支持居民自住和改善型住房消费，抑制投资投机性购房；加强市场监管；继续大规模推进保障性安居工程建设”四条具体措施（简称“国四条”），以完善促进房地产市场健康发展为目标。国务院各部委陆续出台调控细节，逐渐废除了2008年的刺激房市政策，再次转向稳定房价。2010年，以稳定房价为主的房地产调控到了关键时刻。4月17日，国务院发布了《国务院关于坚决遏制部分城市房价过快上涨的通知》（简称“国十条”），被称为“史上最严厉的调控政策”。

六、2011～2013年

2011～2013年，调控反复。2011年1月26日国务院常务会议研究部署进一步做好房地产市场调控工作，会议确定的相关政策措施，全称为《国务院办公厅关于进一步做好房地产市场调控工作有关问题的通知》（简称“新国八条”）。住建部启动的全国40个城市的个人住房信息系统的建设工作在2011年完成。该40个城市包括省会城市、计划单列城市及一批大型的地级市。2012年，党的十八大报告提出要“建立市场配置和政府保障相结合的住房制度，加强保障性住房建设和管理，满足困难家庭基本需求”，这也是“保障房建设”首次被写入党代会报告。2013年国务院常务会议确定五项加强房地产市场调控的政策措施，于2月26日发布《国务院办公厅关于继续做好房地产市场调控工作的通知》（简称“新国五条”）。

七、2014年以来

（一）去库存

2014年，全国各地尤其是众多二三线城市均面临楼市较大的库存压力。在这样的背景下，各地方政府纷纷放松限购政策，以加快去库存。9月30日，中国人民银行、中国银行业监督管理委员会（以下简称“银监会”）联合下发《中国人民银行　中国银行业监督管理委员会关于进一步做好住房金融服务工作的通知》（简称“9·30房贷新政”），内容涉及加大对保障房金融支持，支持居民合理住房贷款需求，支持房企合理融资需求等多项政策。其中，最受购房者欢迎的是“贷清不认房”、贷款利率下限为基准利率的0.7倍等措施。10月9日，住房和城乡建设部、财政部和央行联合印发《住房城乡建设部　财政部　中国人民银行关于发展住房公积金个人住房贷款业务的通知》，要求各地放宽公积金贷款条件。今后职工连续足额缴存 6 个月（含）以上即可申请公积金个人住房贷款，并取消四项收费。而此前是须连续缴存 12 个月。此外，未来公积金贷款额度将有所放宽，比如将支持首套房贷款，适当调高贷款额度等。同时，还将推进公积金异地使用，实现异地互认、转移接续。

（二）住房转让限制

从 2005 年至 2013 年，每一年的总理政府工作报告都提到了"调控""遏制房价上涨"等字眼，2014 年，"房地产调控"字眼虽然没有出现在政府工作报告中，但这不意味着政府不调控，而是不再一味地采用行政手段来遏制房价过快增长，更加灵活机动的市场手段被融入其中，比如热点城市抑制投资投机需求，非热点城市政策调控相对会宽松。国务院总理李克强2014 年 3 月 5 日在政府工作报告中提出："针对不同城市情况分类调控，增加中小套型商品房和共有产权住房供应，抑制投机投资性需求，促进房地产市场持续健康发展。"

2014 年下半年，房地产市场持续下行，多数实行过住房限购的城市，根据市场形势的变化，陆续取消限购措施。但在 2016 年 9 月 30 日，北京市宣布从即日起提高购房首付款比例。其中购买首套普通自住房的首付款比例不低于 35%，购买首套非普通自住房的首付款比例不低于 40%（自住型商品住房、两限房等政策性住房除外）。北京开启限购限贷限价大幕以来，取消限购的城市相继重启限购限贷，其他房价上涨过快的城市也开始实施限购限贷政策。2017 年 3 月 24 日，厦门首开"限售令"，随后，其他房地产热点城市陆续出台类似的限售政策，要求新交易住房在取得产权证后需持有一定年限方可转让，期限在 2～10 年。限售政策成为继限购、限贷政策后的全国范围推广的住房转让限制政策。

（三）"房住不炒"

随着我国城镇住房价格持续飙升，房子炒作引起的房地产市场乱象，增加了金融风险，住房脱离了本来的居住属性，变成投资和投机的工具。2016 年年底，中央经济工作会议第一次提出"坚持房子是用来住的、不是用来炒的"的定位。人人住有所居，是人民对美好生活向往的基础性组成部分，党的十九大报告提出"坚持房子是用来住的、不是用来炒的定位，加快建立多主体供给、多渠道保障、租购并举的住房制度，让全体人民住有所居"，"房住不炒"将成为我国相当长时间内党和政府解决我国城镇住房问题，建立房地产市场健康稳定发展长效机制的核心指导思想。

"房住不炒"，除了加强住房需求的调控，包括限购限贷，平抑炒作之风，让房子变得难炒外，更主要的是治标也治本，从深化住房供给侧结构性改革入手，让一部分房子变得不可炒、无炒作价值。比如北京探索共有产权住房模式，广东推动建立涵盖共有产权住房、限价商品房等方面的住房保障体系，而上海则早在 2010 年就开始试点共有产权房，并连续 5 次放宽准入标准。共有产权房有利于建立长效机制，构建住房多层次供给体系。一是明确现有各类保障性住房中政府投入的权属及其定价规则，能有效封堵保障性住房的寻租及套利空间；二是充分利用市场机制的作用，提升政府保障性资金投入的利用效率，同时提高家庭购房支付能力。

（四）房地产市场调控

2018 年以来，各地贯彻落实党中央、国务院决策部署，分类调控，因城施策，房地产市场总体保持平稳运行。近一段时间以来，部分城市房地产市场出现过热苗头，投机炒作有所抬头，风险不容忽视。为促进房地产市场平稳健康发展，《住房城乡建设部关于进一步做好房地产市场调控工作有关问题的通知》（建房〔2018〕49 号）要求加强调控房地产市场。

1. 坚持调控目标不动摇、力度不放松

各地要牢固树立“四个意识”，提高政治站位，毫不动摇地坚持“房子是用来住的、不是用来炒的”定位，坚持调控政策的连续性和稳定性，认真落实稳房价、控租金，降杠杆、防风险，调结构、稳预期的目标任务，支持刚性居住需求，坚决遏制投机炒房，因地制宜，精准施策，确保房地产市场平稳健康发展。

2. 加快制定实施住房发展规划

各城市要结合当地经济社会发展水平、住房供需状况、人口变化情况，科学编制住房发展规划，明确住房发展目标、重点任务和政策措施，合理确定住房和用地供应规模、结构、时序，引导相关资源合理配置。城市住房发展规划报上级政府备案后实施，主要目标和指标纳入当地经济社会发展预期指标管理。2018 年年底前，一线、二线城市编制完成 2018 年至 2022 年住房发展规划，并报住房和城乡建设部备案后向社会公布实施。

要统筹城镇基础设施和空间布局，促进大中小城市和小城镇协调发展，增强中小城市和小城镇的承载力和吸引力，引导产业、就业和人口有序流动，促进职住平衡。

3. 抓紧调整住房和用地供应结构

各地要落实人地挂钩政策，有针对性地增加住房和用地有效供给。切实提高中低价位、中小套型普通商品住房在新建商品住房供应中的比例。要改进商品住房用地供应方式，建立房价地价联动机制，防止地价推涨房价。

热点城市要提高住房用地比例，住房用地占城市建设用地的比例建议按不低于 25％安排。要大幅增加租赁住房、共有产权住房用地供应，确保公租房用地供应。力争用 3～5 年时间，公租房、租赁住房、共有产权住房用地在新增住房用地供应中的比例达到 50％以上。

热点城市要积极探索推动供地主体多元化，在权属不变、符合土地利用总体规划和城乡规划的情况下，非房地产企业依法取得使用权的国有土地可作为租赁住房用地，2018 年 6 月底前，北京、上海、广州、深圳、天津、南京、苏州、无锡、杭州、合肥、福州、厦门、济南、郑州、武汉、成都市已提出并上报建设租赁住房的具体实施方案。利用集体建设用地建设租赁住房、共有产权住房试点城市，2018 年 6 月底前向住房和城乡建设部和相关部门报告试点进展情况。

4. 切实加强资金管控

要加强个人住房贷款规模管理，落实差别化住房信贷政策，强化对借款人还款能力的审查，严格管控消费贷款、经营贷款等资金挪用于购房加杠杆行为。严格落实企业购地只能用自有资金的规定，加强住房用地购地资金来源审查，严控购地加杠杆行为。

5. 大力整顿规范房地产市场秩序

各地要严厉打击房地产企业和中介机构违法违规行为，严肃查处捂盘惜售、炒买炒卖、规避调控政策、制造市场恐慌等违法违规行为。要持续保持高压严查态势，对各类违法违规行为，发现一起，查处一起，并向社会公布，形成震慑。

6. 加强舆论引导和预期管理

各地要全面落实住房销售合同网签备案制度，定期发布权威信息；加强政策解读和市场信息公开，及时澄清误读，正面引导舆论。严厉打击利用自媒体公众号等网络媒体炒作渲染房价上涨、散布虚假信息等行为，营造良好的舆论氛围，稳定市场预期。

7. 进一步落实地方调控主体责任

各地要坚决落实新发展理念，加快转变发展方式，切实落实主体责任。住房和城乡建设部将加快建立房地产市场评价和监测预警体系，细化评价单元，完善对地方房地产调控工作的评价考核机制，具体落实地方政府稳房价、控租金的主体责任。同时严格督查，对工作不力、市场波动大、未能实现调控目标的地方，坚决问责。

思考题

1. 简述房地产的含义。
2. 简述房地产业及其分类。
3. 我国房地产法的渊源主要有哪些?
4. 我国的城镇住房制度改革经历了哪些过程?
5. 我国目前的住房保障制度有何特点?
6. 申请公共租赁住房应满足哪些条件?
7. 公共租赁住房轮候期如何确定?
8. 简述公共租赁住房的腾退条件。
9. 什么是住房公积金制度?
10. 职工和单位住房公积金的缴存比例有何规定?
11. 近年来我国对房地产的重要宏观调控政策有哪些？分别起到了什么作用?

第三章 建设用地制度与政策

第一节 我国现行土地制度与政策

土地制度是一切社会形态中最重要、最基本的制度，它对一个国家一定时期的上层建筑起着决定性的作用。土地政策是土地制度得以实行的措施体系或行为准则。因此，土地制度是土地政策的基础，土地政策又是土地制度的具体体现。

一、土地制度

1. 土地制度的含义及其基本特征

土地制度是指在特定的社会经济条件下土地关系的总称，是一个国家人地关系的法定结合形式，它包括土地所有制、土地使用制和土地管理制度。

土地所有制是指人们在一定社会条件下拥有土地的经济形式。它是整个土地制度的核心，是土地关系的基础。

土地使用制是对土地使用的程序、条件和形式的规定，是土地制度的另一个重要组成部分。土地使用权是依法对一定土地进行利用、管理并取得收益的权利，是土地使用制的法律体现形式。在整个土地制度中，土地所有制决定着土地使用制。每一个社会形态都存在着与土地所有制相适应的土地使用制及其具体形式。就土地所有权与使用权两者之间的关系而言，土地使用制可大致分为土地所有权与使用权相结合和土地所有权与使用权相分离两大类。在土地所有权与土地使用权分离条件下的土地使用制可分为有偿使用和无偿划拨使用两类。

土地管理制度，是国家对全国（或某一区域）的土地，在宏观上进行管理、监督和调控的制度、机制和手段的综合。它由中央和各级地方政府实施。

2. 我国现行的土地制度

我国现行的土地所有制为社会主义土地公有制，它分为社会主义全民所有制和社会主义劳动群众集体所有制。土地的社会主义全民所有制，具体采取的是社会主义国家所有制的形式，由社会主义国家代表全体劳动人民占有属于全民的土地，行使占有、使用、收益和处分等权利。土地的社会主义劳动群众集体所有制，具体采取的是社会主义集体经济组织所有制的形式，由各个社会主义集体经济组织代表各该集体经济组织的全体劳动人民占有属于该集体的土地，行使占有、使用、收益和处分等的权利。

现行城市土地使用制是在不改变土地所有权归国家所有的情况下，国家可采用拍卖、招标或协议的方式将土地使用权有偿、有限期地出让给土地使用者；土地使用者在使用年限内可以将土地使用权依法转让、出租、抵押或者用于其他经济活动，其合法权益受国家法律保护；土地使用权期满，土地连同地上的建筑物由政府无偿收回；需要继续使用的，可以申请续期，申请批准后，期限可以延长，同时按当时市场行情补交出让金；在特殊情况下，根据社会公共利益的需要，国家可以依照法律程序提前收回，并根据土地使用者已使用的年限和开发、利用土地的实际情况给予相应的补偿。现行农村集体土地使用制是在土地所有权归集体的条件下，把土地使用权承包给农户，以户为单位独立经营，自负盈亏，除向集体上交提留和向国家交纳农业税以外，其余全部收入归农户个人，即家庭联产承包责任制。

二、土地政策

（一）土地政策的含义

政策是指一个行政组织为完成某项任务而制订的具体目标、准则、方案、办法等各种决策。土地政策可以理解为国家为了维护土地制度，实现土地资源优化配置，合理组织土地利用而制订的一系列措施体系或行为准则。国家或政党、政府在土地政策中发挥着重要的作用。①从国家层面来看，由于土地乃是人类生存和发展不可替代的资源，所有国家都将土地政策作为治国安邦的重要政策。例如，我国封建王朝为维护土地所有制制定了所有关于土地分配、买卖、租赁、兴修水利、垦殖荒地、征收赋税的政策。②土地是国民衣食住行生活的必需品，土地政策为各种政策中最重要者，同时亦为各项建设中必备的依据。这就使得土地政策更要体现公共政策的性质，从而作为公共利益的重要代表或体现，国家、政党或政府要在其中发挥更为重要的作用。

（二）土地政策的特性

土地政策本身是一个大的系统，对土地政策系统进行分类，明确这些政策类型间的相互关系，在理论和实践上均具有极其重要的意义。然而土地政策分类是一个复杂的问题，按不同标准有不同分类，例如：从土地开发、利用、整治、保护的全过程看，有土地开发政策、土地利用政策、土地整治政策、土地保护政策；从经济再生产来看，有土地投资政策、土地市场政策、土地经营政策、土地收益分配政策等；从地域来看，有国外、国内土地政策，城乡土地政策，经济发达和落后地区土地政策；按用地类型分，有耕地政策、基本农田保护政策、园地政策、林地政策、牧草地政策、交通用地政策、工矿及居民点用地政策、生态用地政策、未利用地政策；从土地利用的目的看，有土地经济政策、土地生态政策、土地社会政策；从影响范围看，有宏观、中观、微观土地政策之分；按历史时期划分，有古代土地政策、近现代土地政策、当代土地政策；按不同时期所需要解决的特殊问题分，有土地宏观调控政策、地价稳定政策、地域土地开发政策（例如服务西部大开发的土地政策、服务东北振兴的土地政策、服务中部崛起的土地政策等）、外资企业土地政策等；按产权来分，有土地所有政策、土地使用政策等。土地政策的特性具体体现在以下几个方面。

1. 多元性

土地政策主张的，不仅是国家、政党、政府的政策主张，也是社会团体乃至个人的政策主张，是多元主体土地权益主张的综合体现。

2. 区域性

制定政策必须因“地”制宜，土地政策也是这样。因为土地是不动产，它固定于某个地域或地段，不可移动，因而地域性很强，它与周围环境关系（经济、政策、社会及自然条件等综合系统）极为密切，不同地区土地政策环境悬殊，具体到某一地块，影响其个性的因素更繁多，有风俗习惯、气象条件、地质状况、交通设施、市容与环境、商业设置、灾害情况、污水处理、邮电通信、给水排水、电力设备、学校、医院、公共设施、公园等众多物质设施和自然条件，还有社会治安、经济繁荣、人口状况等社会因素，从而构成了极为复杂的土地政策环境，土地政策的制定绝不能忽视这些因素，否则土地开发则难以有效地进行。

3. 针对性

土地政策是人们主观意志的表现，是对土地管理客观实践的反映，即是为解决土地管理中的实际问题而制定的。因此，具有明显的目的性和针对性。如我国实施土地增值税，是为了规范土地、房地产市场交易秩序，合理调整土地增值收益，维护国家权益；实施《基本农田保护条例》是为了对基本农田实行特殊保护，促进农业生产和国民经济的发展，等等。

4. 操作性

土地政策是调整土地占有关系、实现土地资源优化配置、规范人们土地处置行为的准则。开发、利用、保护、整治土地的实践总是在土地政策的指导、规范下进行。因此，土地政策要便于执行，便于监督检查，并明确土地政策执行中的量度关系，即什么应该做，怎么做，不该干什么，都要具体、明确，力戒笼统、含糊、空泛，使人有多种理解，无所适从。

（三）土地政策制定的原则

1. 系统协调原则

所谓系统协调原则，就是制定土地政策必须把土地政策看作是一个互相联系、互相依赖、互相制约的有机整体，把土地政策的制定过程作为一项社会系统工程，在纵向上使各层次的土地政策上下一致，在横向上使各方面的土地政策相互协调。系统原则是制定土地政策的重要原则。只有坚持系统原则，才能做到从整体上思考和解决问题，发挥土地政策的整体效应。土地政策的目标是多元的，目标与目标之间、目标与手段之间有相互促进的一面，又有相互矛盾的一面。所以应确定目标的轻重缓急，避免相互矛盾的目标与手段，以达到土地政策总体效益的优化。

坚持制定土地政策的系统协调原则，首先，要注意土地政策的整体配合。构成土地政策整体的各个层次和各个方面不是杂乱地堆积在一起，而是依据一定的规律相互联系、相互作用的。因此，制定土地政策时一定要考虑到该土地政策在土地政策体系中合乎规律地起作用，以发挥土地政策的整体效应。其次，土地政策在纵向上一定要上下一致，要使总政策、基本政策和具体政策，或宏观政策、中观政策和微观政策形成一个上下一致的整体，从而使土地政策得到具体落实。再次，土地政策在横向上一定要协调一致，要保持土地政策之间以及土地政策、经济政策、政治政策、文化政策和社会政策等协调配套，避免顾此失彼，以促进社会的全面进步。

2. 连续性原则

所谓连续性原则，就是制定土地政策必须注意土地政策发展过程的继承性和衔接性，使土地政策具有稳定性，以保证经济社会的稳定发展。土地既是重要的生产资料，也是人类生活不可缺少的栖息地，土地政策直接影响生产力的布局与产业结构调整，影响着千家万户居住的变迁。稳定的土地政策是经济发展、社会安定的基础。保持制定土地政策的稳定性，首先要研究土地政策的历史和现状，理解土地政策发展的过程，保持土地政策合理内容的继承性。土地政策有了连续性，才便于人们掌握和执行。其次，要使土地政策具有相对稳定性。保持土地政策的相对稳定性，才能给人们一种稳定感和有序感，才能使社会安定和经济发展。再次，要把土地政策的连续性同土地政策的变动性统一起来。土地政策的变动性指土地政策会随着环境条件的变化而有所改变。土地政策的变动性与土地政策的连续性是统一的，土地政策的变动性中贯穿和体现着连续性，土地政策虽然在具体内容上不断变化，但是土地政策的指导思想、宗旨和本质是稳定的。

3. 可行性原则

可行性原则，是指在制定土地政策时，土地政策的目标确定与手段选择要与现实条件相适应，使政策符合土地系统自身运动的规律性，易于落实，便于执行，以顺利实现政策目标。它包括经济上、政治上、技术上、行政上、习惯上、文化上、法律上等诸方面的可行性。土地政策只有具备了可行性，才能确立政策的权威性，树立政策的信誉，增强人们的政策意识，调动执行政策的积极性。

坚持土地政策的可行性，首先要符合广大人民的利益要求，即要使所制定的土地政策代表人民的利益，反映人民群众的呼声和要求，得到人民群众的拥护。这样，人民群众才能理解和认可土地政策，并坚定地执行土地政策。其次，要注重可行性分析论证工作。一方面不要把可行性分析排除在土地政策制定程序之外，这是制定土地政策一个必不可少的工作。另一方面不能颠倒可行性分析与方案择优的先后顺序。对任何一项土地政策都必须是先有论证分析，再有方案择优。再次，土地政策目标必须恰当明确，土地政策措施必须切实具体，使人们易于理解记忆，便于掌握，利于贯彻执行。

4. 试验原则

把土地政策方案放在精心选择的典型单位或地区进行试验，在实践中验证政策是否正确，是否具有可行性。

一项正确的土地政策方案的产生和确立，往往需要反复认识多次才能完成。首先，土地政策方案经过实践的验证，才能证明是否正确。因此，土地政策试验原则，是保证其正确性、防止政策失误的重要途径。其次，用试验检验土地政策是否正确是科学决策的必经程序。只有经过政策试验作为科学试验这一重要程序，才能判明土地政策方案是否正确。否则就谈不上科学决策。再次，“一切经过试验”是落实土地政策的重要途径。一项土地政策从产生到落实，必须经过由个别到一般，又由一般到个别的全过程。党和国家的土地政策是面向全国的政策，比较概括和原则，不可能完全符合各个地方、各个系统的千差万别的实际。因此，在落实土地政策的过程中，既要注意共性、全局性的问题，又要注意各单位、各系统的特点和差异，并把二者有机结合起来。这个“结合”的过程是很复杂的，因此，要进行典型试验，突破一点，取得经验，指导全面。

5. 效率与公平并重原则

自从我国土地使用制度改革以来，人们对土地的认识越来越深入。土地不仅是重要的资源，更是可以增值保值的资产。一直以来我们以经济建设为中心，但在现实情况中，个别地方政府将以经济建设为中心变形为以 GDP 为中心甚至以项目为中心。由此，国家的主导意识形态——“效率优先、兼顾公平”，在个别地方的实践中变形为效率必须无条件优先。特别是个别地方政府在执行上级土地政策或在自己权限范围内制定有关土地政策时，不惜以土地换资金，致使大量的优质耕地变为非农用地，忽视了公共利益。

第二节 国有建设用地

一、建设用地的概念与分类

建设用地是指建造建筑物、构筑物的土地，包括城乡住宅和公共设施用地、工矿用地、交通水利设施用地、旅游用地、军事设施用地等。

建设用地利用的结果，基本上是以非生态附着物的形式。农业用地则主要是依赖于土地的肥力。

建设用地根据不同的标准有不同的分类。

1. 按附着物的性质分类

可分为：

（1）建筑物用地　建筑物是指人们在内进行生产、生活或其他活动的房屋或场所。

（2）构筑物用地　构筑物是指人们一般不直接在内进行生产、生活或其他活动的建筑物。

建筑物和构筑物又统称建筑。

2. 按建设用地的利用方式分类

可分为：商服用地；工矿仓储用地；公用设施用地；公共建筑用地；住宅用地；交通设施用地；水利设施用地；其他建设用地。

3. 按土地所有权分类

可分为：

（1）国有建设用地　指属于国家所有即全民所有的用于建造建筑物、构筑物的土地，包括城市市区的土地、铁路、公路、机场、国有企业、港口等国家所有的建设用地。

（2）集体所有建设用地　包括农民宅基地、乡（镇）村公共设施、公益事业、乡村办企业使用农民集体所有的建设用地。

4. 按建设用地的用途分类

可分为：

（1）非农业建设用地　指一切非农业用途的建设用地，主要包括以下三类：

① 城镇、工矿、村庄用地。

② 交通用地。

③ 乡镇企业、农村作坊、机械化养殖场、采矿区、废石场、垃圾堆场等。

（2）农业建设用地　指直接用于农业生产需要或规定用于农业生产配套工程的用地，如作物的暖房、育秧室、农用水泵房、农用道路等建设所需使用的土地。

5. 按建设用地的规模分类

可分为：

（1）大型项目建设用地　根据规定的建设规模和建设投资确认为大型项目进行建设所需要使用的土地。

（2）中型项目建设用地　根据规定的建设规模和建设投资确认为中型项目进行建设所需要使用的土地。

（3）小型项目建设用地　根据规定的建设规模和建设投资确认为小型项目进行建设所需

要使用的土地。

6. 按建设用地的状况分类

可分为：

（1）新增建设用地　指新近某一时点以后由其他非建设用地转变而来的建设用地。

（2）存量建设用地　指新近某一时点以前已有的建设用地。

这两类建设用地在进入市场交易过程中，有不同的方式和审批要求。

7. 按建设用地的使用期限分类

可分为：

（1）永久性建设用地　是指建设用地一经使用后就不再恢复原来状态的土地。

（2）临时性建设用地　是指在实施过程中，需要临时性使用的土地。

二、建设用地管理的原则和内容

（一）建设用地管理的含义

建设用地管理是土地利用管理的重要内容，它是指国家调整建设用地关系，合理组织建设用地利用而采取的行政、法律、经济和工程的综合性措施。

所谓调整建设用地关系是指建设用地权属的确立与变更，以及理顺和协调在解决建设用地的分配和再分配过程中，所产生的各种关系。建设用地权属的确立与变更是指国有土地使用权和集体土地使用权的确立与变更，一般是通过土地征收，划拨，城镇国有土地使用权出让、转让以及集体土地使用权的转移来实现的。

而土地分配与再分配过程中所产生的各种关系是指建设用地与农业用地之间的关系、城镇与郊区之间的关系；建设单位与主管部门之间的关系；各部门之间的用地关系；征地单位与被征地单位之间的关系；建设用地与环境保护、生态平衡之间的关系等。

所谓合理组织建设用地利用是指对建设用地进行组织、利用、控制、监督。建设用地的组织是指对建设项目的可行性研究、布局、选址、规划以及设计方案的实施，参与组织指导工作；建设用地的利用则是指国家对建设用地的开发以及再开发采取的引导和约束的措施；建设用地的控制是指对建设用地采用宏观调控和微观管理措施；建设用地的监督则是对建设用地的动态变化趋势的监测，以及对规划方案的实施和建设用地计划指标执行情况进行的监督，是国家对一切非农业用地的开发和再开发以及合理利用的控制、指导和监督。

（二）建设用地管理的原则

1. 实行统一管理的原则

对建设用地实行统一管理是指国家在管理建设用地上实行统一的法律和政策，由统一的管理部门负责管理，采取统一的措施，制定统一的规划、计划和建设用地标准。

1986 年，我国颁布了第一部《中华人民共和国土地管理法》（以下简称《土地管理法》），并成立了统一管理土地的部门，实行了城乡地政、全国土地的统一管理。

目前，国家成立了自然资源部，进一步强化了土地管理的职能。

2. 规划总体控制的原则

现行《土地管理法》的一个重要变化就是对建设用地的管理方式实行了重大改革，即以土地用途管制的方式代替了过去的分级限额审批制度，并强调了土地利用总体规划对建设用地的宏观控制作用。现行《土地管理法》强调了土地利用总体规划对建设用地的控制作用。

农用地转为建设用地，要看是否符合土地利用总体规划的要求。如果确实需要改变用途，应当首先通过程序对土地利用总体规划进行修改，否则不能批准转为建设用地。

3. 农业用地优先保护的原则

要求建设用地要尽可能少占或不占耕地。

4. 节约和集约用地的原则

要求各项建设都要尽量节省用地，不占或少占耕地；提高投入产出的强度，提高土地利用的集约化程度；合理安排土地投放的数量和节奏，改善建设用地结构、布局，挖掘用地潜力，提高土地配置和利用效率。

5. 有偿使用土地的原则

1990 年国务院颁布了《中华人民共和国城镇国有土地使用权出让和转让暂行条例》，我国国有土地有偿使用制度正式建立。建设用地的管理也从单一的资源管理向资源和资产管理并重的模式转变。1994 年第八届全国人大常委会第八次会议通过的《中华人民共和国城市房地产管理法》进一步明确了国有土地使用权出让等有偿使用方式。现行《土地管理法》规定，除一些公共设施、公益事业和基础设施外，国有土地供应原则上都应采用有偿使用的方式，土地有偿使用将成为我国建设用地供应的基本制度。实行土地有偿使用制度，不但可以增加国家收入，防止国有资产流失，还可以促进土地资源的优化配置和合理利用，是控制建设用地增长的有效经济手段。

（三）建设用地管理的内容

建设用地管理的内容按其工作过程和业务要求主要分为以下几种。

1. 建设用地的规划和计划管理

土地利用规划和计划是建设用地管理的基本依据，尤其涉及农用地转为建设用地时，首先要看其是否符合土地利用总体规划的要求，其次要看其是否符合土地利用年度计划的要求。

2. 建设用地的供应管理

建设用地供应是指国家将土地使用权提供给建设单位使用的过程。根据我国现行的有关法律法规规定，我国建设用地的供应方式主要有两大类：有偿使用与行政划拨。有偿方式又分为三种：土地使用权出让、土地使用权作价后出资入股与土地使用权租赁。

土地使用权出让可按形式不同分为拍卖、招标、挂牌和协议出让。

3. 建设用地的征收管理

建设用地征收管理过程中的主要内容包括农用地转用审批、土地征收审批和农民安置补偿等。

4. 农村建设用地管理

农村建设用地是指在城镇建设规划区以外，主要由乡（镇）集体和农民个人投资的各项生产、生活和社会公共设施以及公益事业建设所需要使用的土地，如乡镇企业用地、村镇公共设施建设用地、农民宅基地用地等。

三、建设用地的供应方式与政策

（一）建设用地供应的含义

所谓供地是指自然资源行政主管部门依据国家法律法规与政策，将建设用地提供给建设用地单位使用的过程。供地行为主要涉及是否提供建设用地、提供建设用地的方式、提供建设用地的数量、提供建设用地的位置以及提供建设用地所需要的条件等问题。

（二）供地的基本依据与政策

1. 根据国家的产业政策，决定是否供地

依据国家有关规定，对于不同类别的项目，有不同的供地政策。一般分为以下三类。

(1) 国家鼓励类项目　可以供地，甚至要积极供地。

(2) 国家限制类项目　限制供地。

凡列入《限制供地项目目录》，属于在全国范围内统一规划布点、生产能力过剩需总量控制和涉及国防安全、重要国家利益的建设项目，地方人民政府批准提供建设用地前，须先取得国土资源部许可，再履行批准手续。

凡列入《限制供地项目目录》，属于以土壤为生产原料或大量损耗土地资源、低于规定地价出让土地和法律法规规定限制的其他项目，由省、自治区、直辖市人民政府土地行政主管部门采取有效措施，对其供地进行严格的监督管理和指导。

对限制供地项目用地，必须根据建设用地标准的设计规范进行严格审查，对超过用地标准、违反集约用地原则的，要坚决予以核减用地面积。限制供地项目多为竞争性项目，要尽量采取招标、拍卖方式提供建设用地。

对未经国土资源部许可或不符合省、自治区、直辖市土地行政主管部门有关规定向限制供地项目提供建设用地的，国土资源部可责成地方政府收回用地批准文件；省、自治区、直辖市土地行政主管部门也可根据有关限制供地条件作出相应规定。

(3) 国家禁止类项目　禁止供地。

按照《禁止供地项目目录》，禁止提供建设用地的是：危害国家安全或者损害社会公共利益的，国家产业政策明令淘汰的生产方式、产品和工艺所涉及的，国家产业政策规定禁止投资的，按照法律法规规定禁止的其他建设项目。

凡列入《禁止供地项目目录》的建设项目，在禁止期限内，土地行政主管部门不得受理其建设项目的用地报件，各级人民政府不得批准提供建设用地。国土资源部和国家发展改革委将根据经济技术进步、社会发展、集约用地和保护环境的要求，按照国家产业政策和建设用地状况，不定期组织编制、发布和调整《限制供地项目目录》和《禁止供地项目目录》。

2. 根据有关法律，决定供地方式

(1) 划拨方式供地。

(2) 有偿使用方式供地　有偿使用的形式包括：国有土地使用权出让、出租和作价出资或者入股。

(3) 依法使用集体土地　可以使用集体土地的建设项目包括：

① 农民个人建房，但在两处建住宅是禁止的。

② 乡（镇）村公共设施、公益事业建设，可以使用本集体的或者使用其他集体经济组织所有的土地。

③ 乡（镇）企业，主要有三种类型：一是乡（镇）企业使用本乡（镇）集体所有的土地；二是村办企业使用本集体所有的土地；三是农村集体经济组织使用本集体所有的土地与其他单位、个人以土地使用权入股、联营等形式共同举办乡（镇）企业。

3. 根据规划，决定供地的具体位置

根据土地利用总体规划、城市规划、村庄和集镇规划，决定供地的具体位置。

4. 根据年度计划，决定供地时间

根据建设时间和土地供应年度计划，决定供地时间。

5. 根据用地定额，决定供地数量

根据国家规定的具体建设用地定额指标，决定供地数量。

（三）供地方案的内容

市、县人民政府自然资源行政主管部门对建设用地单位的申请，审查认为可以供地的，拟订供地方案（涉及农用地和征地的同时拟订方案）。

供地方案的内容应当包括供地方式、面积、用途和时间，土地有偿使用费的标准、数额等。

1. 供地方案的报批条件

供地方案符合下列条件的，自然资源行政主管部门方可报人民政府批准：

① 符合国家的土地供应政策。

② 申请用地面积符合建设用地标准和集约用地的要求。

③ 划拨方式供地，符合法定的划拨用地条件。

④ 以有偿使用方式供地的，供地的方式、年限、有偿使用费的标准、数额符合规定。

⑤ 只占用国有未利用地的，必须符合规划、界址清楚、面积准确。

2. 批准权限

① 不涉及农用地转用和征地的，按一般建设用地的审批权限执行。

② 涉及征收的，同征收的审批权限。

③ 不涉及征收但涉及农转用的，同农转用的审批权限。

3. 供地方案的批后实施

供地方案批准并且实现征地后，可正式供地。

① 以划拨方式供地的由市、县政府自然资源行政主管部门向建设单位颁发《国有土地划拨决定书》和《建设用地批准书》，依照规定办理土地登记。

② 以有偿方式提供国有土地使用权的由市、县政府自然资源行政主管部门按报批的土地有偿使用合同草案，与用地单位签订正式合同，并颁发《建设用地批准书》，用地单位按规定交清土地有偿使用费后，颁发“国有土地使用证”。其中以拍卖和招标形式供地的，组织拍卖、招标。

③ 依法使用集体土地的由市、县自然资源行政主管部门与用地单位签订“建设使用集体土地协议书”，并颁发《建设用地批准书》。

四、建设用地审批制度

（一）建设用地审批制度的主要内容

1. 实行建设用地预审

现行《土地管理法》将建设用地的审查程序前置于建设用地项目立项审批阶段。因此，今后建设用地审批将首先取决于土地供应的可行性审查。

2. 强化农用地转用审批

建设用地涉及农用地的，建设单位应申请办理农用地转用审批手续，并提出占用农用地的初步方案，占用耕地的，还应提出补充耕地初步方案，承担占用农用地、补充耕地的相应义务。

3. 规范土地征用审批权

建设项目需要占用农村集体所有土地的，建设单位必须依法办理土地征用审批手续，同时提出征收土地的初步方案，承担补偿相关义务。

4. 集中审批权限

现行《土地管理法》将农用地转用及征地审批权上收至省级以上人民政府，其中省会城市等部分城市的审批权全部上收至国务院。农村村民申请使用宅基地的，改为由乡（镇）人民政府审核，县级人民政府批准；宅基地使用涉及农用地的，也要办理农用地转用审批手续，审批权同样在省级以上人民政府。其中，部分城市的审批权在国务院。

5. 完善报批手续

规划的“圈”内土地，必须先由县级人民政府按照土地利用总体规划分批次报省级以上人民政府办理农用地转用、土地征收审批手续后，方可统筹安排具体建设项目用地，即必须先“批发”后“零售”，而“圈”外建设用地，仍以项目为单位上报，由省级以上人民政府审批。

6. 实行项目用地审批

具体建设项目用地审批是建设项目落实到具体地块的最后审批环节。其中“圈”内用地在已批准的农用地转用范围内，由市、县人民政府在省政府规定的权限范围内具体确定；“圈”外具体建设项目用地一般由省级以上人民政府审批。

7. 明确供地方式

依据《土地管理法》规定，根据项目性质的不同，实行土地出让等有偿使用、划拨使用等不同方式供地。

（二）建设用地审批制度

为规范建设用地审查报批工作，国土资源部制订了《建设用地审查报批管理办法》，规定县级以上人民政府土地行政主管部门负责建设用地的申请受理、审查、报批工作。建设项目可行性研究论证时，建设单位应当向建设项目批准机关的同级土地行政主管部门提出建设用地预申请。受理预申请的土地行政主管部门应当依据土地利用总体规划和国家土地供应政策，对建设项目的有关事项进行预审，出具建设项目用地预审报告。

建设单位提出用地申请时，应当填写“建设用地申请表”，并附具下列材料：①建设单位有关资质证明；②项目可行性研究报告批复或者其他有关批准文件；③土地行政主管部门出具的建设项目用地预审报告；④初步设计或者其他有关批准文件；⑤建设项目总平面布置图；⑥占用耕地的，必须提出补充耕地方案；⑦建设项目位于地质灾害易发区的，应当提供地质灾害危险性评估报告。市、县人民政府土地行政主管部门对材料齐全、符合条件的建设用地申请，应当受理，并在收到申请之日起 30 日内拟订农用地转用方案、补充耕地方案、征收土地方案和供地方案，编制建设项目用地呈报说明书，经同级人民政府审核同意后，报上一级土地行政主管部门审查。

在土地利用总体规划确定的城市建设用地范围内，为实施城市规划占用土地的，由市、县人民政府土地行政主管部门拟订农用地转用方案、补充耕地方案和征收土地方案，编制建设项目用地呈报说明书，经同级人民政府审核同意后，报上一级土地行政主管部门审查。

建设项目用地呈报说明书应当包括项目用地安排情况、拟使用土地情况等，并应附具下列材料：①经批准的市、县土地利用总体规划图和分幅土地利用现状图，占用基本农田的，还应当提供乡级土地利用总体规划图；②由建设单位提交的、有资格的单位出具的勘测定界图及勘测定界技术报告书；③地籍资料或者其他土地权属证明材料；④以有偿方式供地的，还应当提供草签的土地有偿使用合同及说明和有关文件；⑤为实施城市规划和村庄、集镇规划占用土地的，还应当提供城市规划图和村庄、集镇规划图。

征用土地方案，应当包括征用土地的范围、种类、面积、权属，土地补偿费和安置补助费标准，需要安置人员的安置途径等。供地方案，应当包括供地方式、面积、用途，土地有偿使用费的标准、数额等。有关土地行政主管部门收到上报的建设项目呈报说明书和有关方案后，对材料齐全、符合条件的，应当在5日内报经同级人民政府审核。同级人民政府审核同意后，逐级上报有批准权的人民政府，并将审查所需的材料及时送该级土地行政主管部门审查。

农用地转用方案、补充耕地方案、征用土地方案和供地方案经有批准权的人民政府批准后，同级土地行政主管部门应当在收到批件后5日内将批复发出。未按规定缴纳新增建设用地土地有偿使用费的，不予批准建设用地。经批准的农用地转用方案、补充耕地方案、征用土地方案和供地方案，由土地所在地的市、县人民政府组织实施。

以有偿使用方式提供国有土地使用权的，由市、县人民政府土地行政主管部门与土地使用者签订土地有偿使用合同，并向建设单位颁发《建设用地批准书》。土地使用者缴纳土地有偿使用费后，依照规定办理土地登记。以划拨方式提供国有土地使用权的，由市、县人民政府土地行政主管部门向建设单位颁发《国有土地划拨决定书》和《建设用地批准书》，依照规定办理土地登记。《国有土地划拨决定书》应当包括划拨土地面积、土地用途、土地使用条件等内容。建设项目施工期间，建设单位应当将《建设用地批准书》公示于施工现场。

（三）“多审合一”改革

为落实党中央、国务院推进政府职能转变、深化“放管服”改革和优化营商环境的要求，与征地制度改革相配套，按照简政放权、放管结合、优化服务的精神，适当下放审批权，简化审批程序，按照“一类事项一个部门统筹、一个阶段同类事项整合”的原则，合并审批、优化流程、简化材料，加快推进建设用地审批和城乡规划许可“多审合一”改革工作，2019年4月17日自然资源部起草了《自然资源部关于推进建设用地审批和城乡规划许可“多审合一”改革的通知（征求意见稿）》，并向社会各界公开征求意见。

通知要求整合建设项目用地预审和规划选址。用地预审权限在省级以下自然资源主管部门的，可以将建设项目用地预审意见和选址意见书合并为建设项目用地预审意见（选址意见书），实行“一表申请、一窗受理、合并办理”。省级自然资源主管部门可以根据实际情况，确定用地预审和选址意见合并办理的层级和权限，以及统一受理和发放的部门。用地预审权限在自然资源部的，建设单位可以一并向地方自然资源主管部门提出用地预审和选址意见书的申请。由自然资源部核发用地预审意见，地方自然资源主管部门核发选址意见书，建设单位可以自行选择一并或单独向地方自然资源主管部门领取。部将结合法律法规的修订，适时下放用地预审权限。使用已批准建设用地进行建设的项目，不再办理用地预审；确需办理选址意见书的，向地方自然资源主管部门申请。

通知要求统筹建设用地供应管理和建设用地规划许可。以划拨方式取得国有土地的，将国有土地划拨决定书、建设用地批准书和建设用地规划许可证整合，实行“一表申请、一窗受理、同步办理”。建设单位向所在地的市、县自然资源主管部门一并提出划拨用地和建设用地规划许可证的申请，由市、县自然资源主管部门一并受理、办理和核发建设用地批准书、国有土地划拨决定书和建设用地规划许可证。以出让方式取得国有土地的，市、县自然资源主管部门应依据详细规划编制土地有偿使用方案，经依法批准后组织土地供应，将规划条件纳入国有建设用地使用权出让合同。建设单位在签订国有建设用地使用权出让合同后，有关自然资源主管部门应向建设单位同步核发建设用地批准书和建设用地规划许可证。

通知要求优化建设工程规划许可。落实工程建设项目审批制度改革的要求，支持市、县自然资源主管部门推行建设工程设计方案联合审查机制，将可以用征求相关部门意见方式替代的审批事项，调整为政府内部协作事项，各相关部门不再单独进行审查。对用地要求明确、规划条件确定的项目，带建设工程设计方案出让土地的项目，用地预审后选址和规模等无变化的项目，支持市、县自然资源主管部门探索将土地供应、建设用地规划许可证和建设工程规划许可证同步办理。

通知要求加强乡村建设规划许可。结合村庄规划的编制和实施，同步办理建设用地审批和乡村建设规划许可。建设单位或者个人可以向乡、镇人民政府一并提出建设用地和乡村建设规划许可证的申请，由乡、镇人民政府报市、县自然资源主管部门同步核发建设用地批准书和乡村建设规划许可证。确需占用农用地的，市、县自然资源主管部门可以将乡村建设规划许可和农用地转用审批同步办理。

通知要求推进多验合一、多测合一。将自然资源主管部门负责的规划核实、土地核验、不动产测绘等合并为一个验收事项。各地自然资源主管部门可以将建设用地审批、城乡规划许可和不动产登记等环节的多项测绘业务合并，推进“多测合一、联合测绘、成果共享”，不得要求建设单位或者个人多次提交测绘成果；确有需要的，可以进行核实更新和补充调查。

五、土地使用权划拨管理

（一）土地使用权划拨和含义

《中华人民共和国城市房地产管理法》（1994 年 7 月 5 日第八届全国人民代表大会常务委员会第八次会议通过）第二十二条规定：土地使用权划拨，是指县级以上人民政府依法批准，在土地使用者缴纳补偿、安置等费用后将该幅土地交付其使用，或者将土地使用权无偿交付给土地使用者使用的行为。其主要特点如下：

① 以划拨方式取得土地使用权的，除法律、行政法规另有规定的外，没有使用期限的限制。

② 以划拨方式取得土地使用权的，不得从事转让、出租、抵押等经营活动。如果需要转让、出租、抵押的，应当办理土地出让手续或经政府批准。土地使用者不使用土地时，由政府无偿收回。

③ 划拨土地使用权用途不得改变，要改变须经批准。

④ 以划拨方式取得土地使用权，包括土地使用者缴纳拆迁安置、补偿费用（如城市的存量或集体土地）和无偿取得两种形式。

⑤ 取得划拨土地使用权，必须经过县级以上人民政府核准并按法定的程序办理手续。

根据《中华人民共和国土地管理法》和《中华人民共和国城市房地产管理法》的规定，下列建设用地可由县级以上人民政府依法批准划拨：

① 国家机关用地和军事用地。

② 城市基础设施用地和公益事业用地。

③ 国家重点扶持的能源、交通、水利等基础设施用地。

④ 法律、行政法规规定的其他用地。

需要说明的是，并不是上述所有的项目一律按划拨方式供地，而只是这些项目中政府认为应当予以扶持，并给予政策上优惠的，经过批准可以采用划拨方式提供土地使用权。

（二）划拨土地使用权的管理

1. 划拨土地使用权的用途限定

土地使用者必须严格按照《国有土地划拨决定书》和《建设用地批准书》中规定的划拨土地面积、土地用途、土地使用条件等内容来使用土地，不得擅自变更。

确需改变土地用途的，应当经自然资源行政主管部门同意，报原批准用地的人民政府批准。建设用地经批准后，因某些情况的变化，确属必须对批准文件规定的用途作某些调整时，应向市、县人民政府自然资源行政主管部门提出申请。自然资源行政主管部门经审查后，如果认为改变的土地用途仍符合规划并允许改变的，报经原批准用地机关批准，由市、县人民政府自然资源行政主管部门与土地使用者重新确定土地使用条件。如果原来是划拨土地使用权要变更为有偿使用的，应当按国有土地有偿使用的有关规定办理有偿使用手续，签订土地有偿使用合同，补缴土地有偿使用费。

在城市规划区范围内，土地的用途应当符合城市规划。建设项目用地审批前，市、县人民政府城市规划主管部门应当对下列事项提出书面意见，作为土地使用权划拨的依据之一：

① 项目的性质、规模和期限。

② 城市规划设计条件。

③ 城市基础设施和公用设施的建设要求。

④ 基础设施建成后的产权界定。

⑤ 项目拆迁补偿、安置要求。

此外，在城市规划区范围内改变土地用途的，报批前，也应当先经城市规划行政主管部门同意。自然资源行政主管部门再根据土地管理的要求，报人民政府批准。

2. 划拨土地使用权流转管理

符合下列条件的，经市、县人民政府批准，其划拨土地使用权可以转让、出租、抵押：

① 领有国有土地使用证。

② 具有合法的地上建筑物、其他附着物产权证明。

③ 依照法律规定签订土地使用权出让合同，向当地市、县人民政府交付土地使用权出让金或者以转让、出租、抵押所获收益抵交土地使用权出让金。

3. 划拨土地使用权的收回

收回的条件：

① 公共利益需要使用该划拨土地。原土地使用者可以得到适当的补偿。

② 由于实施城市规划和进行旧城改造，需要调整使用土地。

③ 因单位撤销、迁移等原因，不再需要使用该划拨土地的，该土地必须由国家收回。同时，因划拨土地不是有偿使用的，土地不予补偿。如果原土地使用单位需要将该划拨土地和地上建筑物转让，对该土地则按有偿使用的办法进行处理，应当补办出让手续，补交土地有偿使用费。

④ 公路、铁路、机场、矿场等经核准报废的。

收回国有土地使用权的批准权限：

一般说来，划拨土地使用权的收回应由收回单位提出收回国有土地使用权的方案。如果是单独批准收回土地使用权的，应当报原批准用地的机关批准。如果是为公共利益等建设项目用地收回的，应当在报批建设项目用地的同时，报送收回国有土地使用权的方案，经依法批准，由当地人民政府自然资源行政主管部门实施。

第三节 闲置土地的处理

为有效处置和充分利用闲置土地，规范土地市场行为，促进节约集约用地，国土资源部修订了《闲置土地处置办法》，于 2012 年 6 月 1 日以国土资源部令第 53 号发布。新《闲置土地处置办法》自 2012 年 7 月 1 日起施行，该办法明确了闲置土地的调查和认定、处置和利用、预防和监管等内容。

一、闲置土地的认定

闲置土地是指国有建设用地使用权人超过国有建设用地使用权有偿使用合同或者划拨决定书约定、规定的动工开发日期满一年未动工开发的国有建设用地。已动工开发但开发建设用地面积占应动工开发建设用地总面积不足三分之一或者已投资额占总投资额不足百分之二十五，中止开发建设满一年的国有建设用地，也可以认定为闲置土地。

市、县国土资源主管部门发现有涉嫌闲置土地的，应当在三十日内开展调查核实，向国有建设用地使用权人发出《闲置土地调查通知书》。市、县国土资源主管部门履行闲置土地调查职责，可以采取下列措施：①询问当事人及其他证人；②现场勘测、拍照、摄像；③查阅、复制与被调查人有关的土地资料；④要求被调查人就有关土地权利及使用问题作出说明。

经调查核实，构成闲置土地的，市、县国土资源主管部门应当向国有建设用地使用权人下达《闲置土地认定书》。《闲置土地认定书》下达后，市、县国土资源主管部门应当通过门户网站等形式向社会公开闲置土地的位置、国有建设用地使用权人名称、闲置时间等信息；属于政府或者政府有关部门的行为导致土地闲置的，应当同时公开闲置原因，并书面告知有关政府或者政府部门。上级国土资源主管部门应当及时汇总下级国土资源主管部门上报的闲置土地信息，并在门户网站上公开。闲置土地在没有处置完毕前，相关信息应当长期公开。闲置土地处置完毕后，应当及时撤销相关信息。

二、闲置土地的处置方式

闲置土地处置应当符合土地利用总体规划和城乡规划，遵循依法依规、促进利用、保障权益、信息公开的原则。属于政府、政府有关部门的行为造成动工开发延迟的，国有建设用地使用权人应当向市、县国土资源主管部门提供土地闲置原因说明材料，经审核属实的，以及因自然灾害等不可抗力导致土地闲置的，市、县国土资源主管部门应当与国有建设用地使用权人协商，选择下列方式处置：

① 延长动工开发期限。签订补充协议，重新约定动工开发、竣工期限和违约责任。从补充协议约定的动工开发日期起，延长动工开发期限最长不得超过一年。

② 调整土地用途、规划条件。按照新用途或者新规划条件重新办理相关用地手续，并

按照新用途或者新规划条件核算、收缴或者退还土地价款。改变用途后的土地利用必须符合土地利用总体规划和城乡规划。

③ 由政府安排临时使用。待原项目具备开发建设条件，国有建设用地使用权人重新开发建设。从安排临时使用之日起，临时使用期限最长不得超过两年。

④ 协议有偿收回国有建设用地使用权。

⑤ 置换土地。对已缴清土地价款、落实项目资金，且因规划依法修改造成闲置的，可以为国有建设用地使用权人置换其他价值相当、用途相同的国有建设用地进行开发建设。涉及出让土地的，应当重新签订土地出让合同，并在合同中注明为置换土地。

⑥ 市、县国土资源主管部门还可以根据实际情况规定其他处置方式。

除上述第④项规定外，动工开发时间按照新约定、规定的时间重新起算。

其他原因造成土地闲置的情形，按照下列方式处理闲置土地：

① 未动工开发满一年的，由市、县国土资源主管部门报经本级人民政府批准后，向国有建设用地使用权人下达《征缴土地闲置费决定书》，按照土地出让或者划拨价款的百分之二十征缴土地闲置费。土地闲置费不得列入生产成本。

② 未动工开发满两年的，由市、县国土资源主管部门按照《中华人民共和国土地管理法》第三十七条和《中华人民共和国城市房地产管理法》第二十六条的规定，报经有批准权的人民政府批准后，向国有建设用地使用权人下达《收回国有建设用地使用权决定书》，无偿收回国有建设用地使用权。闲置土地设有抵押权的，同时抄送相关土地抵押权人。

对依法收回的闲置土地，市、县国土资源主管部门可以采取下列方式利用：

① 依据国家土地供应政策，确定新的国有建设用地使用权人开发利用。

② 纳入政府土地储备。

③ 对耕作条件未被破坏且近期无法安排建设项目的，由市、县国土资源主管部门委托有关农村集体经济组织、单位或者个人组织恢复耕种。

三、闲置土地的预防和监管

市、县国土资源主管部门供应土地应土地权利清晰，安置补偿落实到位，没有法律经济纠纷，地块位置、使用性质、容积率等规划条件明确，具备动工开发所必需的其他基本条件，防止因政府、政府有关部门的行为造成土地闲置。国有建设用地使用权有偿使用合同或者划拨决定书应当就项目动工开发、竣工时间和违约责任等作出明确约定、规定。约定、规定动工开发时间应当综合考虑办理动工开发所需相关手续的时限规定和实际情况，为动工开发预留合理时间。因特殊情况，未约定、规定动工开发日期，或者约定、规定不明确的，以实际交付土地之日起一年为动工开发日期。实际交付土地日期以交地确认书确定的时间为准。

国有建设用地使用权人应当在项目开发建设期间，及时向市、县国土资源主管部门报告项目动工开发、开发进度、竣工等情况。并在施工现场设立建设项目公示牌，公布建设用地使用权人、建设单位、项目动工开发、竣工时间和土地开发利用标准等。

国有建设用地使用权人违反法律法规规定和合同约定、划拨决定书规定恶意囤地、炒地的，依照《闲置土地处置办法》规定处理完毕前，市、县国土资源主管部门不得受理该国有建设用地使用权人新的用地申请，不得办理被认定为闲置土地的转让、出租、抵押和变更登记。

第四节 集体土地征收

《全国人民代表大会常务委员会关于修改〈中华人民共和国土地管理法〉、〈中华人民共和国城市房地产管理法〉的决定》（中华人民共和国主席令第 32 号）已于 2019 年 8 月 26 日公布，自 2020 年 1 月 1 日起施行。《城市房地产管理法》第九条修改为："城市规划区内的集体所有的土地，经依法征收转为国有土地后，该幅国有土地的使用权方可有偿出让，但法律另有规定的除外。"

一、国家建设征收土地的概念

征收土地就是国家为了公共利益的需要，依法将集体所有的土地转变为国有土地的强制手段。征收土地具有以下特征：

① 征地是一种政府行为，是政府的专有权力。

② 必须依法批准。

③ 补偿性。要向被征收土地的所有者支付补偿费，造成劳动力剩余的必须予以安置。

④ 强制性。

⑤ 权属转移性。

⑥ 征地行为必须向社会公开，接受社会的公开监督。

建设占用土地，涉及农用地转为建设用地的，应当办理农用地转用审批手续。永久基本农田转为建设用地的，由国务院批准。

在土地利用总体规划确定的城市和村庄、集镇建设用地规模范围内，为实施该规划而将永久基本农田以外的农用地转为建设用地的，按土地利用年度计划分批次按照国务院规定由原批准土地利用总体规划的机关或者其授权的机关批准。在已批准的农用地转用范围内，具体建设项目用地可以由市、县人民政府批准。

在土地利用总体规划确定的城市和村庄、集镇建设用地规模范围外，将永久基本农田以外的农用地转为建设用地的，由国务院或者国务院授权的省、自治区、直辖市人民政府批准。

为了公共利益的需要，有下列情形之一，确需征收农民集体所有的土地的，可以依法实施征收：①军事和外交需要用地的；②由政府组织实施的能源、交通、水利、通信、邮政等基础设施建设需要用地的；③由政府组织实施的科技、教育、文化、卫生、体育、生态环境和资源保护、防灾减灾、文物保护、社区综合服务、社会福利、市政公用、优抚安置、英烈保护等公共事业需要用地的；④由政府组织实施的扶贫搬迁、保障性安居工程建设需要用地的；⑤在土地利用总体规划确定的城镇建设用地范围内，经省级以上人民政府批准由县级以上地方人民政府组织实施的成片开发建设需要用地的；⑥法律规定为公共利益需要可以征收农民集体所有的土地的其他情形。以上规定的建设活动，应当符合国民经济和社会发展规划、土地利用总体规划、城乡规划和专项规划；第④项、第⑤项规定的建设活动，还应当纳入国民经济和社会发展年度计划；第⑤项规定的成片开发并应当符合国务院自然资源主管部门规定的标准。

二、征收土地的审批和实施

征收下列土地的，由国务院批准：

① 永久基本农田。

② 永久基本农田以外的耕地超过三十五公顷的。

③ 其他土地超过七十公顷的。

征收前款规定以外的土地的，由省、自治区、直辖市人民政府批准。

征收农用地的，应当依照《中华人民共和国土地管理法》第四十四条的规定先行办理农用地转用审批。其中，经国务院批准农用地转用的，同时办理征地审批手续，不再另行办理征地审批；经省、自治区、直辖市人民政府在征地批准权限内批准农用地转用的，同时办理征地审批手续，不再另行办理征地审批，超过征地批准权限的，应当依照本条第一款的规定另行办理征地审批。

国家征收土地的，依照法定程序批准后，由县级以上地方人民政府予以公告并组织实施。

县级以上地方人民政府拟申请征收土地的，应当开展拟征收土地现状调查和社会稳定风险评估，并将征收范围、土地现状、征收目的、补偿标准、安置方式和社会保障等在拟征收土地所在的乡（镇）和村、村民小组范围内公告至少三十日，听取被征地的农村集体经济组织及其成员、村民委员会和其他利害关系人的意见。多数被征地的农村集体经济组织成员认为征地补偿安置方案不符合法律、法规规定的，县级以上地方人民政府应当组织召开听证会，并根据法律、法规的规定和听证会情况修改方案。拟征收土地的所有权人、使用权人应当在公告规定期限内，持不动产权属证明材料办理补偿登记。县级以上地方人民政府应当组织有关部门测算并落实有关费用，保证足额到位，与拟征收土地的所有权人、使用权人就补偿、安置等签订协议；个别确实难以达成协议的，应当在申请征收土地时如实说明。相关前期工作完成后，县级以上地方人民政府方可申请征收土地。

三、征收土地的补偿和安置

征收土地应当给予公平、合理的补偿，保障被征地农民原有生活水平不降低，长远生计有保障。征收土地应当依法及时足额支付土地补偿费、安置补助费以及农村村民住宅、其他地上附着物和青苗等的补偿费用，并安排被征地农民的社会保障费用。征收农用地的土地补偿费、安置补助费标准由省、自治区、直辖市通过制定公布区片综合地价确定。制定区片综合地价应当综合考虑土地原用途、土地资源条件、土地产值、土地区位、土地供求关系、人口以及经济社会发展水平等因素，并至少每三年调整或者重新公布一次。征收农用地以外的其他土地、地上附着物和青苗等的补偿标准，由省、自治区、直辖市制定。对其中的农村村民住宅，应当按照先补偿后搬迁、居住条件有改善的原则，尊重农村村民意愿，采取重新安排宅基地建房、提供安置房或者货币补偿等方式给予公平、合理的补偿，并对因征收造成的搬迁、临时安置等费用予以补偿，保障农村村民居住的权利和合法的住房财产权益。县级以上地方人民政府应当将被征地农民纳入相应的养老等社会保障体系。被征地农民的社会保障费用主要用于符合条件的被征地农民的养老保险等社会保险缴费补贴。被征地农民社会保障费用的筹集、管理和使用办法，由省、自治区、直辖市制定。

四、临时占地及补偿

《土地管理法》规定，建设项目施工和地质勘查需要临时使用国有土地或者农民集体所有的土地的，由县级以上人民政府自然资源主管部门批准。其中，在城市规划区内的临时用地，在报批前，应当先经有关城市规划行政主管部门同意。土地使用者应当根据土地权属，与有关自然资源主管部门或者农村集体经济组织、村民委员会签订临时使用土地合同，并按照合同的约定支付临时使用土地补偿费。临时使用土地的使用者应当按照临时使用土地合同约定的用途使用土地，并不得修建永久性建筑物。临时使用土地期限一般不超过两年。

五、征地补偿费的支付和管理

（一）征地补偿费的支付

市、县人民政府自然资源行政主管部门应在土地征收批准后三个月内，将征地补偿费用支付给被征收土地的农村集体组织或村民委员会。

（二）征地补偿费的管理

1. 土地补偿费

由农村集体经济组织或者村民委员会管理，主要用于发展集体经济和改善生产和生活条件，可视土地使用者或者土地承包者对土地的投入情况给予适当补偿。

2. 安置补助费

谁负责安置，谁管理使用，一般不安置的支付给个人。

3. 地上附着物补偿费

谁拆迁或迁建的，支付给谁；自行拆迁的，支付给附着物的所有者；林木、果树补偿给所有者。

4. 青苗补偿费

青苗的补偿费支付给所有者。

5. 对征收农业承包户的土地补偿

征收农业承包户的土地，承包期限在10年以上的，农村集体经济组织和村民委员会可以将土地补偿费的80%支付给土地承包经营者。

六、征收土地的程序

1. 拟订征收土地方案

由拟征收土地所在地市、县人民政府或其自然资源行政主管部门拟订。

2. 审查报批

报有批准权限的上级政府批准。

3. 方案公告

由市、县人民政府对经批准的征地方案在被征收土地所在地的乡（镇）、村予以公告。

4. 征地补偿登记

被征收土地的所有权人和使用权人应当在公告规定的期限内，持土地权属证书到当地人民政府自然资源行政主管部门办理征地补偿登记。

5. 制定征地补偿、安置方案

由市、县自然资源行政主管部门会同有关部门根据批准的征收土地的方案及土地所有者和使用者的登记情况（经核实）制定，即把征地方案中确定的各种补偿的总费用分配到各所有者和使用者，以及具体落实人员的安置方案。

6. 公告征地补偿、安置方案并组织实施

征地补偿费用应当自征地补偿、安置方案批准之日起 3 个月内全部支付。

7. 清理土地

征地补偿、安置方案实施后，由市、县自然资源行政主管部门组织有关单位对被征收的土地进行清理。

第五节 农村集体建设用地

一、农村集体建设用地的使用范围

《土地管理法》规定，农村集体经济组织使用乡（镇）土地利用总体规划确定的建设用地兴办企业或者与其他单位、个人以土地使用权入股、联营等形式共同举办企业的，应当持有关批准文件，向县级以上地方人民政府自然资源主管部门提出申请，按照省、自治区、直辖市规定的批准权限，由县级以上地方人民政府批准；其中，涉及占用农用地的，依照《土地管理法》第四十四条的规定办理审批手续。

按照前款规定兴办企业的建设用地，必须严格控制。省、自治区、直辖市可以按照乡镇企业的不同行业和经营规模，分别规定用地标准。

二、乡镇企业用地等经营性用地管理

乡镇企业用地，一般是指农村集体经济组织兴办企业或者与其他组织、个人以土地使用权入股、联营等形式共同举办企业所使用的土地。涉及占用农用地的，应当先办理农用地转用审批手续。兴办乡镇企业，其建设用地应当符合土地利用总体规划，严格控制、合理利用和节约使用土地，凡有荒地、劣地可以利用的，不得占用耕地、好地。兴办乡镇企业使用农村集体所有的土地的，应当依照法律、法规的规定，办理有关用地批准手续和土地登记手续。乡镇企业使用农村集体所有的土地，连续闲置两年以上或者因停办闲置一年以上的，应当由原土地所有者收回该土地使用权，重新安排使用。

党的十八届三中全会决定明确提出“建立城乡统一的建设用地市场，在符合规划和用途管制前提下，允许农村集体经营性建设用地出让、租赁、入股，实行与国有土地同等入市、同权同价”。据国土资源部 2013 年初步统计，存量集体经营性建设用地有 4200 余万亩。十多年来，国土资源部在安徽芜湖、广东顺德等多个城市开展了集体建设用地流转试点。2014 年，专门部署在北京大兴、上海松江等地开展试点。试点地区在入市主体和入市途径、征收土地增值收益调节金等方面，为建立城乡统一的建设用地市场作了有益探索。截至 2016 年年底，全国 15 个农村集体经营性建设用地入市试点地区入市地块共计 226 宗，面积 3650.58 亩，总价款 46.77 亿元。《土地管理法》的修改，是将集体经营性建设用地与国有建设用地市场交易制度相衔接，实现同地同权。随着《土地管理法》《城市房地产管理法》的修改，集体经营性建设用地入市等改革将全面展开，但集体土地上的开发与管理可能存在大量的国有土地开发中没有遇到的新问题，有待出台具体细则做出规定。

《土地管理法》规定，土地利用总体规划、城乡规划确定为工业、商业等经营性用途，并经依法登记的集体经营性建设用地，土地所有权人可以通过出让、出租等方式交由单位或者个人使用，并应当签订书面合同，载明土地界址、面积、动工期限、使用期限、土地用途、规划条件和双方其他权利义务。前款规定的集体经营性建设用地出让、出租等，应当经本集体经济组织成员的村民会议三分之二以上成员或者三分之二以上村民代表的同意。通过出让等方式取得的集体经营性建设用地使用权可以转让、互换、出资、赠与或者抵押，但法律、行政法规另有规定或者土地所有权人、土地使用权人签订的书面合同另有约定的除外。集体经营性建设用地的出租，集体建设用地使用权的出让及其最高年限、转让、互换、出资、赠与、抵押等，参照同类用途的国有建设用地执行。具体办法由国务院制定。

三、乡（镇）村公共设施、公益事业建设用地管理

涉及占用农用地的，应当先办理农用地转用审批。使用其他集体所有土地的，应当给予补偿或调换土地。使用农民承包经营土地的，农民集体经济组织应当给予安置。涉及收回土地使用权的，还应当给予补偿。

四、农村村民宅基地管理

宅基地是指农民的住房、辅助用房（厨房、禽畜舍、厕所等）、沼气池（或太阳灶）和小庭院（或天井）用地，以及房前房后少量的绿化用地。宅基地不包括农民生产晒场用地。党的十八届三中全会提出“保障农户宅基地用益物权，改革完善农村宅基地制度，选择若干试点，慎重稳妥推进农民住房财产权抵押、担保、转让，探索农民增加财产性收入渠道”。2014 年，专门部署开展了宅基地制度改革试点。试点地区在宅基地保障、下放审批权和有偿使用、自愿有偿退出等方面进行了积极探索，对维护农民宅基地用益物权成效明显。截至 2016 年年底，14 个地区共退出宅基地 21044 户，退出面积 12874.1 亩；共办理抵押贷款 687 宗，金额 5.49 亿元。这次法律修改，重点是将党中央确定的改革方向和要求落实到法律中，保障和落实农民的宅基地用益物权。一是明确在城市规划区内、人均土地少、无法实现一户一宅的，县级人民政府应当采取措施，保障农村居民实现户有所居的权利。二是改革宅基地审批制度，将宅基地审批权限下放到县、乡，切实保障农民依法取得宅基地的合法权益。三是探索宅基地自愿有偿退出机制。鼓励进城居住的农村村民依法自愿有偿转让宅基地使用权，实现宅基地的财产权。从当前试点地区看，15 个地区共退出宅基地 2 万余户，占总户数的 1.5%左右。既可逐步有序盘活农村存量宅基地资源和财产权益，又能够保证农村社会基本稳定。四是完善宅基地违法法律责任。针对农村宅基地违法处理难问题，考虑到中国农民的实际，按照实事求是的原则，增加了新的人性化处罚措施。对符合规划且符合宅基地使用条件的，责令其改正；对符合规划但不符合宅基地使用条件的，地上建筑物交由农村集体经济组织处置，既避免激化农村社会矛盾，又可以减少社会财富浪费。

《土地管理法》规定，国务院农业农村主管部门负责全国农村宅基地改革和管理有关工作。农村村民一户只能拥有一处宅基地，其宅基地的面积不得超过省、自治区、直辖市规定的标准。人均土地少、不能保障一户拥有一处宅基地的地区，县级人民政府在充分尊重农村村民意愿的基础上，可以采取措施，按照省、自治区、直辖市规定的标准保障农村村民实现户有所居。农村村民建住宅，应当符合乡（镇）土地利用总体规划、村庄规划，不得占用永久基本农田，并尽量使用原有的宅基地和村内空闲地。编制乡（镇）土地利用总体规划、村

庄规划应当统筹并合理安排宅基地用地，改善农村村民居住环境和条件。农村村民住宅用地，由乡（镇）人民政府审核批准；其中，涉及占用农用地的，依照《土地管理法》第四十四条的规定办理审批手续。农村村民出卖、出租、赠与住宅后，再申请宅基地的，不予批准。国家允许进城落户的农村村民依法自愿有偿退出宅基地，鼓励农村集体经济组织及其成员盘活利用闲置宅基地和闲置住宅。

五、集体建设用地的收回

《土地管理法》第六十六条规定有下列情形之一的，农村集体经济组织报经原批准用地的人民政府批准，可以收回土地使用权：①为乡（镇）村公共设施和公益事业建设，需要使用土地的；②不按照批准的用途使用土地的；③因撤销、迁移等原因而停止使用土地的。为乡（镇）村公共设施和公益事业建设，需要使用土地，收回农民集体所有的土地的，对土地使用权人应当给予适当补偿。收回集体经营性建设用地使用权，依照双方签订的书面合同办理，法律、行政法规另有规定的除外。

思 考 题

1. 我国土地的基本国策是什么？
2. 属于国家所有和农民集体所有的土地有哪些？
3. 土地政策制定的原则有哪些？
4. 根据土地利用总体规划，我国土地分为哪几类？
5. 土地用途管制制度的内涵是什么？
6. 征收耕地的补偿费包含哪几项？
7. 建设用地管理的内容有哪些？
8. 建设用地供应的基本依据与政策是什么？
9. 哪些建设用地可由县级以上人民政府依法批准划拨？
10. 闲置土地是如何认定的？
11. 征收土地实行什么审批制度？
12. 农村集体建设用地的使用范围是什么？
13. 农村村民宅基地如何管理？

第四章　国有土地上房屋征收制度与政策

第一节　国有土地上房屋征收概述

《国有土地上房屋征收与补偿条例》，是为了规范国有土地上房屋征收与补偿活动，维护公共利益，保障被征收人的合法权益，根据《物权法》和《全国人民代表大会常务委员会关于修改〈中华人民共和国城市房地产管理法〉的决定》而制定，经 2011 年 1 月 19 日国务院第 141 次常务会议通过，2011 年 1 月 21 日，国务院总理签署国务院第 590 号令公布《国有土地上房屋征收与补偿条例》（以下简称《征收补偿条例》），新条例自公布之日起施行，2001 年 6 月 13 日国务院公布的《城市房屋拆迁管理条例》同时废止。《征收补偿条例》具有以下几个方面的变化。

一、明确政府是公共利益征收唯一补偿主体

过去，多数情况下由拆迁人即开发商向当地建设主管部门申请拆迁许可，获批后由开发商实施拆迁。而成为拆迁主体的开发商，为了追求利润，往往尽可能压缩拆迁补偿标准，并且把拆迁负担转嫁到房价里，这样容易造成拆迁人与被拆迁人矛盾激化。《征收补偿条例》规定，市、县级以上地方人民政府为征收与补偿主体。政府可以确定房屋征收部门负责组织进行房屋征收与补偿工作，并规定禁止建设单位参与搬迁活动，任何单位和个人都不得采取暴力、威胁或者违反规定中断供水、供热、供气、供电和道路通行等非法方式迫使被征收人搬迁。《城市房屋拆迁管理条例》将拆迁设置成行政许可的方式，给拆迁人颁发拆迁许可证，拆迁补偿协议一旦达不成，政府可以做出有利于拆迁人的拆迁裁决，而政府却不承担责任，由此导致的拆迁矛盾愈演愈烈。而《征收补偿条例》将拆迁许可证的方式废除，所有的国有土地上房屋征收行为都变为政府行为，政府对此负责。被征收人对政府的征收决定不服的，既可以进行行政复议，也可以进行行政诉讼。因此，加大了政府的责任，一旦出现问题，责任主体就非常明确，政府会谨慎地对待房屋征收与补偿工作。这样，从制度上保证了征收、补偿工作的规范化。

二、界定了公共利益的范围

《征收补偿条例》规定，就我国的具体国情而言，工业化、城镇化是经济社会发展、国家现代化的必然趋势，符合广大人民群众的根本利益，是公共利益的重要方面。2004 年我国《宪法修正案》为保护公民个人合法的私有财产，规定只能基于“公共利益”的需要并依照法律程序，才能进行征收或者征用。这标志着公共利益征收与商业开发征收混为一谈的拆迁模式已成为历史。

三、将征收过程程序化，强调尊重被征收人意愿

征收程序是规范政府征收行为，维护被征收人合法权益，促使政府做好群众工作的重要保障。《征收补偿条例》提高了对征收补偿方案的公众参与程度，征收补偿方案应征求公众意见，多数被征收人认为征收补偿方案不符合《征收补偿条例》规定的，应当组织听证会并修改方案，“修改方案”被列入条例，是对被征收人权益的尊重，也是突破。政府作出房屋征收决定前，应当进行社会稳定风险评估。房屋征收决定涉及被征收人数量较多的，应当经政府常务会议讨论决定。被征收房屋的调查结果和分户补偿情况应当公布。被征收人对征收决定和补偿决定不服的，可以依法申请行政复议或者提起行政诉讼。审计机关应当加强审计。《征收补偿条例》比较强调民众的参与，这个征收和补偿涉及几个环节，一个就是作出征收决定，要不要征收。如果做了这个征收决定以后，就是怎么补偿，什么标准，这个补偿里面老百姓能不能参与。这好几个环节里面，条例都规定了老百姓的参与，尤其是利害关系人的参与。《征收补偿条例》为规范政府征收行为、维护被征收人合法权益提供了重要保障。

四、明确征收补偿标准

房屋征收中给予多少补偿，是人们最为关注的问题，直接关系人民群众的切身利益。而且搬迁引发的矛盾大多集中在征收补偿的标准和补偿是否公平上。

《征收补偿条例》规定，对被征收房屋价值的补偿，不得低于房屋征收决定公告之日被征收房屋类似房地产的市场价格。被征收房屋的价值，由具有相应资质的房地产价格评估机构按照房屋征收评估办法评估确定。

需要特别注意的是，《征收补偿条例》明确了补偿的时间和标准。时间是房屋征收决定公告之日，标准是不得低于被征收房屋类似房地产的市场价格。这也是老百姓最关心的一点。以市场价格作为补偿标准，使得被征收人的基本利益得到保障。这不仅包括对房屋的补偿，也包括对土地使用权的补偿。这就大体上可以确保被征收人的居住条件有改善、生活水平不下降。

五、明确由被征收人协商选评估机构

过去，大多数情况下对房屋价值的评估都是由政府指定的评估机构进行的，或者由开发商和被征收人共同协商决定，有的甚至是由开发商指定的评估机构，所以许多被征收人都对这些评估机构不信任，被征收人没有选择权。《征收补偿条例》规定房地产价格评估机构由被征收人协商选定；协商不成的，通过多数决定、随机选定等方式确定，这就极大地维护了被征收人的权益，有利于房屋评估的公平和公正。这样打破了以往一家的评估局面，并从根本上转变错估、漏估、少估等明知有误又无法改变的不公现象，使评估更贴近实际、更公平、更具科学性。

六、明确了征收房屋的原则

《征收补偿条例》规定，房屋征收与补偿应当遵循决策民主、程序正当、结果公开的原则。决策民主要求一切从实际出发，系统全面地掌握实际情况，深入分析决策对各方面的影响，认真权衡利弊得失。要把公众参与、专家论证、风险评估、合法性审查和集体讨论决定

作为重大决策的必经程序。程序正当要求政府要严格遵循法定程序，依法保障行政管理相对人、利害关系人的知情权、参与权和救济权。行政机关工作人员履行职责，与行政管理相对人存在利害关系时，应当回避。结果公开是为了避免征收补偿过程中的暗箱操作，做到公开透明、公平公正，以确保房屋征收与补偿工作的顺利开展。

房屋征收与补偿应当遵循公平补偿的原则。为了加重补偿一定要公平的分量，立法时特意把它放到了第二条，公平补偿与上述三个原则共同构成了一个整体，贯穿于房屋征收与补偿的整个工作过程。

《城市房屋拆迁管理条例》没有明确规定“先补偿，后搬迁”，《征收补偿条例》则明确了“实施房屋征收应当先补偿、后搬迁”。并进一步明确“作出房屋征收决定前，征收补偿费用应当足额到位、专户存储、专款专用”。对于之前由建设单位执行补偿，容易出现推诿、拖欠等不负责任的情况，《征收补偿条例》明确现在由政府替代建设单位，政府也需满足这个要求，以保证在搬迁前补偿到位。由政府发放补偿款可以增加公信力，使被征收人安心、放心，也便于依法征收的顺利进行。

第二节　国有土地上房屋征收管理体制

一、房屋征收与补偿的主体是市、县级人民政府

市、县级人民政府负责本行政区域的房屋征收与补偿工作。这里的“市、县级人民政府”是指：一是市级人民政府，主要包括除直辖市以外的设区的市、直辖市所辖区、自治州人民政府等；二是县级人民政府，主要包括不设区的市、市辖区（直辖市所辖区除外）、县、自治县人民政府等。

按照原拆迁条例的规定，取得房屋拆迁许可证的建设单位是拆迁人，这是由当时的历史条件所决定的。从近几年的实践看，由于拆迁进度与建设单位的经济利益直接相关，容易造成拆迁人与被拆迁人矛盾激化。因此，《征收补偿条例》改变了以前由建设单位拆迁的做法，规定市、县级人民政府是征收与补偿的主体，由房屋征收部门组织实施本行政区域的房屋征收与补偿工作。

按照《征收补偿条例》的规定，设区的市及其所辖区的人民政府都有房屋征收权。这两级人民政府在征收权限划分上，各自承担什么样的职责，原则上由设区的市人民政府确定。从有利于征收行为有效实施的角度出发，房屋征收权由区级人民政府行使较为适宜，这有利于强化属地管理责任，在纠纷发生后，可以依法、及时、就地解决，在节约成本的同时，维护被征收人的合法权益。区级人民政府行使征收权的，设区的市人民政府应当明确市、区两级人民政府在房屋征收权方面的职责分工，并切实履行好监督职责。

市、县级人民政府的职责主要有：组织有关部门论证和公布征收补偿方案，征求公众意见；对征收补偿方案的征求意见情况和修改情况进行公布，以及因旧城区改建需要征收房屋，多数人不同意情况下举行听证会；对房屋征收进行社会稳定风险评估；依法作出房屋征收决定并公布；制订房屋征收的补助和奖励办法；组织有关部门对征收范围内未经登记的建筑进行调查、认证和处理；依法作出房屋征收补偿决定等。

二、市、县级人民政府确定的房屋征收部门组织实施房屋征收补偿工作

市、县级人民政府确定的房屋征收部门组织实施本行政区域的房屋征收与补偿工作。房屋征收是政府行为，房屋征收与补偿的主体应当是政府。房屋征收与以前的房屋拆迁不同，房屋征收决定、补偿决定、申请人民法院强制执行都将以政府名义作出。鉴于我国对房地产实行属地化管理原则，房屋征收与补偿工作量大面广，情况复杂，涉及被征收人的切身利益以及地方经济发展和社会稳定，以地方人民政府设立或者确定一个专门的部门负责房屋征收补偿工作为宜。同时，考虑到目前地方机构设置和职能分工不同，《征收补偿条例》规定市、县级人民政府确定一个房屋征收部门具体负责房屋征收的组织实施工作。房屋征收部门的设置可以有以下两种形式：一是市、县级人民政府设立专门的房屋征收部门；二是在现有的部门（如房地产管理部门、建设主管部门）中，确定一个部门作为房屋征收部门。

设区的市所辖的区级人民政府行使征收权的，设区的市人民政府房屋征收部门应当加强对区级人民政府房屋征收部门的监督，特别是在征收计划、法规政策、征收补偿方案、补偿资金使用等方面的监督。区级人民政府房屋征收部门可负责具体实施。

房屋征收部门的职责主要有：委托房屋征收实施单位承担房屋征收与补偿的具体工作，并对委托实施的房屋征收与补偿行为负责监督；拟定征收补偿方案，并报市、县级人民政府；组织对征收范围内房屋的权属、区位、用途、建筑面积等情况进行调查登记，并公布调查结果；书面通知有关部门暂停办理房屋征收范围内的新建、扩建、改建房屋和改变房屋用途等相关手续；与被征收人签订补偿协议；与被征收人在征收补偿方案确定的签约期限内达不成补偿协议或者被征收房屋所有权人不明确的，报请作出决定的市、县级人民政府作出补偿决定；依法建立房屋征收补偿档案，并将分户补偿情况在房屋征收范围内向被征收人公布等。

三、地方人民政府有关部门在房屋征收补偿工作中互相配合

市、县级人民政府有关部门应当依照《征收补偿条例》的规定和本级人民政府规定的职责分工，互相配合，保障房屋征收与补偿工作的顺利进行。上级人民政府应当加强对下级人民政府房屋征收与补偿工作的监督。国务院住房城乡建设主管部门和省、自治区、直辖市人民政府住房城乡建设主管部门应当会同同级财政、国土资源、发展改革等有关部门，加强对房屋征收与补偿实施工作的指导。房屋征收是一个系统工程，涉及诸多方面的工作，需要政府相关部门的互相配合。例如，征收补偿中的有关工作涉及发展改革、财政等综合部门；土地使用权手续的办理，涉及自然资源行政主管部门；暂停办理相关手续，涉及规划、建设、房地产以及工商、税务等行政主管部门；文物古迹保护，涉及文物行政主管部门；非住宅房屋认定，涉及工商、税务等行政主管部门。政府有关部门应当依照《征收补偿条例》的规定和本级人民政府规定的职责分工，相互配合、相互协调，保障房屋征收工作的顺利进行。

房屋征收部门可以委托房屋征收实施单位，承担房屋征收与补偿的具体工作。房屋征收实施单位不得以营利为目的。房屋征收部门对房屋征收实施单位在委托范围内实施的房屋征收与补偿行为负责监督，并对其行为后果承担法律责任。

任何组织和个人对违反《征收补偿条例》规定的行为，都有权向有关人民政府、房屋征收部门和其他有关部门举报。接到举报的有关人民政府、房屋征收部门和其他有关部门对举报应当及时核实、处理。监察机关应当加强对参与房屋征收与补偿工作的政府和有关部门或

者单位及其工作人员的监察。

四、国有土地上房屋征收的程序

1. 拟定征收补偿方案

房屋征收部门拟定征收补偿方案，报市、县级人民政府。征收补偿方案的内容包括房屋征收目的、房屋征收范围、实施时间、补偿方式、补偿金额、补助和奖励、安置用房面积和安置地点、搬迁期限、搬迁过渡方式和过渡期限等事项。

2. 组织有关部门论证

收到房屋征收部门上报的征收补偿方案后，市、县级人民政府应当组织发展改革、城乡规划、国土资源、环境资源保护、文物保护、财政、建设等有关部门对征收补偿方案进行论证。主要论证内容包括建设项目是否符合国民经济和社会发展规划、土地利用总体规划、城乡规划和专项规划，房屋征收目的是否符合房屋征收的条件，房屋征收范围是否科学合理，补偿方案是否公平等。

3. 征求公众意见

对征收补偿方案进行论证、修改后，市、县级人民政府应当予以公布，征求公众意见，期限不得少于30日。征收补偿方案征求公众意见结束后，市、县级人民政府应当将征求意见情况进行汇总，根据公众意见反馈情况对征收补偿方案进行修改，并将征求意见情况和根据公众意见修改情况及时公布。因旧城区改建需要征收房屋的，如果多数被征收人认为征收补偿方案不符合《征收补偿条例》规定，市、县级人民政府应当组织召开听证会进一步听取意见。参加听证会的代表应当包括被征收人代表和社会各界公众代表。市、县级人民政府应当听取公众意见，就房屋征收补偿方案等群众关心的问题进行说明。根据听证情况，市、县级人民政府应当对征收补偿方案进行修改完善，对合理意见和建议要充分吸收采纳。

4. 房屋征收决定

市、县级人民政府作出房屋征收决定前，应当按照有关规定进行社会稳定风险评估；房屋征收决定涉及被征收人数量较多的，应当经政府常务会议讨论决定。市、县级人民政府作出房屋征收决定后应当及时公告。公告应当载明征收补偿方案和行政复议、行政诉讼权利等事项。市、县级人民政府及房屋征收部门应当做好房屋征收与补偿的宣传、解释工作。房屋被依法征收的，国有土地使用权同时收回。

5. 与房屋征收相关的几项工作

① 组织调查登记。

② 对未进行登记的建筑物先行调查、认定和处理。

③ 暂停办理相关手续。

④ 作出房屋征收决定前，征收补偿费用应当足额到位、专户存储、专款专用。

第三节　国有土地上房屋征收决定

一、公共利益的界定

《征收补偿条例》在我国立法史上首次界定了公共利益，明确将因国防和外交的需要，由政府组织实施的能源、交通、水利、教科文卫体、资源环保、防灾减灾、文物保护、社会福利、市政公用等公共事业以及保障性安居工程建设、旧城区改建等纳入公共利益范畴。

（1）国防和外交的需要 根据《中华人民共和国国防法》的有关规定，国防是指国家为防备和抵抗侵略，制止武装颠覆，保卫国家的主权、统一、领土完整和安全所进行的军事活动，以及与军事有关的政治、经济、外交、科技、教育等方面的活动，是国家生存与发展的安全保障，本条所称国防的需要主要是指国防设施建设的需要；外交是一个国家在国际关系方面的活动，本条所称外交的需要主要是指使领馆建设的需要。

（2）由政府组织实施的能源、交通、水利等基础设施建设的需要 基础设施是指为社会生产和居民生活提供公共服务的工程设施，是用于保证国家或地区社会经济活动正常进行的公共服务系统。根据《划拨用地目录》（国土资源部令第9号），能源、交通、水利等基础设施包括石油天然气设施、煤炭设施、电力设施、水利设施、铁路交通设施、公路交通设施、水路交通设施、民用机场设施等。由政府组织实施的项目并不限于政府直接实施或者独立投资的项目，也包括了政府主导、市场化运作的项目。

（3）由政府组织实施的科技、教育、文化、卫生、体育、环境和资源保护、防灾减灾、文物保护、社会福利、市政公用等公共事业的需要 公共事业是指面向社会，以满足社会公共需要为基本目标、直接或者间接提供公共服务的社会活动。公共产品的提供方式主要有公共提供、市场提供和混合提供三种基本方式。公共事业与公益事业不同。根据《中华人民共和国公益事业捐赠法》第三条的规定，公益事业是指非营利的救助灾害、救济贫困、扶助残疾人等困难的社会群体和个人的活动，而作为公共事业的教育、科学、文化、卫生、体育事业，环境保护、社会公共设施建设以及促进社会发展和进步的其他社会公共和福利事业等，比公益事业的范围要广，不排除具有营利性的项目。

（4）由政府组织实施的保障性安居工程建设的需要 依照《国务院办公厅关于促进房地产市场平稳健康发展的通知》（国办发〔2010〕4号）的规定，保障性安居工程大致包括三类：第一类是城市和国有工矿棚户区改造，以及林区、垦区棚户区改造；第二类是廉租住房、经济适用住房、限价商品住房、公共租赁住房等；第三类是农村危房改造。国有土地上房屋征收一般只涉及前两类。

（5）由政府依照城乡规划法有关规定组织实施的对危房集中、基础设施落后等地段进行旧城区改建的需要 《中华人民共和国城乡规划法》第三十一条规定：“旧城区的改建，应当保护历史文化遗产和传统风貌，合理确定拆迁和建设规模，有计划地对危房集中、基础设施落后等地段进行改建。”根据该条规定，该项明确由政府依照城乡规划法有关规定组织实施的对危房集中、基础设施落后等地段进行旧城区改建的需要属于公共利益的需要。

（6）法律、行政法规规定的其他公共利益的需要 该项是兜底条款，有利于弥补前五项规定未尽的事宜。现行法律如《中华人民共和国土地管理法》《中华人民共和国城市房地产管理法》《中华人民共和国公益事业捐赠法》《中华人民共和国招标投标法》《中华人民共和国信托法》《中华人民共和国测绘法》《中华人民共和国海域使用管理法》等涉及了公共利益，但都没有明确界定“公共利益”。从条文内容来看，有的还对“公共利益”的范围作了一些具体界定。

二、确需征收房屋的建设活动

确需征收房屋的各项建设活动，应当符合国民经济和社会发展规划、土地利用总体规划、城乡规划和专项规划。保障性安居工程建设、旧城区改建，应当纳入市、县级国民经济和社会发展年度计划。制定国民经济和社会发展规划、土地利用总体规划、城乡规划和专项规划，应当广泛征求社会公众意见，经过科学论证。明确征收房屋的前提和要求，目的在于既保证国民经济和社会发展需要正常的土地需求，又防止不当或者过度地动用征收权，强调规划先行、规划民主。

建设活动应当符合有关规划。要实现科学发展、合理利用土地、严格保护耕地，并严格控制征收规模，避免不必要的征收，应当通过国民经济和社会发展规划、土地利用总体规划、城乡规划和专项规划加以调控，并保障规划的科学性、民主性，尤其要加强基本农田保护，严守18亿亩耕地红线。宪法、法律和行政法规规定的规划中，国民经济和社会发展规划、城乡规划和土地利用总体规划属于综合性规划；专项规划种类较多，有气象设施建设规划、环境保护规划、放射性固体废物处置场所选址规划、防洪规划、消防规划、防震减灾规划、铁路发展规划、公路规划、港口规划、人民防空工程建设规划、城市道路发展规划等。规划是政府为了满足公共需要、提供公共服务、促进国民经济社会发展、提升城市功能、改善居民的生活生产条件和环境，在充分征求社会各界和群众意见、充分考虑当地实际情况的基础上，依法编制并经过批准的，这也是调整各种相邻关系的一个手段，符合规划应当是符合公共利益的应有之义。《征收补偿条例》第九条规定，确需征收房屋的各项建设活动，应当符合国民经济和社会发展规划、土地利用总体规划、城乡规划和专项规划。《征收补偿条例》草案公开征求意见过程中，有意见提出在国民经济和社会发展规划、土地利用总体规划、城乡规划和专项规划等规划编制过程中，应当加大公众参与程度。这些意见是有道理的。考虑到有关法律法规已就制定相关规划过程中如何确保公众参与作出了明确具体的规定，《征收补偿条例》不宜再作重复规定，因此，《征收补偿条例》第九条仅强调制定国民经济和社会发展规划、土地利用总体规划、城乡规划和专项规划，应当广泛征求社会公众意见，经过科学论证。以城乡规划为例，《中华人民共和国城乡规划法》第二十六条规定："城乡规划报送审批前，组织编制机关应当依法将城乡规划草案予以公告，并采取论证会、听证会或者其他方式征求专家和公众的意见。公告的时间不得少于30日。组织编制机关应当充分考虑专家和公众的意见，并在报送审批的材料中附具意见采纳情况及理由。"这些措施有效地保证了公众对城乡规划制定的知情权和参与权。

保障性安居工程建设、旧城区改建纳入市、县级国民经济和社会发展年度计划。《征收补偿条例》第九条规定保障性安居工程建设和旧城区改建还应当纳入市、县级国民经济和社会发展年度计划。根据《中华人民共和国地方各级人民代表大会和地方各级人民政府组织法》的规定，市、县级国民经济和社会发展年度计划应当经市、县级人民代表大会审查和批准。也就是说，保障性安居工程建设和旧城区改建应当经市、县级人民代表大会审议通过，方可实施房屋征收。人大是权力机关，是民意的代表机关。保障性安居工程建设和旧城区改建直接与当地广大城镇居民生活、工作密切相关，由民意的代表机关来审议通过，有利于更好地保护被征收人的利益。

三、征收补偿方案

市、县级人民政府应当组织有关部门对征收补偿方案进行论证并予以公布，征求公众意见。征求意见期限不得少于30日。

1. 房屋征收部门拟定房屋征收补偿方案，并报市、县级人民政府

《征收补偿条例》规定市、县级人民政府确定的房屋征收部门组织实施本行政区域的房屋征收与补偿工作。规定房屋征收部门拟定征收补偿方案，旨在规范征收补偿程序，减少征收补偿中的矛盾纠纷。

房屋征收补偿是被征收人最为关心的问题，也是产生矛盾纠纷的焦点。征收补偿方案对征收补偿起着至关重要的作用，对征收补偿会产生直接的影响。房屋征收实施的效果很大程度上取决于征收补偿方案的科学与否。

房屋征收部门拟定的征收补偿方案，应当满足以下条件：一是合法，即征收补偿方案的内容应当符合《征收补偿条例》规定，比如补偿方式、征收评估、保障被征收人居住条件等。二是合理，即征收补偿方案的内容应当是大多数人都能够接受的，征收范围大小合适，补偿标准公正公平，设定的奖励应当科学。三是可行，征收补偿方案的内容，除符合法律法规规定外，还应当因地制宜，符合当地的实际情况，比如考虑当地的气候条件、风俗习惯、宗教信仰等因素。

征收补偿方案的内容，《征收补偿条例》未作具体规定。一般情况下，应当包括房屋征收范围、实施时间、补偿方式、补偿金额、补助和奖励、用于产权调换房屋的地点和面积、搬迁过渡方式和过渡期限等事项。

房屋征收部门应当对房屋征收范围内房屋的权属、区位、用途、建筑面积以及租赁和用益物权等情况组织调查，依据调查结果，拟定征收补偿方案。调查一般应当在拟定征收补偿方案前进行。调查结果的详细程度对拟定征收补偿方案的可行性有直接影响。

2. 征收补偿方案由市、县人民政府负责组织论证

收到房屋征收部门上报的征收补偿方案后，市、县级人民政府应当组织发展改革、城乡规划、国土资源、环境资源保护、文物保护、财政、建设等有关部门对征收补偿方案是否符合《征收补偿条例》及其他有关法律法规的规定进行论证。主要论证内容包括需用地的建设项目是否符合国民经济和社会发展规划、土地利用总体规划、城乡规划和专项规划，房屋征收范围是否科学合理，征收补偿方案是否公平等。组织有关部门进行论证的目的主要是保证征收补偿方案合理可行。

3. 征收补偿方案公布征求公众意见

对征收补偿方案进行论证、修改后，市、县级人民政府应当予以公布，征求公众意见，明确征求意见的期限不得少于30日。其主要目的是规范政府的征收活动，切实保证在征收、补偿活动过程中统筹兼顾公共利益和被征收人利益，进一步扩大公众参与，保障公众的知情权、参与权、建议权。

《征收补偿条例》规定，在作出房屋征收决定前，房屋征收部门应当先行拟定征收补偿方案，市、县级人民政府应在拟定征收补偿方案阶段即履行征求公众意见的程序。严格规范政府的征收活动，旨在使被征收人更早地掌握和了解到相关信息，及时有效地参与房屋征收工作并提出意见，对政府的房屋征收行为进行监督。

房屋征收工作涉及社会公共利益，也涉及被征收人的切身利益，只有得到被征收人的理解和配合，房屋征收工作才能顺利开展。因此，征收补偿方案公布征求意见旨在确保征收过程的公开、公正、透明以及被征收人的参与权，以获得被征收人的理解和支持。

市、县级人民政府应当将征求意见情况和根据公众意见修改的情况及时公布。因旧城区

改建需要征收房屋，多数被征收人认为征收补偿方案不符合《征收补偿条例》规定的，市、县级人民政府应当组织由被征收人和公众代表参加的听证会，并根据听证会情况修改方案。市、县级人民政府作出房屋征收决定前，应当按照有关规定进行社会稳定风险评估；房屋征收决定涉及被征收人数量较多的，应当经政府常务会议讨论决定。作出房屋征收决定前，征收补偿费用应当足额到位、专户存储、专款专用。

4. 房屋征收决定公告

市、县级人民政府作出房屋征收决定后应当及时公告。公告应当载明征收补偿方案和行政复议、行政诉讼权利等事项。市、县级人民政府及房屋征收部门应当做好房屋征收与补偿的宣传、解释工作。房屋被依法征收的，国有土地使用权同时收回。

被征收人对市、县级人民政府作出的房屋征收决定不服的，可以依法申请行政复议，也可以依法提起行政诉讼。房屋征收部门应当对房屋征收范围内房屋的权属、区位、用途、建筑面积等情况组织调查登记，被征收人应当予以配合。调查结果应当在房屋征收范围内向被征收人公布。

房屋征收范围确定后，不得在房屋征收范围内实施新建、扩建、改建房屋和改变房屋用途等不当增加补偿费用的行为；违反规定实施的，不予补偿。房屋征收部门应当将前款所列事项书面通知有关部门暂停办理相关手续。暂停办理相关手续的书面通知应当载明暂停期限。暂停期限最长不得超过1年。

第四节　国有土地上房屋征收补偿

为了公共利益的需要，征收国有土地上单位、个人的房屋，应当对被征收房屋所有权人给予公平补偿。

一、房屋征收补偿的内容

为了公共利益的需要，征收国有土地上单位、个人的房屋，应当对被征收房屋所有权人（以下称“被征收人”）给予公平补偿。房屋征收与补偿应当遵循决策民主、程序正当、结果公开的原则。作出房屋征收决定的市、县级人民政府对被征收人给予的补偿包括：①被征收房屋价值的补偿；②因征收房屋造成的搬迁、临时安置的补偿；③因征收房屋造成的停产停业损失的补偿。

市、县级人民政府应当制定补助和奖励办法，对被征收人给予补助和奖励。

征收个人住宅，被征收人符合住房保障条件的，作出房屋征收决定的市、县级人民政府应当优先给予住房保障。具体办法由省、自治区、直辖市制定。

二、房屋征收补偿的方式

被征收人可以选择货币补偿，也可以选择房屋产权调换。被征收人选择房屋产权调换的，市、县级人民政府应当提供用于产权调换的房屋，并与被征收人计算、结清被征收房屋价值与用于产权调换房屋价值的差价。因旧城区改建征收个人住宅，被征收人选择在改建地段进行房屋产权调换的，作出房屋征收决定的市、县级人民政府应当提供改建地段或者就近地段的房屋。

因征收房屋造成搬迁的，房屋征收部门应当向被征收人支付搬迁费；选择房屋产权调换的，产权调换房屋交付前，房屋征收部门应当向被征收人支付临时安置费或者提供周转用房。

对因征收房屋造成停产停业损失的补偿，根据房屋被征收前的效益、停产停业期限等因素确定。具体办法由省、自治区、直辖市制定。

三、被征收房屋价值的评估

市、县级人民政府作出房屋征收决定前，应当组织有关部门依法对征收范围内未经登记的建筑进行调查、认定和处理。对认定为合法建筑和未超过批准期限的临时建筑的，应当给予补偿；对认定为违法建筑和超过批准期限的临时建筑的，不予补偿。

对被征收房屋价值的补偿，不得低于房屋征收决定公告之日被征收房屋类似房地产的市场价格。被征收房屋的价值，由具有相应资质的房地产价格评估机构按照房屋征收评估办法评估确定。房屋征收评估办法由国务院住房城乡建设主管部门制定，制定过程中，应当向社会公开征求意见。

房地产价格评估机构由被征收人协商选定；协商不成的，通过多数决定、随机选定等方式确定，具体办法由省、自治区、直辖市制定。房地产价格评估机构应当独立、客观、公正地开展房屋征收评估工作，对评估确定的被征收房屋价值有异议的，可以向房地产价格评估机构申请复核评估。对复核结果有异议的，可以向房地产价格评估专家委员会申请鉴定。

四、订立补偿协议或作出补偿决定

房屋征收部门与被征收人依照《征收补偿条例》的规定，就补偿方式、补偿金额和支付期限、用于产权调换房屋的地点和面积、搬迁费、临时安置费或者周转用房、停产停业损失、搬迁期限、过渡方式和过渡期限等事项，订立补偿协议。

补偿协议订立后，一方当事人不履行补偿协议约定的义务的，另一方当事人可以依法提起诉讼。房屋征收部门与被征收人在征收补偿方案确定的签约期限内达不成补偿协议，或者被征收房屋所有权人不明确的，由房屋征收部门报请作出房屋征收决定的市、县级人民政府依照《征收补偿条例》的规定，按照征收补偿方案作出补偿决定，并在房屋征收范围内予以公告。

补偿决定应当公平，补偿决定应当包括补偿方式、补偿金额和支付期限、用于产权调换房屋的地点和面积、搬迁费、临时安置费或者周转用房、停产停业损失、搬迁期限、过渡方式和过渡期限等事项。被征收人对补偿决定不服的，可以依法申请行政复议，也可以依法提起行政诉讼。

第五节 国有土地上房屋征收的法律责任

市、县级人民政府及其有关部门应当依法加强对建设活动的监督管理，对违反城乡规划进行建设的，依法予以处理。实施房屋征收应当先补偿、后搬迁。作出房屋征收决定的市、县级人民政府对被征收人给予补偿后，被征收人应当在补偿协议约定或者补偿决定确定的搬迁期限内完成搬迁。任何单位和个人不得采取暴力、威胁或者违反规定中断供水、供热、供气、供电和道路通行等非法方式迫使被征收人搬迁。禁止建设单位参与搬迁活动。被征收人在法定期限内不申请行政复议或者不提起行政诉讼，在补偿决定规定的期限内又不搬迁的，由作出房屋征收决定的市、县级人民政府依法申请人民法院强制执行。强制执行申请书应当附具补偿金额和专户存储账号、产权调换房屋和周转用房的地点和面积等材料。房屋征收部门应当依法建立房屋征收补偿档案，并将分户补偿情况在房屋征收范围内向被征收人公布。审计机关应当加强对征收补偿费用管理和使用情况的监督，并公布审计结果。

为了维护公共利益，保障被征收人的合法权益，保障房屋征收与补偿工作依法顺利进行，《征收补偿条例》明确规定了房屋征收与补偿的主体、主管部门和有关单位、个人的法律责任。承担法律责任的种类有行政责任、民事责任和刑事责任。

一、市、县级人民政府及房屋征收部门工作人员的法律责任

市、县级人民政府及房屋征收部门的工作人员在房屋征收与补偿工作中不履行《征收补偿条例》规定的职责，或者滥用职权、玩忽职守、徇私舞弊的，由上级人民政府或者本级人民政府责令改正，通报批评；造成损失的，依法承担赔偿责任；对直接负责的主管人员和其他直接责任人员，依法给予处分；构成犯罪的，依法追究刑事责任。

二、暴力野蛮搬迁的法律责任

采取暴力、威胁或者违反规定中断供水、供热、供气、供电和道路通行等非法方式迫使被征收人搬迁，造成损失的，依法承担赔偿责任；对直接负责的主管人员和其他直接责任人员，构成犯罪的，依法追究刑事责任；尚不构成犯罪的，依法给予处分；构成违反治安管理行为的，依法给予治安管理处罚。

三、非法阻碍依法征收与补偿的法律责任

采取暴力、威胁等方法阻碍依法进行的房屋征收与补偿工作，构成犯罪的，依法追究刑事责任；构成违反治安管理行为的，依法给予治安管理处罚。

四、涉及征收补偿费用的法律责任

贪污、挪用、私分、截留、拖欠征收补偿费用的，责令改正，追回有关款项，限期退还违法所得，对有关责任单位通报批评、给予警告；造成损失的，依法承担赔偿责任；对直接负责的主管人员和其他直接责任人员，构成犯罪的，依法追究刑事责任；尚不构成犯罪的，依法给予处分。

五、出具虚假或有重大差错的评估报告的法律责任

房地产价格评估机构或者房地产估价师出具虚假或者有重大差错的评估报告的，由发证机关责令限期改正，给予警告，对房地产价格评估机构并处5万元以上20万元以下罚款，对房地产估价师并处1万元以上3万元以下罚款，并记入信用档案；情节严重的，吊销资质证书、注册证书；造成损失的，依法承担赔偿责任；构成犯罪的，依法追究刑事责任。

思考题

1. 新的房屋征收制度相比城市房屋拆迁制度主要有何变化?
2. 国有土地上房屋征收与补偿工作的责任主体是什么?
3. 如何界定公共利益?
4. 国有土地上房屋征收的实施单位是什么?
5. 国有土地上房屋征收的补偿方式有哪些?
6. 国有土地上房屋征收与补偿的原则是什么?
7. 如何确定被征收房屋补偿价格?
8. 国有土地上房屋征收评估的房地产评估机构是怎样产生的?
9. 对评估结果有异议怎么办?
10. 国有土地上房屋征收在规定期限内达不成协议怎么办?
11. 国有土地上房屋征收对违法建筑或超过批准期限的临时建筑有何规定?
12. 《征收补偿条例》对强制执行是如何规定的?

第五章　城乡规划制度与政策

第一节　“多规合一”与城乡规划管理概述

随着计划经济体制向社会主义市场经济体制转变，我国的城乡发展建设发生了深刻的变化，城镇化呈现出新的特点。城镇化水平大大提高，从城市发展的趋势看，呈现出城市区域化和区域城市化。一些地方出现了联系紧密的城市群，如我国的“长三角”“珠三角”“京津冀”等城市密集地区，其经济社会影响力日益增强。国家投资体制、财税体制以及土地使用制度等发生了根本性的变化。由改革开放初期，我国城市建设基本上由政府主导的一元化投资体制，向现阶段政府、社会多方参与的多元化投资体制转变。土地使用制度由单一的政府划拨方式，向土地出让方式（招、拍、挂）占主体的有偿使用方式转变。加上中央政府、地方政府财税体制改革等，都对城乡规划体制产生了重大影响。小城镇发展呈现新局面，建制镇内涵发生了本质变化。流动人口数量庞大。由于户籍和土地制度等原因，其绝大多数户口在农村，工作生活在城镇，即在保留农村宅基地和承包经营土地的前提下进城务工，各种待遇与市民相差较大，而形成了一种具有中国特色的、有学者称之为“准城镇化”的现象。1989 年全国人大常委会颁布了《中华人民共和国城市规划法》（以下简称《城市规划法》），1993 年国务院颁布了《村庄和集镇规划建设管理条例》，标志着我国城乡规划工作已进入了法制化轨道，形成了依法进行城乡规划的制定和实施管理的基本制度。这对于加强城市、村庄和集镇的规划、建设与管理，遏制城市和乡村无序建设、破坏生态环境等问题，促进城乡健康协调发展，发挥了重要作用。但是，近年来，随着城镇化进程的加快和社会主义市场经济体系的逐步建立，城乡规划作为保障城镇化健康有序发展的重要公共政策，其原有的管理体制、机制遇到了一些新的问题，原有法律制度已不能完全适应形势发展的需要。随着经济社会的发展和城镇化进程的加快，城乡之间的联系日益紧密，特别是在城市所在区域的经济社会发展中，城市和乡村的发展日益交融，互为影响，但原有规划管理制度是建立在城乡二元结构基础上的，就城市论城市，就乡村论乡村，这种规划制定与实施模式已经不适应城乡统筹的需要，影响了城乡协调健康发展，也带来了一些问题。原有城市规划仅考虑单个城市的发展，没有从更广泛的范围内统筹考虑城市之间的协调发展和城镇体系布局的优化，从而出现区域性基础设施重复建设，导致资源的浪费和城镇体系布局的不当。个别地方出现了盲目扩大城市规模，圈占土地，搞不切实际的“形象工程”“政绩工程”，不重视资源保护的现象。规划的制定和实施过程中缺乏充分的社会参与和专家论证，对行政权力缺乏必要的制约，个别地方政府随意变更规划，甚至无视规划进行建设活动。这些现象反映了在城乡建设发展的指导思想上出现了偏差。乡和村庄规划管理薄弱，村庄建设散乱，既浪费了土地资源，又破坏了人居环境。部分乡、村庄没有规划，一些乡规划、村庄规划盲目模仿城市规划，没有体现农村特点，难以满足农民生活和农村发展的需要，无法真正实施。原有的《城市规划法》和《村庄和集镇规划建设管理条例》中的规划实施制度已经不能适应土地使用制度改革和国家投资体制改革的需要，亟须进行调整。2008年1月1日起实施的《中华人民共和国城乡规划法》（以下简称《城乡规划法》）是从我国国情和各地实际出发，以多年的城市和乡村规划工作实践经验为基础，借鉴国外规划立法经验，进一步强化城乡规划管理的具体体现。它的出台，对于提高我国城乡规划的科学性、严肃性、权威性，加强城乡规划监管，协调城乡科学合理布局，保护自然资源和历史文化遗产，保护和改善人居环境，促进我国经济社会全面协调可持续发展具有长远的重要意义。

一、城乡规划管理的概念

城乡规划管理，是指城市人民政府按照法定程序编制和审批城市规划，并依据国家和各级政府颁布的城市规划管理的有关法规和具体规定，对批准的城市规划，采用法制的、行政的、经济的、技术的管理办法，对城市规划区内的各项建设进行统一的安排和控制，使城市的各项建设用地和建设工程活动有计划、有秩序地协调发展，保证城市规划的顺利实施。经依法批准的城市规划，是城市建设和规划管理的依据，未经法定程序不得修改。

城乡规划管理是一项政府行政职能，它包括城市规划编制审批管理和实施监察管理两部分。城乡规划的编制和管理经费纳入本级财政预算。制定和实施城乡规划，应当遵循城乡统筹、合理布局、节约土地、集约发展和先规划后建设的原则，改善生态环境，促进资源、能源节约和综合利用，保护耕地等自然资源和历史文化遗产，保持地方特色、民族特色和传统风貌，防止污染和其他公害，并符合区域人口发展、国防建设、防灾减灾和公共卫生、公共安全的需要。

二、城乡规划的内容

城市规划分为总体规划和详细规划。详细规划分为控制性详细规划和修建性详细规划。城市总体规划、镇总体规划的内容应当包括：城市、镇的发展布局，功能分区，用地布局，综合交通体系，禁止、限制和适宜建设的地域范围，各类专项规划等。规划区范围、规划区内建设用地规模、基础设施和公共服务设施用地、水源地和水系、基本农田和绿化用地、环境保护、自然与历史文化遗产保护以及防灾减灾等内容，应当作为城市总体规划、镇总体规划的强制性内容。城市总体规划、镇总体规划的规划期限一般为20年。城市总体规划还应当对城市更长远的发展作出预测性安排。

三、城乡规划的原则

城乡规划工作必须遵循城乡建设和发展的客观规律，立足国情，面向未来，改善生态环境，促进资源、能源节约和综合利用，保护耕地等自然资源和历史文化遗产，保持地方特色、民族特色和传统风貌，防止污染和其他公害，并符合区域人口发展、国防建设、防灾减灾和公共卫生、公共安全的需要。制定和实施城乡规划必须遵循以下五个基本原则：

① 城乡统筹原则。在规划的制定和实施过程中将城市、镇、乡和村庄的发展统筹考虑，促进城乡居民享受公共服务的均衡化。城乡规划编制单位必须按照城乡统筹的要求，根据各

类规划的内容要求与特点，认真编制好相关规划。

② 合理布局原则。编制城乡规划，要从实现空间资源的优化配置，维护空间资源利用的公平性，促进能源资源的节约和利用，保障城市运行安全和效率方面，综合研究城镇布局问题，促进大中小城市和小城镇协调发展，促进城市、镇、乡和村庄的有序健康发展。

③ 节约土地原则。要切实改变铺张浪费的用地观念和用地结构不合理的状况，始终把节约和集约利用土地、严格保护耕地作为城乡规划制定与实施的重要目标，要根据产业结构调整的目标要求，合理调整用地结构，提高土地利用效益，促进产业协调发展。

④ 集约发展原则。编制城乡规划，必须充分认识我国长期面临的资源短缺约束和环境容量压力的基本国情，认真分析城镇发展的资源环境条件，推进城镇发展方式从粗放型向集约型转变，建设资源节约环境友好型城镇，增强可持续发展能力。

⑤ 先规划后建设原则。各级人民政府及其城乡规划主管部门要严格依据法定的事权，及时制定城乡规划、加强规划的实施管理与监督；严格依据法定程序制定和修改城乡规划，保证法定规划的严肃性；严格依据法律规定，充分发挥法定规划对土地使用的指导和调控，促进城乡社会有序发展。

四、从“多规合一”到国土空间规划

2012 年 11 月党的十八大报告提出大力推进生态文明建设，优化国土空间开发格局，2013 年 11 月党的十八届三中全会提出国家治理体系和治理能力现代化，建立空间规划体系，2015 年 9 月中共中央、国务院《生态文明体制改革总体方案》要求建立空间规划体系，2015 年 12 月中央城市工作会议要求推进“多规合一”，2016 年 2 月《中共中央 国务院关于进一步加强城市规划建设管理工作的若干意见》要求推进“两图合一”，2017 年 10 月党的十九大报告进一步明确构建国土空间开发保护制度。

2018 年 3 月 17 日，十三届全国人大一次会议表决通过了关于国务院机构改革方案的决定。根据方案，新组建自然资源部，建立统一的空间规划体系，由自然资源部统一行使所有国土空间用途管制职责，自然资源部将几个部委的规划职能整合到一起，首先从最顶层的组织体制上就对各类规划进行统筹，实现“多规合一”。“一张蓝图干到底”，自然资源部的一大重要职责就是给出这张蓝图的空间底图。2019 年 5 月 9 日，中共中央、国务院发布《中共中央、国务院关于建立国土空间规划体系并监督实施的若干意见》（以下称意见）。国土空间规划是国家空间发展的指南、可持续发展的空间蓝图，是各类开发保护建设活动的基本依据。建立国土空间规划体系并监督实施，将主体功能区规划、土地利用规划、城乡规划等空间规划融合为统一的国土空间规划，实现“多规合一”，强化国土空间规划对各专项规划的指导约束作用，是党中央、国务院作出的重大部署。意见指出，到 2020 年，基本建立国土空间规划体系，逐步建立“多规合一”的规划编制审批体系、实施监督体系、法规政策体系和技术标准体系；基本完成市县以上各级国土空间总体规划编制，初步形成全国国土空间开发保护“一张图”。到 2025 年，健全国土空间规划法规政策和技术标准体系；全面实施国土空间监测预警和绩效考核机制；形成以国土空间规划为基础，以统一用途管制为手段的国土空间开发保护制度。到 2035 年，全面提升国土空间治理体系和治理能力现代化水平，基本形成生产空间集约高效、生活空间宜居适度、生态空间山清水秀，安全和谐、富有竞争力和可持续发展的国土空间格局。《中华人民共和国土地管理法》第十八条规定：国家建立国土空间规划体系。编制国土空间规划应当坚持生态优先，绿色、可持续发展，科学有序统筹安排生态、农业、城镇等功能空间，优化国土空间结构和布局，提升国土空间开发、保护的质量和效率。经依法批准的国土空间规划是各类开发、保护、建设活动的基本依据。已经编制国土空间规划的，不再编制土地利用总体规划和城乡规划。

第二节 城乡规划的编制与审批

一、城乡规划的组织编制主体和审批主体

全国城镇体系规划由国务院城乡规划主管部门会同国务院有关部门组织编制。全国城镇体系规划由国务院城乡规划主管部门报国务院审批。省域城镇体系规划由省或自治区人民政府组织编制，报国务院审批。城市人民政府（包括直辖市人民政府和其他设市城市的人民政府）组织编制城市总体规划。直辖市的城市总体规划由直辖市人民政府报国务院审批。省、自治区人民政府所在地的城市以及国务院确定的城市的总体规划，由省、自治区人民政府审查同意后，报国务院审批。其他城市的总体规划，由城市人民政府报省、自治区人民政府审批。县人民政府组织编制县人民政府所在地镇的总体规划，报上一级人民政府审批。其他镇的总体规划由镇人民政府组织编制，报上一级人民政府审批。乡、镇人民政府组织编制乡规划、村庄规划，报上一级人民政府审批。

城市人民政府城乡规划主管部门根据城市总体规划的要求，组织编制城市的控制性详细规划，经本级人民政府批准后，报本级人民代表大会常务委员会和上一级人民政府备案。县人民政府所在地镇的控制性详细规划，由县人民政府城乡规划主管部门根据镇总体规划的要求组织编制，经县人民政府批准后，报本级人民代表大会常务委员会和上一级人民政府备案。镇人民政府根据镇总体规划的要求，组织编制镇的控制性详细规划，报上一级人民政府审批。城市、县人民政府城乡规划主管部门和镇人民政府可以组织编制重要地块的修建性详细规划。其他地区的修建性详细规划的编制主体是建设单位。各类修建性详细规划由城市、县城乡规划主管部门依法负责审定，修建性详细规划应当符合控制性详细规划。

二、城乡规划编制的依据

城乡规划编制以上一层次的城乡规划为依据，具体来说，就是城市的总体规划必须以所在省、自治区的省域城镇体系规划为依据；城市详细规划必须以所在城市的总体规划为依据，修建性详细规划必须以控制性详细规划为依据。此外，市辖县、区、乡镇域总体规划应当以所在城市的市域总体规划为依据。单独编制的各项专业规划同样应当以城市总体规划为依据。以上一层次的城市规划为依据，前提是这项规划必须是依法批准并有效，两者缺一不可。未经依法批准的城乡规划没有法律效力，不能指导城乡规划编制与审批；因超过规划期限或因现实情况已经发生了变化的上一层次规划，且必须做调整的，依法调整后，方可指导下一层次规划的编制和审批。

依法制定城乡规划，应当依据有关的法律规范和技术标准、技术规范，以城乡地区的现状条件和环境、资源以及自然地理、历史特点为基础。一些重大规划问题的解决必须以国家有关方针政策为依据。城市政府制定的城市社会、经济发展的长远计划，已经充分体现了政

府对城市长远发展的指导意见，应当作为城乡规划制定的依据。此外，上级人民政府对下级人民政府制定城乡规划有责任提出指导性意见。上级人民政府的城市规划主管部门亦可根据城市规划编制情况的需要，对规划的边界条件、规划的内容深度、技术要求等提出具体的指导意见，这些都应作为规划编制的依据。

三、城乡规划的主要内容

城市总体规划、镇总体规划的内容应当包括：城市、镇的发展布局，功能分区，用地布局，综合交通体系，禁止、限制和适宜建设的地域范围，各类专项规划等。规划区范围、规划区内建设用地规模、基础设施和公共服务设施用地、水源地和水系、基本农田和绿化用地、环境保护、自然与历史文化遗产保护以及防灾减灾等内容，应当作为城市总体规划、镇总体规划的强制性内容。城市总体规划、镇总体规划的规划期限一般为二十年。城市总体规划还应当对城市更长远的发展作出预测性安排。乡规划、村庄规划应当从农村实际出发，尊重村民意愿，体现地方和农村特色。乡规划、村庄规划的内容应当包括：规划区范围，住宅、道路、供水、排水、供电、垃圾收集、畜禽养殖场所等农村生产、生活服务设施、公益事业等各项建设的用地布局、建设要求，以及对耕地等自然资源和历史文化遗产保护、防灾减灾等的具体安排。乡规划还应当包括本行政区域内的村庄发展布局。

四、城乡规划的审批程序

省域城镇体系规划和城市、县人民政府组织编制的总体规划在报上一级人民政府审批前，应当先经本级人民代表大会常务委员会审议，常务委员会组成人员的审议意见交由本级人民政府研究处理。镇总体规划在报上一级人民政府审批前，应当先经镇人民代表大会审议，代表的审议意见交由本级人民政府研究处理。城乡规划的组织编制机关报送审批省域城镇体系规划、城市总体规划或者镇总体规划，应当将本级人民代表大会常务委员会组成人员或者镇人民代表大会代表的审议意见和根据审议意见修改规划的情况一并报送。村庄规划在报送审批前，应当经过村民会议或者村民代表会议讨论同意。

城乡规划报送审批前，组织编制机关应当依法将城乡规划草案予以公告，并采取论证会、听证会或者其他方式征求专家和公众的意见。公告的时间不得少于三十日。组织编制机关应当充分考虑专家和公众的意见，并在报送审批的材料中附具意见采纳情况及理由。

省域城镇体系规划、城市总体规划、镇总体规划批准前，审批机关应当组织专家和有关部门进行审查。城乡规划审批机关在对上报的城乡规划组织审查同意后，予以书面批复。经依法批准的城乡规划，是城乡建设和规划管理的依据。城乡规划组织编制机关应当及时公布经依法批准的城乡规划。但是法律、行政法规规定不得公开的内容除外。

五、城乡规划的修改

省域城镇体系规划、城市总体规划、镇总体规划的组织编制机关应当组织有关部门和专家定期对规划实施情况进行评估，并采取论证会、听证会或者其他方式征求公众意见。组织编制机关应当向本级人民代表大会常务委员会、镇人民代表大会和原审批机关提出评估报告并附具征求意见的情况。有下列情形之一的，组织编制机关方可按照规定的权限和程序修改省域城镇体系规划、城市总体规划、镇总体规划：①上级人民政府制定的城乡规划发生变更，提出修改规划要求的；②行政区划调整确需修改规划的；③因国务院批准重大建设过程确需修改规划的；④经评估确需修改规划的；⑤城乡规划的审批机关认为应当修改规划的其他情形。

修改省域城镇体系规划、城市总体规划、镇总体规划前，组织编制机关应当对原规划的实施情况进行总结，并向原审批机关报告；修改涉及城市总体规划、镇总体规划强制性内容的，应当先向原审批机关提出专题报告，经同意后，方可编制修改方案。

修改控制性详细规划的，组织编制机关应当对修改的必要性进行论证，征求规划地段内利害关系人的意见，并向原审批机关提出专题报告，经原审批机关同意后，方可编制修改方案。控制性详细规划修改涉及城市总体规划、镇总体规划的强制性内容的，应当先修改总体规划。

修改后的各项规划，应当依照《城乡规划法》规定的审批程序报批。城市、县、镇人民政府修改近期建设规划的，应当将修改后的近期建设规划报总体规划审批机关备案。

第三节 城乡规划的实施与监督

城市规划经审批颁布后，即具有法律效力。城市规划区内的土地利用和各项建设实质上就是城市规划逐步实施的过程，城市的建设和发展，应当优先安排基础设施以及公共服务设施的建设，妥善处理新区开发与旧区改建的关系，统筹兼顾进城务工人员生活和周边农村经济社会发展、村民生产与生活的需要。城市规划的实施管理主要是报建审批管理和批后管理两部分内容。报建审批管理主要包括对建设项目选址审批核发项目选址意见书，对城市用地审批核发建设用地规划许可证，对建设工程审批核发建设工程规划许可证。批后管理主要是按照规划实施监督检查体系对违章占地和违章建设的查禁工作。在选址意见书、建设用地规划许可证、建设工程规划许可证或者乡村建设规划许可证发放后，因依法修改城乡规划给被许可人合法权益造成损失的，应当依法给予补偿。经依法审定的修建性详细规划、建设工程设计方案的总平面图不得随意修改；确需修改的，城乡规划主管部门应当采取听证会等形式，听取利害关系人的意见；因修改给利害关系人合法权益造成损失的，应当依法给予补偿。

一、建设项目选址意见书

国家对于建设项目，特别是国家的大、中型建设项目的宏观管理，在可行性研究阶段，主要是通过计划管理和规划管理来实现。将计划管理和规划管理有机结合起来，就能保证各项建设工程有计划并按照规划进行建设。《城乡规划法》规定，按照国家规定需要有关部门批准或者核准的建设项目，以划拨方式提供国有土地使用权的，建设单位在报送有关部门批准或者核准前，应当向城乡规划主管部门申请核发选址意见书。前款规定以外的建设项目不需要申请选址意见书。

《城乡规划法》还规定，在城市、镇规划区内以划拨方式提供国有土地使用权的建设项目，经有关部门批准、核准、备案后，建设单位应当向城市、县人民政府城乡规划主管部门提出建设用地规划许可申请，由城市、县人民政府城乡规划主管部门依据控制性详细规划核定建设用地的位置、面积、允许建设的范围，核发建设用地规划许可证。建设单位在取得建设用地规划许可证后，方可向县级以上地方人民政府土地主管部门申请用地，经县级以上人民政府审批后，由土地主管部门划拨土地。

二、建设用地规划许可证

在城市、镇规划区内以出让方式提供国有土地使用权的，在国有土地使用权出让前，城市、县人民政府城乡规划主管部门应当依据控制性详细规划，提出出让地块的位置、使用性质、开发强度等规划条件，作为国有土地使用权出让合同的组成部分。未确定规划条件的地块，不得出让国有土地使用权。以出让方式取得国有土地使用权的建设项目，在签订国有土地使用权出让合同后，建设单位应当持建设项目的批准、核准、备案文件和国有土地使用权出让合同，向城市、县人民政府城乡规划主管部门领取建设用地规划许可证。城市、县人民政府城乡规划主管部门不得在建设用地规划许可证中，擅自改变作为国有土地使用权出让合同组成部分的规划条件。规划条件未纳入国有土地使用权出让合同的，该国有土地使用权出让合同无效；对未取得建设用地规划许可证的建设单位批准用地的，由县级以上人民政府撤销有关批准文件；占用土地的，应当及时退回；给当事人造成损失的，应当依法给予赔偿。

三、建设工程规划许可证

在城市、镇规划区内进行建筑物、构筑物、道路、管线和其他工程建设的，建设单位或者个人应当向城市、县人民政府城乡规划主管部门或者省、自治区、直辖市人民政府确定的镇人民政府申请办理建设工程规划许可证。申请办理建设工程规划许可证，应当提交使用土地的有关证明文件、建设工程设计方案等材料。需要建设单位编制修建性详细规划的建设项目，还应当提交修建性详细规划。对符合控制性详细规划和规划条件的，由城市、县人民政府城乡规划主管部门或者省、自治区、直辖市人民政府确定的镇人民政府核发建设工程规划许可证。

城市、县人民政府城乡规划主管部门或者省、自治区、直辖市人民政府确定的镇人民政府应当依法将经审定的修建性详细规划、建设工程设计方案的总平面图予以公布。城乡规划主管部门不得在城乡规划确定的建设用地范围以外作出规划许可。

建设单位应当按照规划条件进行建设；确需变更的，必须向城市、县人民政府城乡规划主管部门提出申请。变更内容不符合控制性详细规划的，城乡规划主管部门不得批准。城市、县人民政府城乡规划主管部门应当及时将依法变更后的规划条件通报同级土地主管部门并公示。建设单位应当及时将依法变更后的规划条件报有关人民政府土地主管部门备案。

建设工程规划许可管理的主要内容包括：①建筑管理；②道路管理；③管线管理；④审定设计方案；⑤核发建设工程规划许可证；⑥放线、验线制度；⑦建设工程的竣工验收；⑧竣工资料的报送。

四、城乡规划实施的监督检查

1. 监督检查

县级以上人民政府及其城乡规划主管部门应当加强对城乡规划编制、审批、实施、修改的监督检查。地方各级人民政府应当向本级人民代表大会常务委员会或者乡、镇人民代表大会报告城乡规划的实施情况，并接受监督。县级以上人民政府城乡规划主管部门对城乡规划的实施情况进行监督检查，有权采取以下措施：①要求有关单位和人员提供与监督事项有关的文件、资料，并进行复制；②要求有关单位和人员就监督事项涉及的问题作出解释和说明，并根据需要进入现场进行勘测；③责令有关单位和人员停止违反有关城乡规划的法律、法规的行为。

依照《城乡规划法》规定，应当给予行政处罚，而有关城乡规划主管部门不给予行政处罚的，上级人民政府城乡规划主管部门有权责令其作出行政处罚决定或者建议有关人民政府责令其给予行政处罚。城乡规划主管部门违反《城乡规划法》规定作出行政许可的，上级人民政府城乡规划主管部门有权责令其撤销或者直接撤销该行政许可。因撤销行政许可给当事人合法权益造成损失的，应当依法给予赔偿。

2. 法律责任

对依法应当编制城乡规划而未组织编制，或者未按法定程序编制、审批、修改城乡规划的，由上级人民政府责令改正，通报批评；对有关人民政府负责人和其他直接责任人员依法给予处分。城乡规划组织编制机关委托不具有相应资质等级的单位编制城乡规划的，由上级人民政府责令改正，通报批评；对有关人民政府负责人和其他直接责任人员依法给予处分。

镇人民政府或者县级以上人民政府城乡规划主管部门有下列行为之一的，由本级人民政府、上级人民政府城乡规划主管部门或者监察机关依据职权责令改正，通报批评；对直接负责的主管人员和其他直接责任人员依法给予处分：①未依法组织编制城市的控制性详细规划、县人民政府所在地镇的控制性详细规划的；②超越职权或者对不符合法定条件的申请人核发选址意见书、建设用地规划许可证、建设工程规划许可证、乡村建设规划许可证的；③对符合法定条件的申请人未在法定期限内核发选址意见书、建设用地规划许可证、建设工程规划许可证、乡村建设规划许可证的；④未依法对经审定的修建性详细规划、建设工程设计方案的总平面图予以公布的；⑤同意修改修建性详细规划、建设工程设计方案的总平面图前未采取听证会等形式听取利害关系人的意见的；⑥发现未依法取得规划许可或者违反规划许可的规定在规划区内进行建设的行为，而不予查处或者接到举报后不依法处理的。

县级以上人民政府有关部门有下列行为之一的，由本级人民政府或者上级人民政府有关部门责令改正，通报批评；对直接负责的主管人员和其他直接责任人员依法给予处分：①对未依法取得选址意见书的建设项目核发建设项目批准文件的；②未依法在国有土地使用权出让合同中确定规划条件或者改变国有土地使用权出让合同中依法确定的规划条件的；③对未依法取得建设用地规划许可证的建设单位划拨国有土地使用权的。

城乡规划编制单位有下列行为之一的，由所在地城市、县人民政府城乡规划主管部门责令限期改正，处合同约定的规划编制费一倍以上二倍以下的罚款；情节严重的，责令停业整顿，由原发证机关降低资质等级或者吊销资质证书；造成损失的，依法承担赔偿责任：①超越资质等级许可的范围承揽城乡规划编制工作的；②违反国家有关标准编制城乡规划的。未依法取得资质证书承揽城乡规划编制工作的，由县级以上地方人民政府城乡规划主管部门责令停止违法行为，依照前款规定处以罚款；造成损失的，依法承担赔偿责任。以欺骗手段取得资质证书承揽城乡规划编制工作的，由原发证机关吊销资质证书，依照《城乡规划法》第六十二条第一款规定处以罚款；造成损失的，依法承担赔偿责任。

城乡规划编制单位取得资质证书后，不再符合相应的资质条件的，由原发证机关责令限期改正；逾期不改正的，降低资质等级或者吊销资质证书。未取得建设工程规划许可证或者未按照建设工程规划许可证的规定进行建设的，由县级以上地方人民政府城乡规划主管部门责令停止建设；尚可采取改正措施消除对规划实施的影响的，限期改正，处建设工程造价5%以上10%以下的罚款；无法采取改正措施消除影响的，限期拆除，不能拆除的，没收实物或者违法收入，可以并处建设工程造价10%以下的罚款。

建设单位或者个人有下列行为之一的，由所在地城市、县人民政府城乡规划主管部门责令限期拆除，可以并处临时建设工程造价一倍以下的罚款：①未经批准进行临时建设的；②未按照批准内容进行临时建设的；③临时建筑物、构筑物超过批准期限不拆除的。建设单位未在建设工程竣工验收后6个月内向城乡规划主管部门报送有关竣工验收资料的，由所在地城市、县人民政府城乡规划主管部门责令限期补报；逾期不补报的，处1万元以上5万元以下的罚款。城乡规划主管部门作出责令停止建设或者限期拆除的决定后，当事人不停止建设或者逾期不拆除的，建设工程所在地县级以上地方人民政府可以责成有关部门采取查封施工现场、强制拆除等措施。违反《城乡规划法》的规定，构成犯罪的，依法追究刑事责任。

第四节　规划控制线的管理

城乡规划控制线是指城乡规划中确定的，具有特定用途的，需要保护和控制范围的界线，分为红线、紫线、绿线、蓝线、黄线等。规划控制线是城乡规划的组成部分，依法确定的规划控制线，未经法定程序不得修改。为加强对规划控制线的管理，建设部相继出台以下部门规章进行专项管理：《城市绿线管理办法》（自2002年11月1日起施行）、《城市紫线管理办法》（自2004年2月1日起施行）、《城市蓝线管理办法》（自2006年3月1日起施行）和《城市黄线管理办法》（自2006年3月1日起施行）。城市绿线、紫线、黄线和蓝线管理要求对城市绿地，城市历史文化街区、历史建筑的用地，城市基础设施用地，城市地表水体等用地，划定范围确定界线，进行控制管理。按照以上四个管理办法，城市绿线、紫线、黄线和蓝线的划定贯穿于法定规划的各个阶段，包括总体规划阶段、控制性详细规划阶段、修建性详细规划阶段。

一、城市红线的管理

规划红线一般指建设用地规划控制线，包括用地红线、道路红线和建筑红线。对“红线”的管理，体现在对容积率、建设密度和建设高度等的规划管理。

用地红线是各类建筑工程项目用地的使用权属范围的边界线，用地红线是围起某个地块的一些坐标点连成的线，红线内土地面积就是取得使用权的用地范围。开发建设这个地块的建筑小区的时候，还需要退红线2米左右，具体要看地方规划管理部门规定。小区的建筑必须在退红线范围内，退出的这块地不准占用。

道路红线一般是指道路用地的边界线。道路红线宽度包括：通行机动车或非机动车和行人交通所需的道路宽度；敷设地下、地上工程管线和城市公用设施所需增加的宽度；种植行道树所需的宽度。任何建筑物、构筑物不得越过道路红线。根据城市景观的要求，沿街建筑物可以从道路红线外侧退后建设。

建筑红线是城市道路两侧控制沿街建筑物或构筑物（如外墙、台阶等）靠临街面的界线，又称建筑控制线。建筑红线是指建筑物的外立面所不能超出的界线。建筑红线可与道路红线重合，一般在新城市中常使建筑红线退于道路红线之后，以便腾出用地，改善或美化环境，取得良好的效果。

二、城市紫线的管理

在编制城市规划时应当划定保护历史文化街区和历史建筑的紫线。城市紫线是指国家历史文化名城内的历史文化街区和省、自治区、直辖市人民政府公布的历史文化街区的保护范围界线，以及历史文化街区外经县级以上人民政府公布保护的历史建筑的保护范围界线。

在城市紫线范围内，禁止进行下列活动：①违反保护规划的大面积拆除、开发；②对历史文化街区传统格局和风貌构成影响的大面积改建；③损坏或者拆毁保护规划确定保护的建筑物、构筑物和其他设施；④修建破坏历史文化街区传统风貌的建筑物、构筑物和其他设施；⑤占用或者破坏保护规划确定保留的园林绿地、河湖水系、道路和古树名木等；⑥其他对历史文化街区和历史建筑的保护构成破坏性影响的活动。

对擅自调整和改变城市紫线，擅自调整和违反保护规划的行政行为，或者由于人为原因，导致历史文化街区和历史建筑遭受局部破坏的，省、自治区建设行政主管部门和直辖市城乡规划行政主管部门等监督机关可以提出纠正决定，督促执行。国务院建设行政主管部门，省、自治区人民政府建设行政主管部门和直辖市人民政府城乡规划行政主管部门根据需要可以向有关城市派出规划监督员，对城市紫线的执行情况进行监督。

三、城市绿线的管理

城市绿地系统规划是城市总体规划的组成部分，要按照规定标准确定绿化用地面积，分层次合理布局公共绿地，确定防护绿地、大型公共绿地等的绿线。城市绿线是指城市各类绿地范围的控制线。

《城市绿线管理办法》规定，绿线内的土地只准用于绿化建设，不得改作他用，因国家重点建设等特殊情况需要临时占用城市绿线内用地的，必须依法办理相关审批手续。

各类建设工程要与其配套的绿化工程同步设计，同步施工，同步验收。达不到规定标准的，不得投入使用。城市人民政府规划、园林绿化行政主管部门按照职责分工，对城市绿线的控制和实施情况进行检查，并向同级人民政府和上级行政主管部门报告。

四、城市蓝线的管理

编制各类城市规划，应当划定城市蓝线。城市蓝线是指城市规划确定的江、河、湖、库、渠和湿地等城市地表水体保护和控制的地域界线。在城市总体规划阶段，应当确定城市规划区范围内需要保护和控制的主要地表水体，划定城市蓝线，并明确城市蓝线保护和控制的要求。在控制性详细规划阶段，应当依据城市总体规划划定的城市蓝线，规定城市蓝线范围内的保护要求和控制指标，并附有明确的城市蓝线坐标和相应的界址地形图。城市蓝线应当与城市规划一并报批。在城市蓝线内进行各项建设，必须符合经批准的城市规划。在城市蓝线内新建、改建、扩建各类建筑物、构筑物、道路、管线和其他工程设施，应当依法向建设主管部门（城乡规划主管部门）申请办理城市规划许可，并依照有关法律、法规办理相关手续。在城市蓝线内禁止进行下列活动：①违反城市蓝线保护和控制要求的建设活动；②擅自填埋、占用城市蓝线内水域；③影响水系安全的爆破、采石、取土；④擅自建设各类排污设施；⑤其他对城市水系保护构成破坏的活动。

五、城市黄线的管理

在制定城市总体规划和详细规划时应当划定城市黄线。城市黄线是指对城市发展全局有影响的、城市规划中确定的、必须控制的城市基础设施用地的控制界线。城市基础设施包括：城市公共交通设施、城市供水设施、城市环境卫生设施、城市供燃气设施、城市供热设施、城市消防设施、城市通信设施等。编制城市总体规划，应当根据规划内容和深度要求，合理布置城市基础设施，确定城市基础设施的用地位置和范围，划定其用地控制界线。编制控制性详细规划，应当依据城市总体规划，落实城市总体规划确定的城市基础设施的用地位置和面积，划定城市基础设施用地界线，规定城市黄线范围内的控制指标和要求，并明确城市黄线的地理坐标，修建性详细规划应当依据控制性详细规划，按不同项目具体落实城市基础设施用地界线，提出城市基础设施用地配置原则或者方案，并标明城市黄线的地理坐标和相应的界址地形图。

在城市黄线范围内禁止进行下列活动：①违反城市规划要求，进行建筑物、构筑物及其他设施的建设；②违反国家有关技术标准和规范进行建设；③未经批准，改装、迁移或拆毁原有城市基础设施；④其他损坏城市基础设施或影响城市基础设施安全和正常运转的行为。

县级以上地方人民政府建设主管部门（城乡规划主管部门）应当定期对城市蓝线、黄线管理情况进行监督检查，对违反《城市蓝线管理办法》《城市黄线管理办法》，在城市蓝线、黄线范围内进行各类建设活动的，按照《城乡规划法》等有关法律、法规的规定处罚。

思考题

1. 什么是城乡规划管理?
2. 城乡规划的原则有哪些?
3. 城乡规划有哪些内容?
4. 城市总体规划、镇总体规划的内容应当包括哪些?
5. 可按照规定的权限和程序修改城乡规划的情形有哪些?
6. 什么情况下要求申请领取建设项目选址意见书?
7. 城乡规划的实施主要有哪些内容?
8. 如何对城乡规划的实施进行监督检查?
9. 规划红线如何管理?
10. 什么是城市紫线、绿线、蓝线和黄线? 如何划定、管理和监督?

第六章　房地产开发建设经营制度与政策

第一节　房地产开发企业

一、房地产开发企业的概念

房地产开发是指按照城市建设总体规划和社会经济发展的要求，在国有土地上进行基础设施建设、房屋建设，并转让房地产开发项目或者销售、出租商品房的行为。房地产开发企业是指依法设立、具有企业法人资格的经济实体，以营利为目的，主要从事房地产开发和经营业务。实践中，房地产开发企业又称为开发商或发展商，在有些法律文件中也称为建设单位，通常其企业组织为公司，又称为房地产开发公司。

二、房地产开发企业的设立

（一）房地产开发企业设立的条件

房地产开发企业是依法设立，具有企业法人资格的经济实体。《城市房地产开发经营管理条例》（1998 年国务院令第 248 号公布，根据 2019 年国务院令第 698 号、710 号修订）对房地产开发企业的设立、管理有明确的规定。设立房地产开发企业应具备下列条件：

① 有符合公司法人登记的名称和组织机构。

② 有适应房地产开发经营需要的固定的办公用房。

③ 有 100 万元以上的注册资本。

④ 有 4 名以上持有资格证书的房地产专业、建筑工程专业的专职技术人员，2 名以上持有资格证书的专职会计人员。

⑤ 法律、法规规定的其他条件。

（二）房地产开发企业设立的程序

《城市房地产开发经营管理条例》要求房地产开发企业应当自领取营业执照之日起 30 日内，提交下列纸质或者电子材料，向登记机关所在地的房地产开发主管部门备案：①营业执照复印件；②企业章程；③企业法定代表人的身份证明；④专业技术人员的资格证书和聘用合同。《房地产开发企业资质管理规定》（建设部令第 77 号，根据住房和城乡建设部令第 24 号、45 号修正）第六条规定：新设立的房地产开发企业应当自领取营业执照之日起 30 日内，在资质审批部门的网站或平台提出申请备案事项，提交营业执照、企业章程、专业技术人员资格证书和劳动合同的电子材料。

房地产开发主管部门应当在收到备案申请后30日内向符合条件的企业核发《暂定资质证书》。《暂定资质证书》有效期1年。房地产开发主管部门可以视企业经营情况延长《暂定资质证书》有效期，但延长期不得超过2年。自领取《暂定资质证书》之日起1年内无开发项目的，《暂定资质证书》有效期不得延长。

三、房地产开发企业资质等级

国家对房地产开发企业实行资质管理。

房地产开发企业资质按照企业条件分为一、二、三、四四个资质等级。

1. 一级资质

① 从事房地产开发经营5年以上。

② 近3年房屋建筑面积累计竣工30万平方米以上，或者累计完成与此相当的房地产开发投资额（提供竣工验收备案证）。

③ 连续5年建筑工程质量合格率达100％。

④ 上一年房屋建筑施工面积15万平方米以上，或者完成与此相当的房地产开发投资额。

⑤ 有职称的建筑、结构、财务、房地产及有关经济类的专业管理人员不少于40人，其中具有中级以上职称的管理人员不少于20人，持有资格证书的专职会计人员不少于4人（以上人员需提供劳动合同及社保缴纳证明）。

⑥ 工程技术、财务、统计等业务负责人具有相应专业中级以上职称。

⑦ 具有完善的质量保证体系，商品住宅销售中实行了《住宅质量保证书》和《住宅使用说明书》制度。

⑧ 未发生过重大工程质量事故。

2. 二级资质

① 从事房地产开发经营3年以上。

② 近3年房屋建筑面积累计竣工15万平方米以上，或者累计完成与此相当的房地产开发投资额。

③ 连续3年建筑工程质量合格率达100％。

④ 上一年房屋建筑施工面积10万平方米以上，或者完成与此相当的房地产开发投资额。

⑤ 有职称的建筑、结构、财务、房地产及有关经济类的专业管理人员不少于20人，其中具有中级以上职称的管理人员不少于10人，持有资格证书的专职会计人员不少于3人。

⑥ 工程技术、财务、统计等业务负责人具有相应专业中级以上职称。

⑦ 具有完善的质量保证体系，商品住宅销售中实行了《住宅质量保证书》和《住宅使用说明书》制度。

⑧ 未发生过重大工程质量事故。

3. 三级资质

① 从事房地产开发经营2年以上。

② 房屋建筑面积累计竣工5万平方米以上，或者累计完成与此相当的房地产开发投资额。

③ 连续2年建筑工程质量合格率达100%。

④ 有职称的建筑、结构、财务、房地产及有关经济类的专业管理人员不少于10人，其中具有中级以上职称的管理人员不少于5人，持有资格证书的专职会计人员不少于2人。

⑤ 工程技术、财务等业务负责人具有相应专业中级以上职称，统计等其他业务负责人具有相应专业初级以上职称。

⑥ 具有完善的质量保证体系，商品住宅销售中实行了《住宅质量保证书》和《住宅使用说明书》制度。

⑦ 未发生过重大工程质量事故。

4. 四级资质

① 从事房地产开发经营1年以上。

② 已竣工的建筑工程质量合格率达100%。

③ 有职称的建筑、结构、财务、房地产及有关经济类的专业管理人员不少于5人，持有资格证书的专职会计人员不少于2人。

④ 工程技术负责人具有相应专业中级以上职称，财务负责人具有相应专业初级以上职称，配有专业统计人员。

⑤ 商品住宅销售中实行了《住宅质量保证书》和《住宅使用说明书》制度。

⑥ 未发生过重大工程质量事故。

5.《暂定资质证书》

房地产开发主管部门应当在收到备案申请后30日内向符合条件的企业核发。

《暂定资质证书》有效期1年。房地产开发主管部门可以视企业经营情况延长《暂定资质证书》有效期，但延长期限不得超过2年。自领取《暂定资质证书》之日起1年内无开发项目的，《暂定资质证书》有效期不得延长。房地产开发企业应当在《暂定资质证书》有效期满前1个月内向房地产开发主管部门申请核定资质等级。房地产开发主管部门应当根据其开发经营业绩核定相应的资质等级。申请《暂定资质证书》的条件不得低于四级资质企业的条件。临时聘用或者兼职的管理、技术人员不得计入企业管理、技术人员总数。

6. 房地产开发企业资质管理

房地产开发企业应当按照《房地产开发企业资质管理规定》申请核定企业资质等级。未取得房地产开发资质等级证书的企业，不得从事房地产开发经营业务。国务院建设行政主管部门负责全国房地产开发企业的资质管理工作；县级以上地方人民政府房地产开发主管部门负责本行政区域内房地产开发企业的资质管理工作。

房地产开发企业资质等级实行分级审批。一级资质由省、自治区、直辖市人民政府建设行政主管部门初审，报国务院建设行政主管部门审批；二级资质及二级资质以下企业的审批办法由省、自治区、直辖市人民政府建设行政主管部门制定。

对于不符合原定资质条件或者有不良经营行为的企业，由原资质审批部门予以降级或注销资质证书。企业有下列行为之一的，由原资质审批部门公告资质证书作废，收回证书，并可处以1万元以上3万元以下的罚款：

① 隐瞒真实情况、弄虚作假骗取资质证书的。

② 涂改、出租、出借、转让、出卖资质证书的。

第二节 房地产开发项目管理

一、房地产开发项目的确定

确定房地产开发项目，应当符合土地利用总体规划、年度建设用地计划和城市规划、房地产开发年度计划的要求；按照国家有关规定需要经计划主管部门批准的，还应当报计划主管部门批准，并纳入年度固定资产投资计划。

确定房地产开发项目，应当坚持旧区改建和新区建设相结合的原则，注重开发基础设施薄弱、交通拥挤、环境污染严重以及危旧房屋集中的区域，保护和改善城市生态环境，保护历史文化遗产。

二、工程建设项目审批制度

《城市房地产开发经营管理条例》规定，土地使用权出让或划拨前，县级以上地方人民政府城市规划行政主管部门和房地产开发主管部门应当对下列事项提出书面意见，作为土地使用权出让或者划拨的依据之一：

① 房地产开发项目的性质、规模和开发期限。

② 城市规划设计条件。

③ 基础设施和公共设施的建设要求。

④ 基础设施建成后的产权界定。

⑤ 项目拆迁补偿、安置要求。

2018 年 5 月工程建设项目审批制度改革试点开展以来，试点地区按照国务院部署，对工程建设项目审批制度实施了全流程、全覆盖改革，基本形成统一的审批流程、统一的信息数据平台、统一的审批管理体系和统一的监管方式。2019 年 3 月 13 日，《国务院办公厅关于全面开展工程建设项目审批制度改革的实施意见》（国办发〔2019〕11 号），对工程建设项目审批制度实施全流程、全覆盖改革。改革覆盖工程建设项目审批全过程（包括从立项到竣工验收和公共设施接入服务）；主要是房屋建筑和城市基础设施等工程，不包括特殊工程和交通、水利、能源等领域的重大工程；覆盖行政许可等审批事项和技术审查、中介服务、市政公用服务以及备案等其他类型事项，推动流程优化和标准化。要求到 2020 年年底，基本建成全国统一的工程建设项目审批和管理体系。

三、土地使用权的取得

《城市房地产开发经营管理条例》第十二条规定，房地产开发用地应当以出让的方式取得。但法律和国务院规定可以采用划拨方式的除外。可以采用划拨方式取得土地使用权有以下两种情形：

①《城市房地产管理法》规定，国家机关用地和军事用地，城市基础设施用地和公益事业用地，国家重点扶持的能源、交通、水利等项目用地，法律、行政法规规定的其他用地确属必需的，可以由县级以上人民政府依法批准划拨。

② 1998 年 7 月 3 日以国发〔1998〕23 号文件发布的《国务院关于进一步深化城镇住房

制度改革加快住房建设的通知》规定："经济适用住房建设应符合土地利用总体规划和城市总体规划，坚持合理利用土地、节约用地的原则。经济适用住房建设用地应在建设用地年度计划中统筹安排，并采取行政划拨方式供应。"

四、项目资本金制度

1996年8月23日国务院发布了《国务院关于固定资产投资项目试行资本金制度的通知》(国发〔1996〕35号)。该通知规定从1996年开始，对各种经营性投资项目，包括国有单位的基本建设、技术改造、房地产开发项目和集体投资项目试行资本金制度，投资的项目必须首先落实资本金才能进行建设。

投资项目资本金，是指在投资项目总投资中，由投资者认购的出资额，对投资项目来说是非债务性资金，项目法人不承担这部分资金的任何利息和债务；投资者可按其出资的比例依法享有所有者权益，也可转让其出资，但不得以任何方式抽出。

项目投资资本金可以用货币出资，也可以用实物、工业产权、非专利技术、土地使用权作价出资，但必须经过有资格的资产评估机构依照法律、法规评估其价值，且不得高估或低估。以工业产权、非专利技术作价出资的比例不得超过投资项目资本金总额的20%，国家对采用高新技术成果有特别规定的除外。

房地产开发项目实行资本金制度，即规定房地产开发企业承揽项目必须有一定比例的资本金，可以有效地防止部分不规范的企业的不规范行为，减少楼盘"烂尾"等现象的发生。

《城市房地产开发经营管理条例》规定："房地产开发项目应当建立资本金制度，资本金占项目总投资的比例不得低于20%。"2004年4月，为加强宏观调控，调整和优化经济结构，国务院下发了《国务院关于调整部分行业固定资产投资项目资本金比例的通知》(国发〔2004〕13号)，将房地产开发项目（不含经济适用住房项目）资本金最低比例由20%提高到35%。2009年5月25日，国务院常务会议决定调整固定资产投资项目资本金比例，调整后，保障性住房和普通商品住房项目的最低资本金比例为20%，其他房地产开发项目的最低资本金比例为30%。

五、房地产项目动工开发期限

《城市房地产开发经营管理条例》规定，房地产开发企业应当按照土地使用权出让合同约定的土地用途、动工开发期限进行项目开发建设。出让合同约定的动工开发期限满1年未动工开发的，可以征收相当于土地使用权出让金20%以下的土地闲置费；满2年未动工开发的，可以无偿收回土地使用权。这样规定的目的是防止利用土地进行非法炒作，激励土地尽快投入使用，促进土地的合理利用。

这里所指的满1年未动工开发的起止日是自土地使用权出让合同生效之日计算起至次年同月同日止。动工开发日期是指开发建设单位进行实质性投入的日期。动工开发必须进行实质性投入，开工后必须不间断地进行基础设施、房屋建设。在有拆迁的地段进行拆迁、三通一平，即视为启动。一经启动，无特殊原因则不应当停工，如稍作启动即停工无期，不应算作开工。

《城市房地产开发经营管理条例》还规定了以下三种情况造成的违约和土地闲置，不征收土地闲置费。

① 因不可抗拒力造成开工延期。不可抗拒力是指依靠人的能力不能抗拒的因素，如地

震、洪涝等自然灾害。

② 因政府或者政府有关部门的行为而不能如期开工的或中断建设一年以上的。

③ 因动工开发必需的前期工作出现不可预见的情况而延期动工开发的。如发现地下文物、拆迁中发现不是开发商努力就能解决的问题等。

六、项目手册制度

房地产开发企业应当将房地产开发项目建设过程中的主要事项记录在房地产开发项目手册中，并定期送房地产开发主管部门备案。

房地产开发项目实行项目手册制度是政府行业管理部门对房地产开发企业是否按照有关法律、法规规定，是否按照合同的约定进行开发建设而建立的一项动态管理制度。其目的主要是在项目实施过程中对房地产开发企业的开发活动进行监控，保护消费者的合法权益。政府行业管理部门的监控主要包括对是否按申请预售许可证时承诺的时间表进行开发建设，预售款项是否按期投入，拆迁安置是否按要求进行，工程项目是否发生变化等内容。

通过项目手册的实施，可以加强对房地产市场的监测，及时了解和掌握房地产开发项目的进展情况，督促开发企业按城市规划实施开发，按要求分期投入开发所需资金、进行配套建设、完成拆迁安置；对工程进度、质量是否符合预售条件等进行审核，有效地防止楼盘“烂尾”等现象的发生。

第三节　建设工程招投标与监理

为了规范招标投标活动，保护国家利益、社会公众利益和招标投标的活动当事人的合法权益，提高经济效益，保证项目质量，《中华人民共和国招标投标法》于 1999 年 8 月 30 日第九届全国人民代表大会常务委员会第十一次会议通过，根据 2017 年 12 月 27 日第十二届全国人民代表大会常务委员会第三十一次会议《关于修改〈中华人民共和国招标投标法〉、〈中华人民共和国计量法〉的决定》修改。

一、建设工程招标投标的范围

在中华人民共和国境内进行下列工程建设项目包括项目的勘察、设计、施工、监理以及与工程建设有关的重要设备、材料等的采购，必须进行招标：

① 大型基础设施、公用事业等关系社会公共利益、公众安全的项目。

② 全部或者部分使用国有资金投资或者国家融资的项目。

③ 使用国际组织或者外国政府贷款、援助资金的项目。

④ 法律或者国务院对必须进行招标的其他项目的范围有规定的，依照其规定。

二、建设工程招标投标的原则

招标投标活动应当遵循公开、公平、公正和诚实信用的原则。

任何单位和个人不得将依法必须进行招标的项目化整为零或者以其他任何方式规避招标。

依法必须进行招标的项目，其招标投标活动不受地区或者部门的限制。任何单位和个人不得违法限制或者排斥本地区、本系统以外的法人或者其他组织参加投标，不得以任何方式非法干涉招标投标活动。

三、对建设工程招标的管理

招标分为公开招标和邀请招标。公开招标，是指招标人以招标公告的方式邀请不特定的法人或者其他组织投标；邀请招标，是指招标人以投标邀请书的方式邀请特定的法人或者其他组织投标。国家和地方重点项目，如不适宜公开招标的，经批准可以进行邀请招标。

招标人采用公开招标方式的，应当发布招标公告。招标公告应当载明招标人的名称和地址、招标项目的性质、数量、实施地点和时间以及获取招标文件的办法等事项。

招标人采用邀请招标方式的，应当向三个以上具备承担招标项目的能力、资信良好的特定的法人或者其他组织发出投标邀请书。

招标人有权自行选择招标代理机构，委托其办理招标事宜。任何单位和个人不得以任何方式为招标人指定招标代理机构。招标人具有编制招标文件和组织评标能力的，可以自行办理招标事宜。任何单位和个人不得强制其委托招标代理机构办理招标事宜。依法必须进行招标的项目，招标人自行办理招标事宜的，应当向有关行政监督部门备案。

招标代理机构是依法设立、从事招标代理业务并提供相关服务的社会中介组织。招标代理机构应当具备以下两个条件：①有从事招标代理业务的营业场所和相应资金；②有能够编制招标文件和组织评标的相应专业力量。招标代理机构与行政机关和其他国家机关不得存在隶属关系或者其他利益关系。招标代理机构应当在招标人委托的范围内办理招标事宜，并遵守《中华人民共和国招标投标法》关于招标人的规定。招标人应当根据招标项目的特点和需要编制招标文件。招标文件应当包括招标项目的技术要求，对投标人资格审查的标准、投标报价要求和评标标准等所有实质性要求和条件以及拟签订合同的主要条款。

国家对招标项目的技术、标准有规定的，招标人应当按照其规定在招标文件中提出相应的要求。招标项目需要划分标段、确定工期的，招标人应当合理划分标段、确定工期，并在招标文件中载明。招标文件不得要求或者标明特定的生产供应者以及含有倾向或者排斥潜在投标人的其他内容。招标人不得向他人透露已获取招标文件的潜在投标人的名称、数量以及可能影响公平竞争的有关招标投标的其他情况。招标人设有标底的，标底必须保密。

四、对建设工程投标的管理

投标人是响应招标、参加投标竞争的法人或者其他组织。投标人应当具备承担招标项目的能力。对投标的管理内容主要有：投标人应当按照招标文件的要求编制投标文件。投标文件应当对招标文件提出的实质要求和条件作出响应。招标项目属于建设施工的，投标文件的内容应当包括拟派出的项目负责人与主要技术人员的简历、业绩和拟用于完成招标项目的机械设备等。

两个以上法人或者其他组织可以组成一个联合体，以一个投标人的身份共同投标。联合体各方均应当具备承担招标项目的相应能力。由同一专业的单位组成的联合体，按照资质等级较低的单位确定资质等级。

联合体各方应当签订共同投标协议，明确约定各方拟承担的工作和责任，并将共同投标协议连同投标文件一并提交招标人。联合体中标的，联合体各方应当共同与招标人签订合同，就中标项目向招标人承担连带责任。招标人不得强制投标人组成联合体共同投标，不得限制投标人之间的竞争。

投标人不得相互串通投标报价，不得排挤其他投标人的公平竞争，损害招标人或者其他投标人的合法权益。

投标人不得与招标人串通投标，损害国家利益、社会公众利益或者他人的合法权益。投标人不得以低于成本的报价竞标，也不得以他人名义投标或者以其他方式弄虚作假，骗取中标。

五、对开标、评标和中标的管理

开标由招标人主持，邀请所有投标人参加。开标时间应当在招标文件确定的提交投标文件截止时间的同一时间公开进行，开标地点应当为招标文件中预先确定的地点。开标时，由投标人或者其推选的代表检查投标文件密封情况，也可由招标人委托的公证机构检查并公证，经确认无误后，由工作人员当众拆封，宣读投标人名称、投标价格和投标文件的其他主要内容。

评标由招标人依法组建的评标委员会负责。评标委员会成员的名单在中标结果确定前应当保密。评标委员会应当按照招标文件确定的评标标准和方法，对投标文件进行评审和比较；设有标底的，应当参考标底。评标委员会完成评标后，应当向招标人提出书面评标报告，并推荐合格的中标候选人。

中标人的投标应当符合下列条件之一：能够最大限度地满足招标文件中规定的各项综合评价标准；能够满足投标文件实质性要求，并且经评审的投标价格最低，但是投标价格低于成本的除外。

中标人确定后，招标人应当向中标人发出中标通告书，并同时将中标结果通知所有未中标的投标人。中标人应当按照合同约定履行义务，完成中标项目。中标人不得向他人转让中标项目，也不得将中标项目肢解后分别向他人转让。但中标人按照合同约定或者经招标人同意，可以将中标项目的部分非主体、非关键性工作分包给他人完成，接受分包的人应当具备相应的资格条件，并不得再次分包。

第四节　建设工程施工与监理

建设工程施工是一项复杂的生产活动，是房地产开发项目得以顺利实现的重要环节。从开发项目的报建、开工到竣工，有多个工序；牵涉到投资方（甲方）、建设监理方、设计、施工单位、建材、设备的供应单位以及最终使用者；涉及安全生产、施工质量等重大问题，因此，必须有一整套完整的、规范的、科学的管理制度。国务院、建设部及有关部门为规范工程建设实施阶段的管理，保障工程施工的顺利进行，维护各方合法权益，先后颁布了一系列法规、规定，构成了我国现行的建设工程施工和施工企业的管理制度。

一、施工许可管理

为了加强对建筑活动的监督管理，维护建筑市场秩序，保证建筑工程的质量和安全，根据《中华人民共和国建筑法》，中华人民共和国住房和城乡建设部于2014年6月25日发布《建筑工程施工许可管理办法》（中华人民共和国住房和城乡建设部令第18号），于2018年

9 月 28 日住房和城乡建设部令第 42 号修正。

1. 建筑工程施工许可管理的原则

① 在中华人民共和国境内从事各类房屋建筑及其附属设施的建造、装修装饰和与其配套的线路、管道、设备的安装，以及城镇市政基础设施工程的施工，建设单位在开工前应当依照《建筑工程施工许可管理办法》的规定，向工程所在地的县级以上地方人民政府住房城乡建设主管部门（以下简称发证机关）申请领取施工许可证。

② 工程投资额在 30 万元以下或者建筑面积在 300 平方米以下的建筑工程，可以不申请办理施工许可证。省、自治区、直辖市人民政府住房城乡建设主管部门可以根据当地的实际情况，对限额进行调整，并报国务院住房城乡建设主管部门备案。

③ 按照国务院规定的权限和程序批准开工报告的建筑工程，不再领取施工许可证。

④《建筑工程施工许可管理办法》规定应当申请领取施工许可证的建筑工程未取得施工许可证的，一律不得开工。任何单位和个人不得将应当申请领取施工许可证的工程项目分解为若干限额以下的工程项目，规避申请领取施工许可证。

2. 申请建筑工程施工许可证的条件

建设单位申请领取施工许可证，应当具备下列条件，并提交相应的证明文件。县级以上地方人民政府住房城乡建设主管部门不得违反法律法规规定，增设办理施工许可证的其他条件。

① 依法应当办理用地批准手续的，已经办理该建筑工程用地批准手续。

② 在城市、镇规划区的建筑工程，已经取得建设工程规划许可证。

③ 施工场地已经基本具备施工条件，需要征收房屋的，其进度符合施工要求。

④ 已经确定施工企业。按照规定应当招标的工程没有招标，应当公开招标的工程没有公开招标，或者肢解发包工程，以及将工程发包给不具备相应资质条件的企业的，所确定的施工企业无效。

⑤ 有满足施工需要的技术资料，施工图设计文件已按规定审查合格。

⑥ 有保证工程质量和安全的具体措施。施工企业编制的施工组织设计中有根据建筑工程特点制定的相应质量、安全技术措施。建立工程质量安全责任制并落实到人。专业性较强的工程项目编制了专项质量、安全施工组织设计，并按照规定办理了工程质量、安全监督手续。

⑦ 建设资金已经落实。建设单位应当提供建设资金已经落实承诺书。

⑧ 法律、行政法规规定的其他条件。

3. 申请办理施工许可证的程序

发证机关应当将办理施工许可证的依据、条件、程序、期限以及需要提交的全部材料和申请表示范文本等，在办公场所和有关网站予以公示。申请办理施工许可证，应当按照下列程序进行：①建设单位向发证机关领取《建筑工程施工许可证申请表》；②建设单位持加盖单位及法定代表人印鉴的《建筑工程施工许可证申请表》，并附《建筑工程施工许可管理办法》第四条规定的证明文件，向发证机关提出申请；③发证机关在收到建设单位报送的《建筑工程施工许可证申请表》和所附证明文件后，对于符合条件的，应当自收到申请之日起七日内颁发施工许可证；对于证明文件不齐全或者失效的，应当当场或者五日内一次告知建设单位需要补正的全部内容，审批时间可以自证明文件补正齐全后作相应顺延；对于不符合条件的，应当自收到申请之日起七日内书面通知建设单位，并说明理由。

4. 建筑工程施工许可证的管理

建筑工程施工许可证由国务院住房城乡建设主管部门制定格式，由各省、自治区、直辖市人民政府住房城乡建设主管部门统一印制。施工许可证分为正本和副本，正本和副本具有同等法律效力。复印的施工许可证无效。

建筑工程在施工过程中，建设单位或者施工单位发生变更的，应当重新申请领取施工许可证。建设单位申请领取施工许可证的工程名称、地点、规模，应当符合依法签订的施工承包合同。施工许可证应当放置在施工现场备查，并按规定在施工现场公开。施工许可证不得伪造和涂改。建设单位应当自领取施工许可证之日起三个月内开工。因故不能按期开工的，应当在期满前向发证机关申请延期，并说明理由；延期以两次为限，每次不超过三个月。既不开工又不申请延期或者超过延期次数、时限的，施工许可证自行废止。在建的建筑工程因故中止施工的，建设单位应当自中止施工之日起一个月内向发证机关报告，报告内容包括中止施工的时间、原因、在施部位、维修管理措施等，并按照规定做好建筑工程的维护管理工作。建筑工程恢复施工时，应当向发证机关报告；中止施工满一年的工程恢复施工前，建设单位应当报发证机关核验施工许可证。发证机关应当将办理施工许可证的依据、条件、程序、期限以及需要提交的全部材料和申请表示范文本等，在办公场所和有关网站予以公示。发证机关作出的施工许可决定，应当予以公开，公众有权查阅。发证机关应当建立颁发施工许可证后的监督检查制度，对取得施工许可证后条件发生变化、延期开工、中止施工等行为进行监督检查，发现违法违规行为及时处理。

二、建设监理管理

建设工程项目管理简称建设监理，国外统称工程咨询，是建设工程项目实施过程中一种科学的管理方法。它把建设工程项目的管理纳入社会化、法制化的轨道，做到高效、严格、科学、经济。建设监理盛行于西方发达国家，目前已形成国际惯例。

建设监理是对建设前期的工程咨询，建设实施阶段的招标投标、勘察设计、施工验收，直至建设后期的运转保修在内的各个阶段的管理与监督。建设监理机构，指符合规定条件而经批准成立、取得资格证书和营业执照的监理单位。它受业主委托，依据法律、法规、规范、批准的设计文件和合同条款，对工程建设实施监理。建设监理是委托性的，业主可以委托一个单位监理，也可同时委托几个单位监理；监理范围可以是工程建设的全过程监理，也可以是阶段监理，即项目决策阶段的监理和项目实施阶段的监理。我国目前建设监理主要是项目实施阶段的监理。在业主、承包商和监理单位三方中，是以经济为纽带、合同为根据进行制约的，其中经济手段是达到控制建设工期、造价和质量三个目标的重要因素。

实施建设监理是有条件的。其必要条件是须有建设工程，有人委托；充分条件是具有监理组织机构、监理人才、监理法规、监理依据和明确的责、权、利保障。

1. 建设监理委托合同的形式

建设监理一般是项目法人通过招标投标方式择优选定监理单位。监理单位在接受业主的委托后，必须与业主签订建设监理委托合同，才能对工程项目进行监理。建设监理委托合同主要有四种形式。

第一种形式是根据法律要求制订，由适宜的管理机构签订正式合同并执行。

第二种形式是信件式合同，较简单，通常是由监理单位制订，由委托方签署一份备案，退给监理单位执行。

第三种形式是由委托方发出的执行任务的委托通告单。这种方法通过一份份的通知单，把监理单位在争取委托合同时提出的建议中所规定的工作内容委托给他们，成为监理单位所接受的协议。

第四种形式就是标准合同。现在世界上较为常见的一种标准委托合同格式是国际咨询工程师联合会（FIDIC）颁布的《雇主与咨询工程师项目管理协议书国际范本与国际通用规则》。

2. 工程建设监理的主要工作任务和内容

监理的基本方法是控制，基本工作是“三控”“两管”“一协调”。“三控”是指监理工程师在工程建设全过程中的工程进度控制、工程质量控制和工程投资控制；“两管”是指监理活动中的合同管理和信息管理；“一协调”是指全面的组织协调。

① 工程进度控制是指项目实施阶段（包括设计准备、设计、施工、施工前准备各阶段）的进度控制。其控制的目的是：通过采用控制措施，确保项目交付使用时间目标的实施。

② 工程质量控制实际上是指监理工程师组织参加施工的承包商，按合同标准进行建设，并对形成质量的诸因素进行检测、核验，对差异提出调整、纠正措施的监督管理过程，这是监理工程师的一项重要职责。在履行这一职责的过程中，监理工程师不仅代表了建设单位的利益，同时也要对国家和社会负责。

③ 工程投资控制不是指投资越省越好，而是指在工程项目投资范围内得到合理控制。项目投资控制的目标是使该项目的实际投资小于或等于该项目的设计投资（业主所确定的投资目标值）。

总之，要在计划投资范围内，通过控制的手段，以实现项目的功能、建筑的造型和质量的优化。

④ 合同管理。建设项目监理的合同管理贯穿于合同的签订、履行、变更或终止等活动的全过程，目的是保证合同得到全面实际的履行。

⑤ 信息管理。建设项目的监理工作是围绕着动态目标控制展开的，而信息则是目标控制的基础。信息管理就是以电子计算机为辅助手段对有关信息的收集、储存、处理等。信息管理的内容是：信息流程结构图（反映各参加单位间的信息关系）；信息目录表（包括信息名称、信息提供者、提供时间、信息接收者、信息的形式）；会议制度（包括会议的名称、主持人、参加人、会议举行的时间）；信息的编码系统；信息的收集、整理及保存制度。

⑥ 协调是建设监理能否成功的关键。协调的范围可分为内部的协调和外部的协调。内部的协调主要是工程项目系统内部人员、组织关系、各种需求关系的协调。外部的协调包括与业主有合同关系的承建单位、设计单位的协调和与业主没有合同关系的政府有关部门、社会团体及人员的协调。

3. 建设工程的监理

实行监理的建设工程，建设单位应当委托具有相应资质等级的工程监理单位进行监理，也可以委托具有工程监理相应资质等级并与被监理工程的施工承包单位没有隶属关系或者其他利害关系的该工程的设计单位进行监理。

（1）建设工程监理范围　下列建设工程必须实行监理。

① 国家重点建设工程。

② 大、中型公用事业工程。

③ 成片开发建设的住宅小区工程。

④ 利用外国政府或者国际组织贷款、援助资金的工程。

⑤ 国家规定必须实行监理的其他工程。

（2）建设工程监理单位的质量责任和义务　第一，工程监理单位应当依法取得相应等级的资质证书，并在其资质等级许可的范围内承担工程监理业务。禁止工程监理单位超越本单位资质等级许可的范围或者以其他工程监理单位的名义承担工程监理业务。禁止工程监理单位允许其他单位或者个人以本单位的名义承担工程监理业务。工程监理单位不得转让工程监理业务。第二，工程监理单位与被监理工程的施工承包单位以及建筑材料、建筑构配件和设备供应单位有隶属关系或者其他利害关系的，不得承担该项建设工程的监理业务。第三，工程监理单位应当依照法律、法规以及有关技术标准、设计文件和建设工程承包合同，代表建设单位对施工质量实施监理，并对施工质量承担监理责任。第四，工程监理应当选派具备相应资格的总监理工程师和监理工程师进驻施工现场。未经监理工程师签字，建筑材料、建筑构配件和设备不得在工程上使用或者安装，施工单位不得进行下一道工序的施工，未经总监理工程师签字，建设单位不拨付工程款，不进行竣工验收。第五，监理工程师应当按照工程监理规范的要求，采取旁站、巡视和平行检验等形式，对建设工程实施管理。

4. 建设监理程序与管理

（1）建设监理程序　监理单位应根据所承担的监理任务，组建工程建设监理机构。承担工程施工阶段的监理，监理机构应进驻施工现场。

工程建设监理一般按下列程序进行：①编制工程建设监理规划；②按工程建设进度，分专业编制工程建设监理细则；③按照建设监理细则进行建设监理；④参与工程竣工验收，签署建设监理意见；⑤建设监理业务完成后，向项目法人提交工程建设监理档案资料。

（2）监理企业资质审查与管理　《工程监理企业资质管理规定》对监理企业的资质审查、分级标准、申请程序、监理业务范围及管理机构与相应职责均作了详细的规定。监理企业的资质根据其人员素质、专业技能、管理水平、资金数量及实际业绩分为甲、乙、丙三级。

设立监理企业或申请承担监理业务的企业到工商行政管理部门登记注册并取得企业法人营业执照后，方可到建设行政主管部门办理资质申请手续，经资质审查合格后取得工程监理企业资质证书后才可从事监理活动。

（3）涉外监理的管理规定　凡外资在中国境内独资的建设项目，在委托外国监理单位承担监理时，应聘请中国监理单位参加，进行合作监理。中外合资的建设项目，不应委托外国监理单位承担监理，但可向外国监理单位进行技术、经济咨询。外国贷款项目原则上由中国监理单位负责监理，如因贷款方要求外国监理单位参加，应与中国监理单位进行合作监理。外国赠款、捐款建设的工程项目，一般由中国监理单位承担监理。

三、建筑业企业的资质管理

建筑业企业应当按照其拥有的资产、主要人员、已完成的工程业绩和技术装备等条件申请建筑业企业资质，经审查合格，取得建筑业企业资质证书后，方可在资质许可的范围内从事建筑施工活动。建筑业企业资质分为施工总承包资质、专业承包资质、施工劳务资质三个序列。施工总承包资质、专业承包资质按照工程性质和技术特点分别划分为若干资质类别，各资质类别按照规定的条件划分为若干资质等级。施工劳务资质不分类别与等级。

下列建筑业企业资质，由国务院住房城乡建设主管部门许可：①施工总承包资质序列特级资质、一级资质及铁路工程施工总承包二级资质；②专业承包资质序列公路、水运、水利、铁路、民航方面的专业承包一级资质及铁路、民航方面的专业承包二级资质；涉及多个专业的专业承包一级资质。申请企业应当向企业工商注册所在地省、自治区、直辖市人民政府住房城乡建设主管部门提出申请，其中国务院国有资产管理部门直接监管的建筑企业及其下属一层级的企业，可以由国务院国有资产管理部门直接监管的建筑企业向国务院住房城乡建设主管部门提出申请。下列建筑业企业资质，由企业工商注册所在地省、自治区、直辖市人民政府住房城乡建设主管部门许可：①施工总承包资质序列二级资质及铁路、通信工程施工总承包三级资质；②专业承包资质序列一级资质（不含公路、水运、水利、铁路、民航方面的专业承包一级资质及涉及多个专业的专业承包一级资质）；③专业承包资质序列二级资质（不含铁路、民航方面的专业承包二级资质）；铁路方面专业承包三级资质；特种工程专业承包资质。下列建筑业企业资质，由企业工商注册所在地设区的市人民政府住房城乡建设主管部门许可：①施工总承包资质序列三级资质（不含铁路、通信工程施工总承包三级资质）；②专业承包资质序列三级资质（不含铁路方面专业承包资质）及预拌混凝土、模板脚手架专业承包资质；③施工劳务资质；④燃气燃烧器具安装、维修企业资质。

建筑业企业资质标准和取得相应资质的企业可以承担工程的具体范围，由国务院住房城乡建设主管部门会同国务院有关部门制定。国家鼓励取得施工总承包资质的企业拥有独资或者控股的劳务企业。企业可以申请一项或多项建筑业企业资质。企业首次申请或增项申请资质，应当申请最低等级资质。

按照《建筑业企业资质管理规定》（中华人民共和国住房和城乡建设部令第22号，根据中华人民共和国住房和城乡建设部令第45号修订），企业申请建筑业企业资质，在资质许可机关的网站或审批平台提出申请事项，提交资金、专业技术人员、技术装备和已完成业绩等电子材料。

四、执业资格制度

1. 注册建造师制度

为了加强对注册建造师的管理，规范注册建造师的执业行为，提高工程项目管理水平，保证工程质量和安全，依据《建筑法》《行政许可法》《建设工程质量管理条例》等法律、行政法规，2006年12月28日建设部发布了《注册建造师管理规定》（中华人民共和国建设部令第153号），根据2016年9月13日中华人民共和国住房和城乡建设部令第32号修改。

① 注册建造师是指通过考核认定或考试合格取得中华人民共和国建造师资格证书，并按照《注册建造师管理规定》注册，取得中华人民共和国建造师注册证书和执业印章，担任施工单位项目负责人及从事相关活动的专业技术人员。

② 国务院建设主管部门对全国注册建造师的注册、执业活动实施统一监督管理；国务院铁路、交通、水利、信息产业、民航等有关部门按照国务院规定的职责分工，对全国有关专业工程注册建造师的执业活动实施监督管理。注册建造师分为一级注册建造师和二级注册建造师。一级注册建造师由国务院建设主管部门核发一级建造师注册证书，并核定执业印章编号。二级注册建造师由省、自治区、直辖市人民政府建设主管部门负责受理和审批。注册建造师的具体执业范围按照《注册建造师执业工程规模标准》执行。

③ 取得建造师资格证书的人员应当受聘于一个具有建设工程勘察、设计、施工、监理、招标代理、造价咨询等一项或者多项资质的单位，经注册后方可从事相应的执业活动；担任施工单位项目负责人的，应当受聘并注册于一个具有施工资质的企业。注册建造师不得同时

在两个及两个以上的建设工程项目上担任施工单位项目负责人。

④ 注册建造师可以从事建设工程项目总承包管理或施工管理，建设工程项目管理服务，建设工程技术经济咨询，以及法律、行政法规和国务院建设主管部门规定的其他业务。建设工程施工活动中形成的有关工程施工管理文件，应当由注册建造师签字并加盖执业印章。施工单位签署质量合格的文件上，必须有注册建造师的签字盖章。

2. 注册监理工程师制度

注册监理工程师应先经资格考试，取得中华人民共和国监理工程师资格证书，再经监理工程师注册机关注册，取得中华人民共和国注册监理工程师岗位证书，并被监理单位聘用，方可从事工程建设监理业务。未取得两证或两证不全者不得从事监理业务；已注册的监理工程师不得以个人名义从事监理业务。《注册监理工程师管理规定》（中华人民共和国建设部令第 147 号，根据中华人民共和国住房和城乡建设部令第 32 号修改）规定，取得资格证书的人员申请注册，由省、自治区、直辖市人民政府建设主管部门初审，由国务院住房城乡建设主管部门审批。取得资格证书并受聘于一个建设工程勘察、设计、施工、监理、招标代理、造价咨询等单位的人员，应当通过聘用单位提出注册申请，并可以向单位工商注册所在地的省、自治区、直辖市人民政府住房城乡建设主管部门提交申请材料；省、自治区、直辖市人民政府住房城乡建设主管部门收到申请材料后，应当在 5 日内将全部申请材料报审批部门。国务院住房城乡建设主管部门在收到申请材料后，应当依法作出是否受理的决定，并出具凭证；申请材料不齐全或者不符合法定形式的，应当在 5 日内一次性告知申请人需要补正的全部内容。逾期不告知的，自收到申请材料之日起即为受理。对申请初始注册的，国务院住房城乡建设主管部门应当自受理申请之日起 20 日内审批完毕并作出书面决定。自作出决定之日起 10 日内公告审批结果。对申请变更注册、延续注册的，国务院住房城乡建设主管部门应当自受理申请之日起 10 日内审批完毕并作出书面决定。符合条件的，由国务院住房城乡建设主管部门核发注册证书，并核定执业印章编号。对不予批准的，应当说明理由，并告知申请人享有依法申请行政复议或者提起行政诉讼的权利。

第五节　房地产开发经营

一、房地产广告

1. 房地产广告的含义

根据《房地产广告发布规定》（中华人民共和国国家工商行政管理总局令第 80 号）中的解释，房地产广告，指房地产开发企业、房地产权利人、房地产中介服务机构发布的房地产项目预售、预租、出售、出租、项目转让以及其他房地产项目介绍的广告。居民私人及非经营性售房、租房、换房广告，不适用本规定。发布房地产广告，还应当遵守《中华人民共和国广告法》《中华人民共和国城市房地产管理法》《土地管理法》及国家有关广告监督管理和房地产管理的规定。《中华人民共和国广告法》对房地产广告及其法律责任作出了规定。《城市房地产管理法》《土地管理法》和《城市房地产开发经营管理条例》等法律法规对房地产广告宣传也作出了相应的规定。未取得商品房预售许可的房地产开发项目，不得以“内部认购”“内部认定”“内部登记”等名目发布房地产广告。

2. 发布房地产广告应当提供的文件

发布房地产广告，应当具有或者提供下列相应真实、合法、有效的证明文件：

① 房地产开发企业、房地产权利人、房地产中介服务机构的营业执照或者其他主体资格证明。

② 建设主管部门颁发的房地产开发企业资质证书。

③ 土地主管部门颁发的项目土地使用权证明。

④ 工程竣工验收合格证明。

⑤ 发布房地产项目预售、出售广告，应当具有地方政府建设主管部门颁发的预售、销售许可证证明；出租、项目转让广告，应当具有相应的产权证明。

⑥ 中介机构发布所代理的房地产项目广告，应当提供业主委托证明。

⑦ 确认广告内容真实性的其他证明文件。

3. 房地产广告发布的禁止行为

禁止发布房地产虚假广告。《中华人民共和国广告法》规定：广告应当真实、合法，广告不得含有虚假或者引人误解的内容，不得欺骗、误导消费者。《中华人民共和国广告法》第二十八条对虚假广告作出了界定。广告以虚假或者引人误解的内容欺骗、误导消费者的，构成虚假广告。《城市房地产开发经营管理条例》规定，房地产开发企业不得进行虚假广告宣传。虚假内容主要是指：向购房者承诺与实际情况不符或根本无法兑现的各种价格优惠、服务标准、环境及配套设施、物业管理等。

凡下列情况的房地产，不得发布广告：

① 在未经依法取得国有土地使用权的土地上开发建设的。

② 在未经国家征用的集体所有的土地上建设的。

③ 司法机关和行政机关依法裁定、决定查封或者以其他形式限制房地产权利的。

④ 预售房地产，但未取得该项目预售许可证的。

⑤ 权属有争议的。

⑥ 违反国家有关规定建设的。

⑦ 不符合工程质量标准，经验收不合格的。

⑧ 法律、行政法规规定禁止的其他情形。

有下列情形之一的，不得设置户外广告：

① 利用交通安全设施、交通标志的。

② 影响市政公共设施、交通安全设施、交通标志、消防设施、消防安全标志使用的。

③ 妨碍生产或者人民生活，损害市容市貌的。

④ 在国家机关、文物保护单位、风景名胜区等的建筑控制地带，或者县级以上地方人民政府禁止设置户外广告的区域设置的。

任何单位或者个人未经当事人同意或者请求，不得向其住宅、交通工具等发送广告，也不得以电子信息方式向其发送广告。以电子信息方式发送广告的，应当明示发送者的真实身份和联系方式，并向接收者提供拒绝继续接收的方式。利用互联网发布、发送广告，不得影响用户正常使用网络。在互联网页面以弹出等形式发布的广告，应当显著标明关闭标志，确保一键关闭。公共场所的管理者或者电信业务经营者、互联网信息服务提供者对其明知或者应知的利用其场所或者信息传输、发布平台发送、发布违法广告的，应当予以制止。

4. 房地产广告的内容

房地产预售、销售广告，必须载明以下事项：

① 开发企业名称。

② 中介服务机构代理销售的，载明该机构名称。

③ 预售或者销售广告许可证书号。

广告中仅介绍房地产项目名称的，可以不必载明上述事项。

《中华人民共和国广告法》规定，房地产广告，房源信息应当真实，面积应当表明为建筑面积或者套内建筑面积，并不得含有下列内容：

① 升值或者投资回报的承诺。

② 以项目到达某一具体参照物的所需时间表示项目位置。

③ 违反国家有关价格管理的规定。

④ 对规划或者建设中的交通、商业、文化教育设施以及其他市政条件作误导宣传。

⑤ 使用或者变相使用中华人民共和国的国旗、国歌、国徽，军旗、军歌、军徽。

⑥ 使用或者变相使用国家机关、国家机关工作人员的名义或者形象。

⑦ 使用“国家级”“最高级”“最佳”等用语。

⑧ 损害国家的尊严或者利益，泄露国家秘密。

⑨ 妨碍社会安定，损害社会公共利益。

⑩ 危害人身、财产安全，泄露个人隐私。

⑪ 妨碍社会公共秩序或者违背社会良好风尚。

⑫ 含有淫秽、色情、赌博、迷信、恐怖、暴力的内容。

⑬ 含有民族、种族、宗教、性别歧视的内容。

⑭ 妨碍环境、自然资源或者文化遗产保护。

⑮ 法律、行政法规规定禁止的其他情形。

5. 发布房地产广告的具体要求

① 房地产广告中涉及所有权或者使用权的，所有或者使用的基本单位应当是有实际意义的完整的生产、生活空间。

② 房地产广告中对价格有表示的，应当清楚表示为实际的销售价格，明示价格的有效期限。

③ 房地产广告中的项目位置示意图，应当准确、清楚，比例恰当。

④ 房地产广告中涉及的交通、商业、文化教育设施及其他市政条件等，如在规划或者建设中，应当在广告中注明。

⑤ 房地产广告涉及内部结构、装修装饰的，应当真实、准确。

⑥ 房地产广告中不得利用其他项目的形象、环境作为本项目的效果。

⑦ 房地产广告中使用建筑设计效果图或者模型照片的，应当在广告中注明。

⑧ 房地产广告中不得出现融资或者变相融资的内容。

⑨ 房地产广告中涉及贷款服务的，应当载明提供贷款的银行名称及贷款额度、年期。

⑩ 房地产广告中不得含有广告主能够为入住者办理户口、就业、升学等事项的承诺。

⑪ 房地产广告中涉及物业管理内容的，应当符合国家有关规定；涉及尚未实现的物业管理内容，应当在广告中注明。

⑫ 房地产广告中涉及房地产价格评估的，应当表明评估单位、估价师和评估时间；使用其他数据、统计资料、文摘、引用语的，应当真实、准确，表明出处。

⑬ 房地产广告中表明推销的商品或者服务附带赠送的，应当明示所附带赠送商品或者服务的品种、规格、数量、期限和方式。

⑭ 房地产广告使用数据、统计资料、调查结果、文摘、引用语等引证内容的，应当真实、准确，并表明出处。引证内容有适用范围和有效期限的，应当明确表示。

⑮ 房地产广告中涉及专利产品或者专利方法的，应当标明专利号和专利种类。未取得专利权的，不得在广告中谎称取得专利权。禁止使用未授予专利权的专利申请和已经终止、撤销、无效的专利做广告。

⑯ 房地产广告不得贬低其他生产经营者的商品或者服务。

⑰ 房地产广告应当具有可识别性，能够使消费者辨明其为广告。

⑱ 大众传播媒介不得以新闻报道形式变相为房地产发布广告。通过大众传播媒介发布的房地产广告应当显著标明“广告”，与其他非广告信息相区别，不得使消费者产生误解。

⑲ 广播电台、电视台发布房地产广告，应当遵守国务院有关部门关于时长、方式的规定，并应当对广告时长作出明显提示。

二、房地产项目转让

（一）转让条件

1. 以出让方式取得的土地使用权

《中华人民共和国城市房地产管理法》（以下简称《城市房地产管理法》）第三十九条规定了以出让方式取得土地使用权的，转让房地产开发项目时的条件。

① 按照出让合同约定已经支付全部土地使用权出让金，并取得土地使用权证书，这是出让合同成立的必要条件，也只有出让合同成立，才允许转让。

② 按照出让合同约定进行投资开发，完成一定开发规模后才允许转让，这里又分为两种情形：一是属于房屋建设的，开发单位除土地使用权出让金外，实际投入房屋建设工程的资金额应占全部开发投资总额的25%以上；二是属于成片开发土地的，应形成工业或其他建设的用地条件，方可转让。

这两项条件必须同时具备，才能转让房地产项目。这样规定，其目的在于严格限制炒买炒卖地皮，牟取暴利，以保证开发建设的顺利实施。

2. 以划拨方式取得的土地使用权

《城市房地产管理法》第四十条规定了以划拨方式取得土地使用权的，转让房地产开发项目时的条件。对于以划拨方式取得土地使用权的房地产项目，要转让的前提是必须经有批准权的人民政府审批。经审查除不允许转让外，对准予转让的有两种处理方式：

① 由受让方先补办土地使用权出让手续，并依照国家有关规定缴纳土地使用权出让金后，才能进行转让。

② 可以不办理土地使用权出让手续而转让房地产，但转让方应将转让房地产所获收益中的土地收益上缴国家或作其他处理。对以划拨方式取得土地使用权的，转让房地产时，属于下列情形之一的，经有批准权的人民政府批准，可以不办理土地使用权出让手续。

a. 经城市规划行政主管部门批准，转让的土地用于《城市房地产管理法》第二十四条规定的项目，即用于国家机关用地和军事用地，城市基础设施用地和公益事业用地，国家重点扶持的能源、交通、水利等项目用地以及法律、行政法规规定的其他用地。经济适用住房采取行政划拨的方式进行。因此，经济适用住房项目转让后仍用于经济适用住房的，经有批准权限的人民政府批准，也可以不补办出让手续。

b. 私有住宅转让后仍用于居住的。

c. 按照国务院住房制度改革有关规定出售公有住宅的。

d. 同一宗土地上部分房屋转让而土地使用权不可分割转让的。

e. 转让的房地产暂时难以确定土地使用权出让用途、年限和其他条件的。

f. 根据城市规划土地使用权不宜出让的。

g. 县级以上人民政府规定暂时无法或不需要采取土地使用权出让方式的其他情形。

（二）转让的程序

《城市房地产开发经营管理条例》第二十一条规定，转让房地产开发项目，转让人和受让人应当自土地使用权变更登记手续办理完毕之日起 30 日内，持房地产开发项目转让合同到房地产开发主管部门备案。

为了保护已经与房地产开发项目转让人签订合同的当事人的权利，要求房地产项目转让的双方当事人在办完土地使用权变更登记后 30 天内，到房地产开发主管部门办理备案手续。在办理备案手续时，房地产开发主管部门要审核项目转让是否符合有关法律、法规的规定；房地产开发项目转让人已经签订的拆迁、设计、施工、监理、材料采购等合同是否作了变更；相关的权利、义务是否已经转移；新的项目开发建设单位是否具备开发受让项目的条件；同时要变更开发建设单位的名称。上述各项均满足规定条件，转让行为有效。如有违反规定或不符合条件的，房地产开发主管部门有权责令其补办有关手续或者认定该转让行为无效。并可对违规的房地产开发企业进行处罚。

备案应当提供的文件，在《城市房地产开发经营管理条例》中只提到了房地产开发项目转让合同，各地在制订具体办法时应当进一步明确应当提供的证明材料。如受让房地产开发企业的资质条件、拆迁的落实情况、土地使用权的变更手续以及其他的证明材料。房地产开发企业应当在办理完土地使用权变更登记手续后 30 日内，到市、县人民政府的房地产行政主管部门办理项目转让备案手续。未经备案或未按规定期限办理备案手续的房地产转让行为无效。

房地产开发企业转让房地产开发项目时，尚未完成拆迁安置补偿的，原拆迁安置补偿合同中有关的权利、义务随之转移给受让人。项目转让人应当书面通知被拆迁人。

房屋拆迁补偿安置是房地产开发的重要环节之一，与被拆迁人的利益密切相关。房地产开发企业项目转让之后能否保证被拆迁人的利益不受损害，是政府部门审查房地产项目是否允许转让的重要指标。这样规定的目的是保障被拆迁人的合法权益，防止在项目转让过程中或者转让后，转让方、受让方互相推诿扯皮，使被拆迁人的权益受到损害。

第六节　房地产质量管理

一、开发项目竣工验收

竣工验收，是建设工程施工和施工管理的最后环节，是把好工程质量的最后一关，意义十分重大。任何建设工程竣工后，都必须进行竣工验收。单项工程完工，进行单项工程验收；分期建设的工程，进行分期验收；全面工程竣工，进行竣工综合验收。凡未经验收或验收不合格的建设工程和开发项目，不得交付使用。

为贯彻《建设工程质量管理条例》，规范房屋建筑工程和市政基础设施工程的竣工验收，保证工程质量，建设部于 2000 年 4 月发布了《房屋建筑工程和市政基础设施工程竣工验收备案管理暂行办法》。凡在中华人民共和国境内新建、扩建、改建各类房屋建筑工程和市政基础设施工程的竣工验收备案，应当遵守《房屋建筑工程和市政基础设施工程竣工验收备案管理暂行办法》。

1. 建设工程竣工验收的监督管理机构

国务院建设行政主管部门负责全国房屋建筑工程和市政基础设施工程（以下统称工程）的竣工验收备案管理工作。县级以上地方人民政府建设行政主管部门负责本行政区域内工程的竣工验收备案管理工作。

建设单位收到建设工程竣工报告后，应当组织设计、施工、工程监理等有关单位进行竣工验收。建设单位应当自工程竣工验收合格之日起 15 日内，依照《房屋建筑工程和市政基础设施工程竣工验收备案管理暂行办法》规定，向工程所在地的县级以上地方人民政府建设行政主管部门（以下简称备案机关）备案。

2. 建设工程竣工验收的条件

建设工程竣工验收应当具备下列条件：

① 完成建设工程设计和合同约定的各项内容。

② 有完整的技术档案和施工管理资料。

③ 有工程使用的主要建筑材料、建筑构配件和设备的进场试验报告。

④ 有勘察、设计、施工、工程监理等单位分别签署的质量合格文件。

⑤ 有施工单位签署的工程保修书。

建设工程经验收合格的，方可交付使用。

3. 工程竣工验收备案

建设单位办理工程竣工验收备案应当提交下列文件：

① 工程竣工验收备案表。

② 工程竣工验收报告。竣工验收报告应当包括工程报建日期，施工许可证号，施工图设计文件审查意见，勘察、设计、施工、工程监理等单位分别签署的质量合格文件及验收人员签署的竣工验收原始文件，市政基础设施的有关质量检测和功能性试验资料以及备案机关认为需要提供的有关资料。

③ 法律、行政法规规定应当由规划、公安消防、环保等部门出具的认可文件或者准许使用文件。

④ 施工单位签署的工程质量保修书。

⑤ 法规、规章规定必须提供的其他文件。

商品住宅还应当提交《住宅质量保证书》和《住宅使用说明书》。

二、商品房交付使用

1. 房地产开发企业按期交付符合交付使用条件的商品房

《城市房地产开发经营管理条例》规定，房地产开发项目竣工，依照《建设工程质量管理条例》的规定验收合格后，方可交付使用。房地产开发企业应当按照合同约定，将符合交付使用条件的商品房按期交付给买受人。未能按期交付的，房地产开发企业应当承担违约责任。因不可抗力或者当事人在合同中约定的其他原因，需延期交付的，房地产开发企业应当及时告知买受人。

按照住房和城乡建设部《关于进一步加强房地产市场监管完善商品住房预售制度有关问题的通知》（建房〔2010〕53号）规定，商品住房交付使用条件应包括工程经竣工验收合格并在当地主管部门备案、配套基础设施和公共设施已建成并满足使用要求、北方地区住宅分户热计量装置安装符合设计要求、住宅质量保证书和住宅使用说明书制度已落实、商品住房质量责任承担主体已明确、前期物业管理已落实。房地产开发企业在商品住房交付使用时，应当向购房人出示上述相关证明资料。

2. 房地产开发企业向购房人提供《住宅质量保证书》和《住宅使用说明书》

根据《城市房地产开发经营管理条例》规定，房地产开发企业应当在商品住房交付使用时，向购买人提供《住宅质量保证书》和《住宅使用说明书》。

《住宅质量保证书》应当列明工程质量监督部门核验的质量等级、保修范围、保修期和保修单位等内容。房地产开发企业应当按照住宅质量保证书的约定，承担商品房保修责任。保修期内，因房地产开发企业对商品房进行维修，致使房屋原使用功能受到影响，给购买人造成损失的，应当依法承担赔偿责任。

《住宅使用说明书》应当对住宅的结构、性能和各部位（部件）的类型、性能、标准等作出说明，并提出使用注意事项，一般应当包含以下内容：

① 开发单位、设计单位、施工单位，委托监理的应当注明监理单位。

② 结构类型。

③ 装修、装饰注意事项。

④ 上水、下水、电、燃气、热力、通信、消防等设施配置的说明。

⑤ 有关设备、设施安装预留位置的说明和安装注意事项。

⑥ 门、窗类型，使用注意事项。

⑦ 配电负荷。

⑧ 承重墙、保温墙、防水层、阳台等部位注意事项的说明。

⑨ 其他需要说明的问题。

住宅中配置的设备、设施，生产厂家另有使用说明书的，应附于《住宅使用说明书》中。

3. 房地产开发企业应当在商品房交付使用前按项目委托具有房产测绘资格的单位实施测绘，测绘成果报房地产行政主管部门审核后用于房屋权属登记

对于期房，《商品房买卖合同》约定的商品房面积是根据设计图纸测出来的。商品房建成后的测绘结果与合同中约定的面积数据有差异，商品房交付时，开发商与购房人应根据合同约定对面积差异进行结算。

4. 房地产开发企业协助购买人办理土地使用权变更和房屋所有权登记手续

房地产开发企业应当在商品房交付使用之日起60日内，将需要由其提供的办理房屋权属登记的资料报送房屋所在地房地产行政主管部门。同时房地产开发企业还应当协助商品房买受人办理土地使用权变更和房屋所有权登记手续，并提供必要的证明文件。

三、施工单位的质量责任

为了加强对建设工程质量的管理，保证建设工程质量，保护人民生命和财产安全，根据《中华人民共和国建筑法》，国务院于2000年1月发布了《建设工程质量管理条例》。凡在中

华人民共和国境内从事建设工程的新建、扩建、改建等有关活动及实施对建设工程质量监督管理的，必须遵守《建设工程质量管理条例》。建设工程，是指土木工程、建筑工程、线路管道和设备安装工程及装修工程。

1. 建设工程质量管理的原则

第一，县级以上人民政府建设行政主管部门和其他有关部门负责对建设工程质量实行监督管理。第二，从事建设工程活动，必须严格执行基本建设程序，坚持先勘察、后设计、再施工的原则。第三，县级以上人民政府及其有关部门不得超越权限审批建设项目或者擅自简化基本建设程序。第四，国家鼓励采用先进的科学技术和管理方法，提高建设工程质量。

2. 施工单位的质量管理

第一，施工单位应当依法取得相应等级的资质证书，并在其资质等级许可的范围内承揽工程。禁止施工单位超越本单位资质等级许可的业务范围或者以其他施工单位的名义承揽工程。禁止施工单位允许其他单位或者个人以本单位的名义承揽工程。施工单位不得转包或者违法分包工程。第二，施工单位对建设工程的施工质量负责。施工单位应当建立质量责任制，确定工程项目的项目经理、技术负责人和施工管理负责人。建设工程实行总承包的，总承包单位应当对全部建设工程质量负责；建设工程勘察、设计、施工、设备采购的一项或者多项实行总承包的，总承包单位应当对其承包的建设工程或者采购的设备的质量负责。第三，总承包单位依法将建设工程分包给其他单位的，分包单位应当按照分包合同的约定对其分包工程的质量向总承包单位负责，总承包单位与分包单位对分包工程的质量承担连带责任。第四，施工单位必须按照工程设计图纸和施工技术标准施工，不得擅自修改工程设计，不得偷工减料。施工单位在施工过程中发现设计文件和图纸有差错的，应当及时提出意见和建议。第五，施工单位必须按照工程设计要求、施工技术标准和合作约定，对建筑材料、建筑构配件、设备和商品混凝土进行检验，检验应当有书面记录和专人签字；未经检验或者检验不合格的，不得使用。第六，施工单位必须建立、健全施工质量的检验制度，严格工序管理，做好隐蔽工程的质量检查和记录。隐蔽工程在隐蔽前，施工单位应当通知建设单位和建设工程质量监督机构。第七，施工人员对涉及结构安全的试块、试件以及有关材料，应当在建设单位或者工程监理单位监督下现场取样，并送具有相应资质等级的单位进行检测。第八，施工单位对施工中出现质量问题的建设工程或者竣工验收不合格的建设工程，应当负责返修。第九，施工单位应当建立、健全教育培训制度，加强对职工的教育培训；未经教育培训或者考核不合格的人员，不得上岗作业。

3. 建设工程质量保修办法

为保护建设单位、施工单位、房屋建筑所有人和使用人的合法权益，维护公共安全和公众利益，根据《中华人民共和国建筑法》和《建设工程质量管理条例》，建设部于 2000 年 6 月发布了《房屋建筑工程质量保修办法》，适用于在中华人民共和国境内新建、扩建、改建各类房屋建筑工程（包括装修工程）的质量保修。

房屋建筑工程质量保修，是指对房屋建筑工程竣工验收后在保修期限内出现的质量缺陷，予以修复。质量缺陷，是指房屋建筑工程的质量不符合工程建设强制性标准以及合同的约定。房屋建筑工程在保修范围和保修期限内出现质量缺陷，施工单位应当履行保修义务。建设单位和施工单位应当在工程质量保修书中约定保修范围、保修期限和保修责任等，双方约定的保修范围、保修期限必须符合国家有关规定。

在正常使用下，房屋建筑工程的最低保修期限为：

① 地基基础和主体结构工程，为设计文件规定的该工程的合理使用年限。

② 屋面防水工程、有防水要求的卫生间、房间和外墙面的防渗漏，为5年。

③ 供热与供冷系统，为2个采暖期、供冷期。

④ 电气系统、给排水管道、设备安装为2年。

⑤ 装修工程为2年。

其他项目的保修期限由建设单位和施工单位约定。

房屋建筑工程保修期从工程竣工验收合格之日起计算。

房屋建筑工程质量保修责任：第一，房屋建筑工程在保修期限内出现质量缺陷，建设单位或者房屋建筑所有人应当向施工单位发出保修通知。施工单位接到保修通知后，应当到现场核查情况，在保修书约定的时间内予以保修。发生涉及结构安全或者严重影响使用功能的紧急抢修事故，施工单位接到保修通知后，应当立即到达现场抢修。第二，发生涉及结构安全的质量缺陷，建设单位或者房屋建筑所有人应当立即向当地建设行政主管部门报告，采取安全防范措施：由原设计单位或者具有相应资质等级的设计单位提出保修方案，施工单位实施保修，原工程质量监督机构负责监督。第三，保修完成后，由建设单位或者房屋建筑所有人组织验收。涉及结构安全的，应当报当地建设行政主管部门备案。第四，施工单位不按工程质量保修书约定保修的，建设单位可以另行委托其他单位保修，由原施工单位承担相应责任。第五，保修费用由质量缺陷的责任方承担。第六，在保修期内，因房屋建筑工程质量缺陷造成房屋所有人、使用人或者第三方人身、财产损害的，房屋所有人、使用人或者第三方可以向建设单位提出赔偿要求。建设单位在赔偿后可以向造成房屋建筑工程质量缺陷的责任方追偿。因保修不及时造成新的人身、财产损害，由造成拖延的责任方承担赔偿责任。

四、房地产开发企业的质量责任

1. 房地产开发企业应对其开发的房地产项目承担质量责任

《建设工程质量管理条例》规定，建设单位在开工前，应当按照国家有关规定办理工程质量监督手续，工程质量监督手续可以与施工许可证或者开工报告合并办理。《城市房地产开发经营管理条例》规定，房地产开发企业开发建设的房地产项目，应当符合有关法律、法规的规定和建筑工程质量、安全标准、建筑工程勘察、设计、施工的技术规范以及合同的约定。房地产开发企业应当对其开发建设的房地产开发项目的质量承担责任。勘察、设计、施工、监理等单位应当依照有关法律、法规的规定或者合同的约定，承担相应的责任。

房地产开发企业必须对其开发的房地产项目承担质量责任。房地产开发企业作为房地产项目建设的主体，是整个活动的组织者。尽管在建设环节许多工作都由勘察设计、施工等单位承担，出现质量责任可能是由于勘察设计、施工或者材料供应商的责任，但开发商是组织者，其他所有参与部门都是由开发商选择的，都和开发商发生合同关系，出现问题也理应由开发商与责任单位协调解决。此外，消费者是从开发商手里购房，就如同在商店购物，出现问题应由商店对消费者承担质量责任一样，购买的房屋出现质量问题，理应由开发企业对购房者承担责任。因此，房地产开发企业应当对其开发建设的商品住房质量承担首要责任，勘察、设计、施工、监理等单位应当依据有关法律、法规的规定或者合同的约定承担相应责任。房地产开发企业、勘察、设计、施工、监理等单位的法定代表人、工程项目负责人、工程技术负责人、注册执业人员按各自职责承担相应责任。

房地产开发企业开发建设的房地产项目，必须要经过工程建设环节，必须符合《中华人民共和国建筑法》及建筑方面的有关法律规定，符合工程勘察、设计、施工等方面的技术规范，符合工程质量、工程安全方面的有关规定和技术标准，这是对房地产开发项目在建设过程中的基本要求，同时还要严格遵守合同的约定。

2. 建设单位的质量责任和义务

第一，建设单位应当将工程发包给具有相应资质等级的单位。建设单位不得将建设工程肢解发包。第二，建设单位应当依法对工程建设项目的勘察、设计、施工、监理以及与工程建设有关的重要设备、材料等的采购进行招标。第三，建设工程发包单位不得迫使承包方以低于成本的价格竞标，不得任意压缩合理工期。建设单位不得明示或者暗示设计单位或者施工单位违反工程建设强制性标准，降低建设工程质量。第四，建设单位应当将施工图设计文件提交有资格的施工图设计文件审查机构审查。施工图设计文件未经审查批准的，不得使用。

3. 对主体结构质量不合格的房地产项目的处理方式

商品房交付使用后，购买人认为主体结构质量不合格的，可以向工程质量监督单位申请重新核验。经核验，确属主体结构质量不合格的，购买人有权退房，给购买人造成损失的，房地产开发企业应当依法承担赔偿责任。

房屋主体结构质量涉及房地产开发企业，工程勘察、设计单位，施工单位，监理单位，材料供应部门等，房屋主体结构质量的好坏直接影响房屋的合理使用和购房者的生命和财产安全。房屋竣工后，必须经验收合格后方可交付使用。商品房交付使用后，购房人认为主体结构质量不合格的，可以向工程质量监督单位申请重新核验。经核验，确属主体结构质量不合格的，购房人有权退房，给购房人造成损失的，房地产开发企业应当依法承担赔偿责任。这样规定的目的主要是确保购买商品房的消费者的合法权益不受损害。

应当注意以下几个问题：一是购房人在商品房交付使用之后发现质量问题，这里的交付使用之后，是指办理了交付使用手续之后，可以是房屋所有权证办理之前，也可以是房屋所有权证办理完备之后。主体结构质量问题与使用时间关系不大，主要是设计和施工原因造成的，因而，只要在合理的使用年限内，只要属于主体结构的问题，都可以申请质量部门认定，房屋主体结构不合格的，均可申请退房。二是确属主体结构质量不合格，而不是一般性的质量问题。房屋质量有很多种，一般性的质量问题主要通过质量保修解决，而不是退房。三是必须向工程质量监督部门申请重新核验，以质量监督部门核验的结论为依据。这里的质量监督部门是指专门进行质量验收的质量监督站，其他单位的核验结果不能作为退房的依据。四是对给购房人造成损失应当有合理的界定，应只包含直接损失，不应含精神损失等间接性损失。

对于经工程质量监督部门核验，确属房屋主体结构质量不合格的，消费者有权要求退房，终止房屋买卖关系。也有权采取其他办法，如双方协商换房等。选择退房还是换房，权利在消费者。

以上这些规定的目的也是保护购买商品房的消费者的合法权益。

4. 对非主体结构不合格的商品房的保修

商品房的保修期从交付之日起计算。《商品房销售管理办法》要求房地产开发企业销售商品住宅时，应当根据《商品住宅实行质量保证书和住宅使用说明书制度的规定》（以下简称《规定》），向买受人提供《住宅质量保证书》。

《规定》关于《住宅质量保证书》的内容：

《住宅质量保证书》应当列明工程质量监督部门核验的质量等级、保修范围、保修期和保修单位等内容。房地产开发企业应当按照住宅质量保证书的约定，承担商品房保修责任。保修期内，因房地产开发企业对商品房住房进行维修，致使房屋使用功能受到影响，给购买人造成损失的，房地产开发企业应当承担赔偿责任。

保修项目和保修期：

在保修期限内发生的属于保修范围的质量问题，房地产开发企业应当履行保修义务，并对造成的损失承担赔偿责任。因不可抗力或使用不当造成的损失，房地产开发企业不承担责任。

① 地基基础和主体结构在合理使用寿命年限内承担保修。

② 屋面防水 3 年。

③ 墙面、厨房和卫生间地面、地下室、管道渗漏 1 年。

④ 墙面、顶棚抹灰层脱落 1 年。

⑤ 地面空鼓开裂、大面积起砂 1 年。

⑥ 门窗翘裂、五金件损坏 1 年。

⑦ 管道堵塞 2 个月。

⑧ 供热、供冷系统和设备 1 个采暖期或供冷期。

⑨ 卫生洁具 1 年。

⑩ 灯具、电器开关 6 个月。

其他部位、部件的保修期限，由房地产开发企业与用户自行约定。

商品住宅的保修期限不得低于建设工程承包单位向建设单位出具的质量保修书约定保修期的存续期；存续期少于《规定》中确定的最低保修期限的，保修期不得低于《规定》中确定的最低保修期限。非住宅商品房的保修期限不得低于建设工程承包单位向建设单位出具的质量保修书约定保修期的存续期。在保修期限内发生的属于保修范围的质量问题，房地产开发企业应当履行保修义务，并对造成的损失承担赔偿责任。因不可抗力或者使用不当造成的损坏，房地产开发企业不承担责任。

思考题

1. 房地产开发企业设立的条件有哪些?
2. 房地产开发企业资质管理有哪些规定?
3. 房地产开发项目的确定有什么要求?
4. 房地产开发用地使用权如何取得?
5. 什么是项目资本金制度? 房地产开发项目资本金有何要求?
6. 建设工程必须招标投标的范围是什么?
7. 建筑工程施工许可管理的条件是什么?
8. 工程建设监理的主要工作任务和内容是什么?
9. 房地产广告内容有何要求?
10. 如何进行房地产质量管理?

第七章　房地产交易制度与政策

第一节　房地产交易管理

一、房地产交易管理的概念

房地产交易管理是指政府设立的房地产交易管理部门及其他相关部门以法律的、行政的、经济的手段，对房地产交易活动行使指导、监督等管理职能。

在《中华人民共和国城市房地产管理法》（以下简称《城市房地产管理法》）第二条当中，把房地产交易分为了房地产转让、房地产抵押和房屋租赁三种方式。

二、房地产交易中的基本制度

《城市房地产管理法》规定了国家实行的五项基本制度，分别是国有土地有偿有限期使用制度、房地产成交价格申报制度、房地产价格评估制度、房地产价格评估人员资格认证制度、土地使用权和房屋所有权登记发证制度。其中，第一项制度已经在本书的第三章中提到，第五项制度将会在本书的第八章当中提到。

房地产交易中的基本制度则包括上述五项基本制度当中的第二项、第三项、第四项。

1. 房地产成交价格申报制度

房地产成交价格不仅关系着当事人之间的财产权益，而且也关系着国家的税费收益。《城市房地产管理法》第三十五条规定："国家实行房地产成交价格申报制度。房地产权利人转让房地产，应当向县级以上地方人民政府规定的部门如实申报成交价，不得瞒报或者作不实的申报。"《城市房地产转让管理规定》第七条也规定："房地产转让当事人在房地产转让合同签订后 90 日内持房地产权属证书、当事人的合法证明、转让合同等有关文件向房地产所在地的房地产管理部门提出申请，并申报成交价格。"

房地产管理部门在接到价格申报后，如发现成交价格明显低于市场正常价格，应当及时通知交易双方，并不要求交易双方当事人更改合同约定的成交价格，但交易双方应当按不低于税务部门确认的评估价格缴纳了有关税费后，方为其办理房地产交易手续，核发权属证书。《城市房地产转让管理规定》第十四条规定："房地产转让应当以申报的房地产成交价格作为缴纳税费的依据。成交价格明显低于正常市场价格的，以评估价格作为缴纳税费的依据。"

如果交易双方对确认的评估价格有异议，可以要求重新评估。交易双方对重新评估的价格仍有异议，可以按照法律程序，向人民法院提起诉讼。通过对房地产成交价格进行申报管理，既能防止房地产价格大起大落，又能有效防止交易双方为偷逃税费对交易价格作不实的申报，保证国家的税费不流失。

2. 房地产价格评估制度

由于房地产的独一无二性，其价格也是个别形成的，而不是在全国范围内形成统一价格，因此需要专业的估价。《城市房地产管理法》规定，国家实行房地产价格评估制度。房地产价格评估，应当遵循公正、公平、公开的原则，按照国家规定的技术标准和评估程序，以基准地价、标定地价和各类房屋的重置价格为基础，参照当地的市场价格进行评估。《城市房地产管理法》规定，基准地价、标定地价和各类房屋的重置价格应当定期确定并公布。具体办法由国务院规定。

3. 房地产价格评估人员资格认证制度

鉴于房地产估价活动与公共利益、金融活动等社会经济活动密切相关，是为公众提供服务并且直接关系公共利益的行业，需要具备特殊信誉、特殊条件或特殊技能，我国在《城市房地产管理法》第五十九条中规定："国家实行房地产价格评估人员资格认证制度。"只有通过考试取得了房地产估价师执业资格并在房地产估价机构注册的房地产估价人员才能从事房地产价格评估工作，关于房地产估价师执业资格考试及注册的内容会在第九章中提到。

三、房地产交易管理机构

房地产交易管理机构主要是指由国家设立的从事房地产交易管理的职能部门及其授权的机构，包括国务院建设行政主管部门即住房和城乡建设部，省级建设行政主管部门即各省、自治区住房和城乡建设厅和直辖市房地产管理局，各市、县房地产管理部门以及房地产管理部门授权的房地产交易管理所（房地产市场产权管理处、房地产交易中心等）。

房地产交易管理机构的主要职责是：

① 执行国家有关房地产交易管理的法规，并制订具体实施办法。

② 整顿和规范房地产交易秩序，对房地产交易、经营等活动进行指导和监督，查处违法行为，维护当事人的合法权益。

③ 办理房地产交易鉴证等手续。

④ 协助财政、税务部门征收与房地产交易有关的税款。

⑤ 为房地产交易提供洽谈协议、交流信息、展示行情等各种服务。

⑥ 发布市场交易信息，为政府宏观决策和正确引导市场发展服务。

第二节 房地产转让管理

一、房地产转让概述

1. 房地产转让的概念

在《城市房地产管理法》中对房地产转让的定义是："房地产权利人通过买卖、赠与或者其他合法方式将其房地产转移给他人的行为。"在《城市房地产转让管理规定》中的第三条对于"其他合法方式"作了进一步的解释。"其他合法方式"包括：①以房地产作价入股、与他人成立企业法人，房地产权属发生变更的；②一方提供土地使用权，另一方或者多方提供资金，合资、合作开发经营房地产，而使房地产权属发生变更的；③因企业被收购、兼并或合并，房地产权属随之转移的；④以房地产抵债的；⑤法律、法规规定的其他情形。

房地产转让的分类：按转让的对象分，房地产转让可以分为地面上有建筑物的转让和地面上无建筑物的转让（又称“土地使用权转让”）。根据土地使用权获得方式分，有出让方式取得的土地使用权转让和划拨方式取得的土地使用权转让。根据转让的方式，分为有偿转让（例如：买卖、入股）和无偿转让（例如：赠与、继承）。

2. 房地产转让的条件

《城市房地产管理法》规定了房地产转让的禁止条件，只要不在禁止条件之列，就属于允许转让的情况。以下房地产不得转让：

① 以出让方式取得土地使用权的，不符合《城市房地产管理法》第三十九条规定的条件的。

② 司法机关和行政机关依法裁定、决定查封或者以其他形式限制房地产权利的。

③ 依法收回土地使用权的。

④ 共有房地产，未经其他共有人书面同意的。

⑤ 权属有争议的。

⑥ 未依法登记领取权属证书的。

⑦ 法律、行政法规规定禁止转让的其他情形。

3. 房地产转让的程序

根据《城市房地产转让管理规定》第七条规定，房地产转让，应当按照下列程序办理：

① 房地产转让当事人签订书面转让合同。

② 房地产转让当事人在房地产转让合同签订后90日内持房地产权属证书、当事人的合法证明、转让合同等有关文件向房地产所在地的房地产管理部门提出申请，并申报成交价格。

③ 房地产管理部门对提供的有关文件进行审查，并在7日内作出是否受理申请的书面答复，7日内未作书面答复的，视为同意受理。

④ 房地产管理部门核实申报的成交价格，并根据需要对转让的房地产进行现场查勘和评估。

⑤ 房地产转让当事人按照规定缴纳有关税费。

⑥ 房地产管理部门办理房屋权属登记手续，核发房地产权属证书。

4. 房地产转让合同

《城市房地产管理法》及《城市房地产转让管理规定》规定，房地产转让合同应载明下列主要内容：

① 双方当事人的姓名或者名称、住所。

② 房地产权属证书名称和编号。

③ 房地产坐落位置、面积、四至界限。

④ 土地宗地号、土地使用权取得的方式及年限。

⑤ 房地产的用途或使用性质。

⑥ 成交价格及支付方式。

⑦ 房地产交付使用的时间。

⑧ 违约责任。

⑨ 双方约定的其他事项。

5. 商品房买卖合同示范文本

近年来，消费者对商品房投诉较多，投诉的主要问题有：虚假广告、一房多售、面积缩水、质量问题、延期交房、产权纠纷等。出现这些问题，有制度不健全、管理不到位的原因，也有合同签订不规范的原因。这些问题的出现不仅损害了消费者的合法权益，而且也影响到社会稳定。为加强房地产市场管理，进一步规范商品房交易行为，规范商品房销售行为，完善各种公示制度，切实解决老百姓购房的后顾之忧，保障交易当事人的合法权益，切实维护公平公正的商品房交易秩序，贯彻《合同法》《物权法》等法律法规和部门规章，住房和城乡建设部、工商总局关于印发《商品房买卖合同示范文本》的通知（建房〔2014〕53号）要求，从2014年4月9日起使用新的《商品房买卖合同（预售）示范文本》(GF-2014-0171)、《商品房买卖合同（现售）示范文本》（GF-2014-0172)。签订合同前，出卖人应当向买受人出示有关证书和证明文件，就合同重大事项对买受人尽到提示义务。买受人应当审慎签订合同，在签订合同前，要仔细阅读合同条款，特别是审阅其中具有选择性、补充性、修改性的内容，注意防范潜在的市场风险和交易风险。出卖人与买受人可以针对合同文本中没有约定或者约定不明确的内容，根据所售项目的具体情况在相关条款后的空白行中进行补充约定，也可以另行签订补充协议。双方当事人可以根据实际情况决定合同原件的份数，并在签订合同时认真核对，以确保各份合同内容一致；在任何情况下，出卖人和买受人都应当至少持有一份合同原件。

二、不同土地使用权取得方式的房地产转让规定

《城市房地产管理法》和《城市房地产转让管理规定》中规定，房地产转让时，房屋所有权和该房屋占用范围内的土地使用权同时转让。

（一）以出让方式取得土地使用权的转让规定

《城市房地产管理法》规定，以出让方式取得土地使用权的，转让房地产时，应当符合下列条件：

① 按照出让合同约定已经支付全部土地使用权出让金，并取得土地使用权证书。

② 按照出让合同约定进行投资开发，属于房屋建设工程的，应完成开发投资总额的百分之二十五以上；属于成片开发土地的，依照规划对土地进行开发建设，完成供排水、供电、供热、道路交通、通信等市政基础设施、公用设施的建设，达到场地平整，形成工业用地或者其他建设用地条件。

转让房地产时房屋已经建成的，还应当持有房屋所有权证书。

1. 使用年限的规定

以出让方式取得土地使用权的，转让房地产后，其土地使用权的使用年限为原土地使用权出让合同约定的使用年限减去原土地使用者已经使用年限后的剩余年限。

2. 改变土地用途的规定

以出让方式取得土地使用权的，转让房地产后，受让人改变原土地使用权出让合同约定的土地用途的，必须取得原出让方和市、县人民政府城市规划行政主管部门的同意，签订土地使用权出让合同变更协议或者重新签订土地使用权出让合同，相应调整土地使用权出让金。

3. 原合同中权利义务的规定

以出让方式取得土地使用权的，房地产转让时，土地使用权出让合同载明的权利、义务

随之转移。

（二）以划拨方式取得土地使用权的转让规定

1. 办理出让手续的情况

以划拨方式取得土地使用权的，转让房地产时，应当按照国务院规定，报有批准权的人民政府审批。有批准权的人民政府准予转让的，应当由受让方办理土地使用权出让手续，并依照国家有关规定缴纳土地使用权出让金。

2. 不办理出让手续的情况

以划拨方式取得土地使用权的，转让房地产报批时，有批准权的人民政府按照国务院规定决定可以不办理土地使用权出让手续的，转让方应当按照国务院规定将转让房地产所获收益中的土地收益上缴国家或者作其他处理。

（三）已购公有住房和经济适用住房上市的有关规定

经济适用住房的土地使用权全部是划拨供给，已购公有住房的土地使用权绝大部分也是划拨供给的，原先的政策对这两类住房的上市有较严格的限制性规定。1999 年 4 月，建设部发布了《已购公有住房和经济适用住房上市出售管理暂行办法》（建设部令第 69 号），该办法的颁布实施，标志着已购公有住房和经济适用住房上市限制的取消。为鼓励住房消费，国家对已购公有住房和经济适用住房的上市从营业税、土地增值税、契税、个人所得税、土地收益等方面均给予了减、免优惠政策，以及对上市条件予以放宽。各地又在此基础上出台了一些地方优惠政策，大大活跃了存量房市场。

三、商品房预售

1. 商品房预售的概念

依据《城市商品房预售管理办法》的解释，商品房预售是指房地产开发企业将正在建设中的房屋预先出售给承购人，由承购人支付定金或房价款的行为。

2. 商品房预售条件

在《城市房地产管理法》第四十五条中，商品房预售，应当符合下列条件：

① 已交付全部土地使用权出让金，取得土地使用权证书。

② 持有建设工程规划许可证和施工许可证。

③ 按提供预售的商品房计算，投入开发建设的资金达到工程建设总投资的百分之二十五以上，并已经确定施工进度和竣工交付日期。

④ 向县级以上人民政府房地产管理部门办理预售登记，取得商品房预售许可证明。

3. 商品房预售许可

商品房预售实行许可制度。房地产开发企业进行商品房预售，应当向房地产管理部门申请预售许可，取得“商品房预售许可证”。未取得“商品房预售许可证”的，不得进行商品房预售。房地产开发企业申请预售许可，应当提交下列证件（复印件）及资料：

① 商品房预售许可申请表。

② 开发企业的营业执照和资质证书。

③ 土地使用权证、建设工程规划许可证、施工许可证。

④ 投入开发建设的资金占工程建设总投资的比例符合规定条件的证明。

⑤ 工程施工合同及关于施工进度的说明。

⑥ 商品房预售方案。预售方案应当说明预售商品房的位置、面积、竣工交付日期等内容，并应当附预售商品房分层平面图。

4. 商品房预售合同登记备案

商品房预售，房地产开发企业应当与承购人签订商品房预售合同。开发企业应当自签约之日起30日内，向房地产管理部门和市、县人民政府土地管理部门办理商品房预售合同登记备案手续。房地产管理部门应当积极应用网络信息技术，逐步推行商品房预售合同网上登记备案。

5. 商品房预售行为监管

《商品房销售管理办法》规定：违反法律、法规规定，擅自预售商品房的，责令停止违法行为，没收违法所得；收取预付款的，可以并处已收取的预付款1%以下的罚款。为了进一步加强房地产市场监管，完善商品住房预售制度，整顿和规范房地产市场秩序，维护住房消费者合法权益，根据《关于进一步加强房地产市场监管完善商品住房预售制度有关问题的通知》(2010年4月13日下发，建房〔2010〕53号）规定，未取得预售许可的商品住房项目，房地产开发企业不得进行预售，不得以认购、预订、排号、发放VIP卡等方式向买受人收取或变相收取定金、预定款等性质的费用，不得参加任何展销活动。取得预售许可的商品住房项目，房地产开发企业要在10日内一次性公开全部准售房源及每套房屋价格，并严格按照申报价格，明码标价对外销售。房地产开发企业不得将企业自留房屋在房屋所有权初始登记前对外销售，不得采取返本销售、售后包租的方式预售商品住房，不得进行虚假交易。

《关于进一步加强房地产市场监管完善商品住房预售制度有关问题的通知》还规定，严肃查处捂盘惜售等违法违规行为。各地要加大对捂盘惜售、哄抬房价等违法违规行为的查处力度。对已经取得预售许可，但未在规定时间内对外公开销售或未将全部准售房源对外公开销售，以及故意采取畸高价格销售或通过签订虚假商品住房买卖合同等方式人为制造房源紧张的行为，要严肃查处。

四、商品房现售

（一）商品房现售的条件

根据《商品房销售管理办法》的规定，商品房现售，应当符合以下条件：

① 现售商品房的房地产开发企业应当具有企业法人营业执照和房地产开发企业资质证书。

② 取得土地使用权证书或者使用土地的批准文件。

③ 持有建设工程规划许可证和施工许可证。

④ 已通过竣工验收。

⑤ 拆迁安置已经落实。

⑥ 供水、供电、供热、燃气、通信等配套基础设施具备交付使用条件，其他配套基础设施和公共设施具备交付使用条件或者已确定施工进度和交付日期。

⑦ 物业管理方案已经落实。

其中，“企业法人营业执照”“房地产开发企业资质证书”“土地使用权证书”“建设工程规划许可证”和“施工许可证”是我们常说的“五证”，商品房现售时必须具备这“五证”。有的房地产开发商在销售现场除了挂出这五个证外，还会加上“建设用地规划许可证”“商品房销售许可证”或“商品房预售许可证”，组成七个证。

（二）商品房销售中禁止的行为

① 房地产开发企业不得在未解除商品房买卖合同前，将作为合同标的物的商品房再行销售给他人。

以上这种情况实际上属于开发商的“一房多售”行为，这是由于信息不对称引起的，房子有没有卖出，只有房地产开发商知道，而购房者却一无所知，如何才能避免这种情况呢？我们可以参见《物权法》的第二十条，预告登记的内容。在签订完购房合同后，就可以去登记机关进行预告登记，以确保物权的实现。

② 房地产开发企业不得采取返本销售或者变相返本销售的方式销售商品房。房地产开发企业不得采取售后包租或者变相售后包租的方式销售未竣工商品房。

返本销售，是指房地产开发企业以定期向买受人返还购房款的方式销售商品房的行为。

售后包租，是指房地产开发企业以在一定期限内承租或者代为出租买受人所购该企业商品房的方式销售商品房的行为。

“返本销售”和“售后包租”的承诺是房地产开发商吸引购房者的一种宣传手段，但其中也存在着信任风险，在没有卖出前，开发商会承诺百分之多少的回报，一旦卖出，就很难兑现承诺。

③ 商品住宅按套销售，不得分割拆零销售。

分割拆零销售，是指房地产开发企业以将成套的商品住宅分割为数部分分别出售给买受人的方式销售商品住宅的行为。

成套商品住宅是功能完整的，如果分割拆零销售必然会出现不完整功能的情况，登记机关也不会给这种不完整功能的住宅发证。

④ 不符合商品房销售条件的，房地产开发企业不得销售商品房，不得向买受人收取任何预订款性质费用。

销售商品房必须是在现售条件或预售条件都满足的情况下才可以进行，如果未满足条件，开发商很可能在没有投入一分钱的情况下携款潜逃，或是把所收到的预订款项用于该项目之外，购房者的利益将会受到极大的损害。

（三）商品房买卖合同

1\. 合同的主要内容

根据《商品房销售管理办法》第十六条规定，商品房销售时，房地产开发企业和买受人应当订立书面商品房买卖合同。商品房买卖合同应当明确以下主要内容：

① 当事人名称或者姓名和住所。

② 商品房基本状况。

③ 商品房的销售方式。

④ 商品房价款的确定方式及总价款、付款方式、付款时间。

⑤ 交付使用条件及日期。

⑥ 装饰、设备标准承诺。

⑦ 供水、供电、供热、燃气、通信、道路、绿化等配套基础设施和公共设施的交付承诺和有关权益、责任。

⑧ 公共配套建筑的产权归属。

⑨ 面积差异的处理方式。

⑩ 办理产权登记有关事宜。

⑪ 解决争议的方法。

⑫ 违约责任。

⑬ 双方约定的其他事项。

2. 计价方式

《商品房销售管理办法》第十八条规定：商品房销售可以按套（单元）计价，也可以按套内建筑面积或者建筑面积计价。

3. 面积误差的处理方式

这里要先给大家介绍一下面积误差比的概念，它是产权登记面积与合同约定面积之差与合同约定面积之比，公式为

$$面积误差比=\frac{产权登记面积-合同约定面积}{合同约定面积}\times100\%$$

根据《商品房销售管理办法》第二十条的规定，按套内建筑面积或者建筑面积计价的，当事人应当在合同中载明合同约定面积与产权登记面积发生误差的处理方式。合同未作约定的，按以下原则处理：

① 面积误差比绝对值在3%以内（含3%）的，据实结算房价款。

② 面积误差比绝对值超出3%时，买受人有权退房。买受人退房的，房地产开发企业应当在买受人提出退房之日起30日内将买受人已付房价款退还给买受人，同时支付已付房价款利息。买受人不退房的，产权登记面积大于合同约定面积时，面积误差比在3%以内（含3%）部分的房价款由买受人补足；超出3%部分的房价款由房地产开发企业承担，产权归买受人。产权登记面积小于合同约定面积时，面积误差比绝对值在3%以内（含3%）部分的房价款由房地产开发企业返还买受人；绝对值超出3%部分的房价款由房地产开发企业双倍返还买受人。

4. 中途变更规划、设计

房地产开发企业应当按照批准的规划、设计建设商品房。商品房销售后，房地产开发企业不得擅自变更规划、设计。

经规划部门批准的规划变更、设计单位同意的设计变更导致商品房的结构形式、户型、空间尺寸、朝向变化，以及出现合同当事人约定的其他影响商品房质量或者使用功能情形的，房地产开发企业应当在变更确立之日起10日内，书面通知买受人。

买受人有权在通知到达之日起15日内做出是否退房的书面答复。买受人在通知到达之日起15日内未作书面答复的，视同接受规划、设计变更以及由此引起的房价款的变更。房地产开发企业未在规定时限内通知买受人的，买受人有权退房；买受人退房的，由房地产开发企业承担违约责任。

（四）交付使用

在《商品房销售管理办法》中，对商品房交付使用方面有如下规定：

① 房地产开发企业应当按照合同约定，将符合交付使用条件的商品房按期交付给买受人。未能按期交付的，房地产开发企业应当承担违约责任。因不可抗力或者当事人在合同中约定的其他原因，需延期交付的，房地产开发企业应当及时告知买受人。

② 销售商品住宅时，房地产开发企业应当根据《商品住宅实行质量保证书和住宅使用说明书制度的规定》，向买受人提供“住宅质量保证书”“住宅使用说明书”，即“两书”。

③ 房地产开发企业应当对所售商品房承担质量保修责任。当事人应当在合同中就保修范围、保修期限、保修责任等内容做出约定。保修期从交付之日起计算。

（五）对于商品房销售违法违规行为的处罚

未取得营业执照，擅自销售商品房的，由县级以上人民政府工商行政管理部门依照《城市房地产开发经营管理条例》的规定处罚。未取得房地产开发企业资质证书，擅自销售商品房的，责令停止销售活动，处5万元以上10万元以下的罚款。在未解除商品房买卖合同前，将作为合同标的物的商品房再行销售给他人的，处以警告，责令限期改正，并处2万元以上3万元以下罚款；构成犯罪的，依法追究刑事责任。国家机关工作人员在商品房销售管理工作中玩忽职守、滥用职权、徇私舞弊，依法给予行政处分；构成犯罪的，依法追究刑事责任。

房地产开发企业在销售商品房中有下列行为之一的，处以警告，责令限期改正，并可处以1万元以上3万元以下罚款：

① 未按照规定的现售条件现售商品房的。

② 未按照规定在商品房现售前将房地产开发项目手册及符合商品房现售条件的有关证明文件报送房地产开发主管部门备案的。

③ 返本销售或者变相返本销售商品房的。

④ 采取售后包租或者变相售后包租方式销售未竣工商品房的。

⑤ 分割拆零销售商品住宅的。

⑥ 不符合商品房销售条件，向买受人收取预订款性质费用的。

⑦ 未按照规定向买受人明示《商品房销售管理办法》《商品房买卖合同示范文本》《城市商品房预售管理办法》的。

⑧ 委托没有资格的机构代理销售商品房的。

第三节 房地产抵押管理

一、房地产抵押概述

1. 房地产抵押的概念

房地产抵押，是指抵押人以其合法的房地产以不转移占有的方式向抵押权人提供债务履行担保的行为。债务人不履行债务时，债权人有权依法以抵押的房地产拍卖所得的价款优先受偿。其中，抵押人是指将依法取得的房地产提供给抵押权人，作为本人或者第三人履行债务担保的公民、法人或者其他组织。抵押权人是指接受房地产抵押作为债务人履行债务担保的公民、法人或者其他组织。

两种特殊情况下的房地产抵押：在建工程（正在建造的建筑物）抵押是指抵押人为取得在建工程继续建造资金的贷款，以其合法方式取得的土地使用权连同在建工程的投入资产，以不转移占有的方式抵押给贷款银行作为偿还贷款履行担保的行为。预购商品房贷款抵押（按揭）是指购房人在支付首期规定的房价款后，由贷款金融机构代其支付其余的购房款，将所购商品房抵押给贷款银行作为偿还贷款履行担保的行为。

2. 房地产抵押合同

房地产抵押合同是债权债务合同的从合同。债权债务的主合同无效，抵押这一从合同也就自然无效。房地产抵押是一种标的物价值很大的担保行为，《城市房地产管理法》规定，房地产抵押，抵押人和抵押权人应当签订书面抵押合同。《城市房地产抵押管理办法》规定，房地产抵押合同应当载明下列主要内容：

① 抵押人、抵押权人的名称或者个人姓名、住所。

② 主债权的种类、数额。

③ 抵押房地产的处所、名称、状况、建筑面积、用地面积以及四至等。

④ 抵押房地产的价值。

⑤ 抵押房地产的占用管理人、占用管理方式、占用管理责任以及意外损毁、灭失的责任。

⑥ 债务人履行债务的期限。

⑦ 抵押权灭失的条件。

⑧ 违约责任。

⑨ 争议解决方式。

⑩ 抵押合同订立的时间与地点。

⑪ 双方约定的其他事项。

如抵押物须保险，应在合同中约定抵押权人作为保险赔偿金的优先受偿人。

有经营期限的企业以其所有的房地产设定抵押的，所担保债务的履行期限不应当超过该企业的经营期限。以具有土地使用年限的房地产设定抵押的，所担保债务的履行期限不得超过土地使用权出让合同规定的使用年限减去已经使用年限后的剩余年限。

房地产抵押应当办理抵押登记。抵押权自登记时设立。

二、房地产抵押的条件

对于房地产抵押的条件，在《物权法》《城市房地产管理法》和《城市房地产抵押管理办法》中都有规定。

《城市房地产管理法》规定：依法取得的房屋所有权连同该房屋占用范围内的土地使用权，可以设定抵押权。以出让方式取得的土地使用权，可以设定抵押权。

《物权法》规定，债务人或者第三人有权处分可以抵押的财产有：①建筑物和其他土地附着物；②建设用地使用权；③以招标、拍卖、公开协商等方式取得的荒地等土地承包经营权；④生产设备、原材料、半成品、产品；⑤正在建造的建筑物、船舶、航空器；⑥交通运输工具；⑦法律、行政法规未禁止抵押的其他财产。抵押人可以将上述所列财产一并抵押。

《物权法》规定，不得抵押的财产有：①土地所有权；②耕地、宅基地、自留地、自留山等集体所有的土地使用权，但法律规定可以抵押的除外；③学校、幼儿园、医院等以公益为目的的事业单位、社会团体的教育设施、医疗卫生设施和其他社会公益设施；④所有权、使用权不明或者有争议的财产；⑤依法被查封、扣押、监管的财产；⑥法律、行政法规规定不得抵押的其他财产。

《城市房地产抵押管理办法》规定，下列房地产不得设定抵押：

① 权属有争议的房地产。

② 用于教育、医疗、市政等公共福利事业的房地产。

③ 列入文物保护的建筑物和有重要纪念意义的其他建筑物。

④ 已依法公告列入拆迁范围的房地产。

⑤ 被依法查封、扣押、监管或者以其他形式限制的房地产。

⑥ 依法不得抵押的其他房地产。

三、房地产抵押的一般规定

① 以建筑物抵押的，该建筑物占用范围内的建设用地使用权一并抵押。以建设用地使用权抵押的，该土地上的建筑物一并抵押。抵押人未依照上述规定一并抵押的，未抵押的财产视为一并抵押。

② 乡镇、村企业的建设用地使用权不得单独抵押。以乡镇、村企业的厂房等建筑物抵押的，其占用范围内的建设用地使用权一并抵押。

③ 房地产抵押，抵押人可以将几宗房地产一并抵押，也可以将一宗房地产分割抵押。以两宗以上房地产设定同一抵押权的，视为同一抵押物，在抵押关系存续期间，其承担的共同担保义务不可分割，但抵押当事人另有约定的，从其约定。

④ 以享受国家优惠政策购买的房地产抵押的，其抵押额以房地产权利人可以处分和收益的份额比例为限。

⑤ 国有企业、事业单位法人以国家授予其经营管理的房地产抵押的，应当符合国有资产管理的有关规定。

⑥ 以集体所有制企业的房地产抵押的，必须经集体所有制企业职工（代表）大会通过，并报其上级主管机关备案。

⑦ 以中外合资企业、合作经营企业和外商独资企业的房地产抵押的，必须经董事会通过，但企业章程另有约定的除外。

⑧ 以股份有限公司、有限责任公司的房地产抵押的，必须经董事会或者股东大会通过，但企业章程另有约定的除外。

⑨ 以共有的房地产抵押的，抵押人应当事先征得其他共有人的书面同意。

⑩ 预购商品房贷款抵押的，商品房开发项目必须符合房地产转让条件并取得商品房预售许可证。

⑪ 企、事业单位法人分立或合并后，原抵押合同继续有效。其权利与义务由拥有抵押物的企业享有和承担。

⑫ 抵押人死亡、依法被宣告死亡或者被宣告失踪时，其房地产合法继承人或者代管人应当继续履行原抵押合同。

⑬ 订立抵押合同时，不得在合同中约定在债务履行期届满抵押权人尚未受清偿时，抵押物的所有权转移为抵押权人所有的内容。

⑭ 抵押当事人约定对抵押房地产保险的，由抵押人为抵押的房地产投保，保险费由抵押人负担。抵押房地产投保的，抵押人应当将保险单移送抵押权人保管。在抵押期间，抵押权人为保险赔偿的第一受益人。

⑮ 学校、幼儿园、医院等以公益为目的的事业单位、社会团体，可以其教育设施、医疗卫生设施和其他社会公益设施以外的房地产为自身债务设定抵押。

⑯ 订立抵押合同前抵押房地产已出租的，原租赁关系不受该抵押权的影响。抵押权设立后抵押房屋出租的，该租赁关系不得对抗已登记的抵押权。抵押权实现后，租赁合同对受

让人不具有约束力。抵押人将已抵押的房屋出租时，如果抵押人未书面告知承租人该房屋已抵押的，抵押人对出租抵押物造成承租人的损失承担赔偿责任；如果抵押人已书面告知承租人该房屋已抵押的，抵押权实现造成承租人的损失，由承租人自己承担。

⑰ 抵押期间，抵押人经抵押权人同意转让抵押财产的，应当将转让所得的价款向抵押权人提前清偿债务或者提存。转让的价款超过债权数额部分归抵押人所有，不足部分由债务人清偿。抵押期间，抵押人未经抵押权人同意，不得转让抵押财产，但受让人代为清偿债务消灭抵押权的除外。

四、房地产最高额抵押

为担保债务的履行，债务人或者第三人对一定期间内将要连续发生的债权提供担保财产的，债务人不履行到期债务或者发生当事人约定的实现抵押权的情形，抵押权人有权在最高债权额限度内就该担保财产优先受偿。最高额抵押是限额抵押，是为将来发生的债权提供担保，是对一定期间内连续发生的债权做担保。最高额抵押所担保的最高债权额是确定的，但实际发生额不确定。设定最高额抵押权时，债权尚未发生，为担保将来债权的履行，抵押人和抵押权人协议确定担保的最高数额，在此额度内对债权担保。《物权法》规定，最高额抵押权设立前已经存在的债权，经当事人同意，可以转入最高额抵押担保的债权范围。最高额抵押担保的债权确定前，部分债权转让的，最高额抵押权不得转让，但当事人另有约定的除外。最高额抵押担保的债权确定前，抵押权人与抵押人可以通过协议变更债权确定的期间、债权范围以及最高债权额，但变更的内容不得对其他抵押权人产生不利影响。有下列情形之一的，抵押权人的债权确定：约定的债权确定期间届满；没有约定债权确定期间或者约定不明确，抵押权人或者抵押人自最高额抵押权设立之日起满二年后请求确定债权；新的债权不可能发生；抵押财产被查封、扣押；债务人、抵押人被宣告破产或者被撤销；法律规定债权确定的其他情形。

五、房地产抵押的效力

抵押期间，抵押人未经抵押权人同意，不得转让抵押财产，但受让人代为清偿债务消灭抵押权的除外。抵押权不得与债权分离而单独转让或者作为其他债权的担保。债权转让的，担保该债权的抵押权一并转让，但法律另有规定或者当事人另有约定的除外。

抵押人的行为足以使抵押财产价值减少的，抵押权人有权要求抵押人停止其行为。抵押财产价值减少的，抵押权人有权要求恢复抵押财产的价值，或者提供与减少的价值相应的担保。抵押人不恢复抵押财产的价值也不提供担保的，抵押权人有权要求债务人提前清偿债务。

抵押权人可以放弃抵押权或者抵押权的顺位。抵押权人与抵押人可以协议变更抵押权顺位以及被担保的债权数额等内容，但抵押权的变更，未经其他抵押权人书面同意，不得对其他抵押权人产生不利影响。

债务人以自己的财产设定抵押，抵押权人放弃该抵押权、抵押权顺位或者变更抵押权的，其他担保人在抵押权人丧失优先受偿权益的范围内免除担保责任，但其他担保人承诺仍然提供担保的除外。

六、房地产抵押权实现

债务人不履行到期债务或者发生当事人约定的实现抵押权的情形，抵押权人可以与抵押人协议以抵押财产折价或者以拍卖、变卖该抵押财产所得的价款优先受偿。协议损害其他债权人利益的，其他债权人可以在知道或者应当知道撤销事由之日起一年内请求人民法院撤销该协议。抵押权人与抵押人未就抵押权实现方式达成协议的，抵押权人可以请求人民法院拍卖、变卖抵押财产。抵押财产折价或者变卖的，应当参照市场价格。债务人不履行到期债务或者发生当事人约定的实现抵押权的情形，致使抵押财产被人民法院依法扣押的，自扣押之日起抵押权人有权收取该抵押财产的天然孳息或者法定孳息，但抵押权人未通知应当清偿法定孳息的义务人的除外。抵押财产折价或者拍卖、变卖后，其价款超过债权数额的部分归抵押人所有，不足部分由债务人清偿。

同一财产向两个以上债权人抵押的，拍卖、变卖抵押财产所得的价款依照下列规定清偿：

① 抵押权已登记的，按照登记的先后顺序清偿；顺序相同的，按照债权比例清偿；

② 抵押权已登记的先于未登记的受偿；

③ 抵押权未登记的，按照债权比例清偿。

建设用地使用权抵押后，该土地上新增的建筑物不属于抵押财产。该建设用地使用权实现抵押权时，应当将该土地上新增的建筑物与建设用地使用权一并处分，但新增建筑物所得的价款，抵押权人无权优先受偿。

抵押权人应当在主债权诉讼时效期间行使抵押权；未行使的，人民法院不予保护。

第四节 房屋租赁管理

一、房屋租赁的概念及政策

根据《城市房地产管理法》，房屋租赁，是指房屋所有权人作为出租人将其房屋出租给承租人使用，由承租人向出租人支付租金的行为。

我国采取住宅用房与非住宅用房区别对待，分别管理的做法。《城市房地产管理法》规定，住宅用房的租赁，应当执行国家和房屋所在城市人民政府规定的租赁政策。租用房屋从事生产、经营活动的，由租赁双方协商议定租金和其他租赁条款。我国还将商品房屋和公共租赁住房分别管理，制定了《商品房屋租赁管理办法》（中华人民共和国住房和城乡建设部令第 6 号）、《公共租赁住房管理办法》（中华人民共和国住房和城乡建设部令第 11 号）。本节仅介绍商品房屋租赁制度与政策，公共租赁住房管理制度与政策已在第二章介绍。

二、商品房屋租赁的条件

公民、法人或其他组织对享有所有权的房屋和国家授权管理和经营的房屋可以依法出租。出租住房的，应当以原设计的房间为最小出租单位，人均租住建筑面积不得低于当地人民政府规定的最低标准。厨房、卫生间、阳台和地下储藏室不得出租供人员居住。

在《商品房屋租赁管理办法》第六条中规定了不得出租的房屋包括：①属于违法建筑的；②不符合安全、防灾等工程建设强制性标准的；③违反规定改变房屋使用性质的；④法律、法规规定禁止出租的其他情形。

三、商品房屋租赁合同

根据《城市房地产管理法》的规定，房屋租赁，出租人和承租人应当签订书面租赁合同，约定租赁期限、租赁用途、租赁价格、修缮责任等条款，以及双方的其他权利和义务，并向房产管理部门登记备案。这里所说的“租赁期限、租赁用途、租赁价格、修缮责任”也是房屋租赁合同的四大必备条款。

根据《商品房屋租赁管理办法》规定，房屋租赁当事人应当依法订立租赁合同。房屋租赁合同的内容由当事人双方约定，一般应当包括：①房屋租赁当事人的姓名（名称）和住所；②房屋的坐落、面积、结构、附属设施，家具和家电等室内设施状况；③租金和押金数额、支付方式；④租赁用途和房屋使用要求；⑤房屋和室内设施的安全性能；⑥租赁期限；⑦房屋维修责任；⑧物业服务、水、电、燃气等相关费用的缴纳；⑨争议解决办法和违约责任；⑩其他约定。

四、商品房屋租赁关系保护

租赁合同一经签订，租赁双方必须严格遵守。《商品房屋租赁管理办法》对于商品房屋租赁关系进行了特殊保护，具体规定如下：①商品房屋租赁期间内，因赠与、析产、继承或者买卖转让房屋的，原房屋租赁合同继续有效。②承租人在房屋租赁期间死亡的，与其生前共同居住的人可以按照原租赁合同租赁该房屋。③房屋租赁期间出租人出售租赁房屋的，应当在出售前合理期限内通知承租人，承租人在同等条件下有优先购买权。

五、商品房屋租赁合同登记备案

商品房屋租赁合同签订后，要向房产管理部门登记备案，只有经过登记备案的租赁关系才能受到法律的保护。

《商品房屋租赁管理办法》第十四条规定：“房屋租赁合同订立后三十日内，房屋租赁当事人应当到租赁房屋所在地直辖市、市、县人民政府建设（房地产）主管部门办理房屋租赁登记备案。房屋租赁当事人可以书面委托他人办理房屋租赁登记备案。”

《商品房屋租赁管理办法》第十五条规定，办理房屋租赁登记备案，房屋租赁当事人应当提交下列材料：①房屋租赁合同；②房屋租赁当事人身份证明；③房屋所有权证书或者其他合法权属证明；④直辖市、市、县人民政府建设（房地产）主管部门规定的其他材料。房屋租赁当事人提交的材料应当真实、合法、有效，不得隐瞒真实情况或者提供虚假材料。

六、商品房屋转租

商品房屋转租，是指房屋承租人将承租的商品房屋再出租的行为。《商品房屋租赁管理办法》第十一条规定：“承租人转租房屋的，应当经出租人书面同意。承租人未经出租人书面同意转租的，出租人可以解除租赁合同，收回房屋并要求承租人赔偿损失。”转租合同也必须按照《城市房地产管理法》《商品房屋租赁管理办法》的规定办理登记备案手续。转租合同是租赁合同的从属合同，原租赁合同变更、解除或者终止，转租合同也随之变更、解除或者终止。

七、城镇房屋租赁司法解释

《最高人民法院关于审理城镇房屋租赁合同纠纷案件具体应用法律若干问题的解释》（法

释〔2009〕11号，自2009年9月1日起施行）的主要内容如下：

① 本解释所称城镇房屋，是指城市、镇规划区内的房屋。乡、村庄规划区内的房屋租赁合同纠纷案件，可以参照本解释处理。但法律另有规定的，适用其规定。当事人依照国家福利政策租赁公有住房、廉租住房、经济适用住房产生的纠纷案件，不适用本解释。

② 出租人就未取得建设工程规划许可证或者未按照建设工程规划许可证的规定建设的房屋，与承租人订立的租赁合同无效。但在一审法庭辩论终结前取得建设工程规划许可证或者经主管部门批准建设的，人民法院应当认定有效。

③ 出租人就未经批准或者未按照批准内容建设的临时建筑，与承租人订立的租赁合同无效。但在一审法庭辩论终结前经主管部门批准建设的，人民法院应当认定有效。

租赁期限超过临时建筑的使用期限，超过部分无效。但在一审法庭辩论终结前经主管部门批准延长使用期限的，人民法院应当认定延长使用期限内的租赁期间有效。

④ 当事人以房屋租赁合同未按照法律、行政法规规定办理登记备案手续为由，请求确认合同无效的，人民法院不予支持。

当事人约定以办理登记备案手续为房屋租赁合同生效条件的，从其约定。但当事人一方已经履行主要义务，对方接受的除外。

⑤ 房屋租赁合同无效，当事人请求参照合同约定的租金标准支付房屋占有使用费的，人民法院一般应予支持。

当事人请求赔偿因合同无效受到的损失，人民法院依照《合同法》的有关规定和本司法解释第九条、第十三条、第十四条的规定处理。

⑥ 出租人就同一房屋订立数份租赁合同，在合同均有效的情况下，承租人均主张履行合同的，人民法院按照下列顺序确定履行合同的承租人：

a. 已经合法占有租赁房屋的。

b. 已经办理登记备案手续的。

c. 合同成立在先的。

不能取得租赁房屋的承租人请求解除合同、赔偿损失的，依照《合同法》的有关规定处理。

⑦ 承租人擅自变动房屋建筑主体和承重结构或者扩建，在出租人要求的合理期限内仍不予恢复原状，出租人请求解除合同并要求赔偿损失的，人民法院依照《合同法》第二百一十九条的规定处理。

⑧ 因下列情形之一，导致租赁房屋无法使用，承租人请求解除合同的，人民法院应予支持：

a. 租赁房屋被司法机关或者行政机关依法查封的。

b. 租赁房屋权属有争议的。

c. 租赁房屋具有违反法律、行政法规关于房屋使用条件强制性规定情况的。

⑨ 承租人经出租人同意装饰装修，租赁合同无效时，未形成附合的装饰装修物，出租人同意利用的，可折价归出租人所有；不同意利用的，可由承租人拆除。因拆除造成房屋毁损的，承租人应当恢复原状。

已形成附合的装饰装修物，出租人同意利用的，可折价归出租人所有；不同意利用的，由双方各自按照导致合同无效的过错分担现值损失。

⑩ 承租人经出租人同意装饰装修，租赁期间届满或者合同解除时，除当事人另有约定外，未形成附合的装饰装修物，可由承租人拆除。因拆除造成房屋毁损的，承租人应当恢复

原状。

⑪ 承租人经出租人同意装饰装修，合同解除时，双方对已形成附合的装饰装修物的处理没有约定的，人民法院按照下列情形分别处理：

a. 因出租人违约导致合同解除，承租人请求出租人赔偿剩余租赁期内装饰装修残值损失的，应予支持。

b. 因承租人违约导致合同解除，承租人请求出租人赔偿剩余租赁期内装饰装修残值损失的，不予支持。但出租人同意利用的，应在利用价值范围内予以适当补偿。

c. 因双方违约导致合同解除，剩余租赁期内的装饰装修残值损失，由双方根据各自的过错承担相应的责任。

d. 因不可归责于双方的事由导致合同解除的，剩余租赁期内的装饰装修残值损失，由双方按照公平原则分担。法律另有规定的，适用其规定。

⑫ 承租人经出租人同意装饰装修，租赁期间届满时，承租人请求出租人补偿附合装饰装修费用的，不予支持。但当事人另有约定的除外。

⑬ 承租人未经出租人同意装饰装修或者扩建发生的费用，由承租人负担。出租人请求承租人恢复原状或者赔偿损失的，人民法院应予支持。

⑭ 承租人经出租人同意扩建，但双方对扩建费用的处理没有约定的，人民法院按照下列情形分别处理：

a. 办理合法建设手续的，扩建造价费用由出租人负担。

b. 未办理合法建设手续的，扩建造价费用由双方按照过错分担。

⑮ 承租人经出租人同意将租赁房屋转租给第三人时，转租期限超过承租人剩余租赁期限的，人民法院应当认定超过部分的约定无效。但出租人与承租人另有约定的除外。

⑯ 出租人知道或者应当知道承租人转租，但在六个月内未提出异议，其以承租人未经同意为由请求解除合同或者认定转租合同无效的，人民法院不予支持。

因租赁合同产生的纠纷案件，人民法院可以通知次承租人作为第三人参加诉讼。

⑰ 因承租人拖欠租金，出租人请求解除合同时，次承租人请求代承租人支付欠付的租金和违约金以抗辩出租人合同解除权的，人民法院应予支持。但转租合同无效的除外。

次承租人代为支付的租金和违约金超出其应付的租金数额，可以折抵租金或者向承租人追偿。

⑱ 房屋租赁合同无效、履行期限届满或者解除，出租人请求负有腾房义务的次承租人支付逾期腾房占有使用费的，人民法院应予支持。

⑲ 承租人租赁房屋用于以个体工商户或者个人合伙方式从事经营活动，承租人在租赁期间死亡、宣告失踪或者宣告死亡，其共同经营人或者其他合伙人请求按照原租赁合同租赁该房屋的，人民法院应予支持。

⑳ 租赁房屋在租赁期间发生所有权变动，承租人请求房屋受让人继续履行原租赁合同的，人民法院应予支持。但租赁房屋具有下列情形或者当事人另有约定的除外：

a. 房屋在出租前已设立抵押权，因抵押权人实现抵押权发生所有权变动的。

b. 房屋在出租前已被人民法院依法查封的。

㉑ 出租人出卖租赁房屋未在合理期限内通知承租人或者存在其他侵害承租人优先购买权情形，承租人请求出租人承担赔偿责任的，人民法院应予支持。但请求确认出租人与第三人签订的房屋买卖合同无效的，人民法院不予支持。

㉒ 出租人与抵押权人协议折价、变卖租赁房屋偿还债务，应当在合理期限内通知承租人。承租人请求以同等条件优先购买房屋的，人民法院应予支持。

㉓ 出租人委托拍卖人拍卖租赁房屋，应当在拍卖5日前通知承租人。承租人未参加拍卖的，人民法院应当认定承租人放弃优先购买权。

㉔ 具有下列情形之一，承租人主张优先购买房屋的，人民法院不予支持：

a. 房屋共有人行使优先购买权的。

b. 出租人将房屋出卖给近亲属，包括配偶、父母、子女、兄弟姐妹、祖父母、外祖父母、孙子女、外孙子女的。

c. 出租人履行通知义务后，承租人在十五日内未明确表示购买的。

d. 第三人善意购买租赁房屋并已经办理登记手续的。

㉕ 本解释施行前已经终审，本解释施行后当事人申请再审或者按照审判监督程序决定再审的案件，不适用本解释。

八、住房租赁市场的培育和发展

2016年6月3日，国务院发布《国务院办公厅关于加快培育和发展住房租赁市场的若干意见》，支持住房租赁消费，促进住房租赁市场健康发展。意见指出，到2020年，基本形成供应主体多元、经营服务规范、租赁关系稳定的住房租赁市场体系，基本形成保基本、促公平、可持续的公共租赁住房保障体系，基本形成市场规则明晰、政府监管有力、权益保障充分的住房租赁法规制度体系，推动实现城镇居民住有所居的目标。意见指出，将鼓励房地产开发企业开展住房租赁业务，鼓励个人出租住房的优惠政策，政策还将对提供住房租赁的公司和个人提供税收优惠。对于承租人来说，非本地户籍承租人可按照《居住证暂行条例》等有关规定申领居住证，享受义务教育、医疗等国家规定的基本公共服务。其中明确指出允许改建房屋用于租赁，并且其土地性质将被调整为居住用地。意见指出，允许将商业用房等按规定改建为租赁住房，土地使用年限和容积率不变，土地用途调整为居住用地，调整后用水、用电、用气价格应当按照居民标准执行。

党中央、国务院高度重视住房租赁和销售市场管理工作，在2016年底召开的中央经济工作会议上，明确提出要加快住房租赁市场立法，加快机构化、规模化住房租赁企业发展，加强住房市场监管和整顿，规范开发、销售、中介等行为。中央财经领导小组第十四次会议指出，要准确把握住房的居住属性，以满足新市民住房需求为主要出发点，以建立购租并举的住房制度为主要方向，以市场为主满足多层次需求，以政府为主提供基本保障。近年来，我国住房租赁和销售市场不断发展，在解决居民居住问题、改善居住环境、促进经济社会发展等方面发挥了重要作用。据统计，我国约有1.6亿人在城镇租房居住，主要是外来务工人员、新就业大学生等；自2013年以来，每年全国商品住房销售面积都在10亿平方米以上。在住房租赁和销售市场快速发展的同时，有时也存在当事人权益保护不充分、市场秩序不规范、监管制度不完善等问题，亟须通过专门立法予以解决。为了建立购租并举的住房制度，规范住房租赁和销售行为，保护当事人合法权益，保障交易安全，住房和城乡建设部起草了《住房租赁和销售管理条例（征求意见稿）》，并向社会公开征求意见。征求意见稿共7章47条，包括总则、住房租赁、住房销售、房地产经纪服务、监督管理、法律责任、附则。2018年9月20日，中共中央、国务院印发《关于完善促进消费体制机制进一步激发居民消费潜力的若干意见》，意见对住行消费方面，提出大力发展住房租赁市场特别是长期租赁。

总结推广住房租赁试点经验，在人口净流入的大中城市加快培育和发展住房租赁市场。加快推进住房租赁立法，保护租赁利益相关方合法权益。2019年5月11日，国务院办公厅发布《国务院办公厅关于印发国务院2019年立法工作计划的通知》，提请全国人大常委会审议住房租赁条例。

思考题

1. 房地产交易的方式有哪些?
2. 《城市房地产管理法》当中的五项基本制度是哪些? 其中，房地产交易的基本制度是哪些?
3. 简述房地产转让的概念、分类、条件、程序。
4. 简述房地产转让合同的内容。
5. 简述土地使用权转让的规定。
6. 简述商品房预售的条件。
7. 简述商品房现售的条件。
8. 商品房销售中的禁止行为有哪些?
9. 商品房买卖合同的内容有哪些?
10. 简述商品房买卖合同中的计价方式、面积误差的处理方式。
11. 交付使用中的两书制度是什么?
12. 简述房地产抵押的概念、条件。
13. 简述抵押权的期限规定。
14. 简述房地产抵押的范围。
15. 简述房地产抵押的一般规定。
16. 简述房地产抵押的效力，房地产抵押权的实现。
17. 简述商品房屋租赁概念、政策和条件。
18. 简述商品房屋租赁合同的内容。
19. 简述商品房屋租赁合同登记备案。

第八章　房地产权属登记制度与政策

第一节　房地产权属登记的历史沿革

我国的土地及定着物登记制度有着悠久的历史，早在黄帝、大禹时代就有“平水土、划九州”之说；周朝的“井田制”、秦朝的“商鞅变法”、汉朝的“屯田制”、明朝的“鱼鳞图册和赋役黄册制度”及清朝的“地丁合一、摊丁入亩制度”，等等，都是我国早期进行房地产权属登记的法令和制度，其主要目的是为分定田产、缴纳税赋所用。而我国历史上真正完整的第一部房地产权属登记（不动产）法规则是北洋政府时期1922年颁发的《不动产登记条例》，其明确规定：不动产登记的对象为土地和建筑物。登记的权利分为所有权、地上权、永佃权、地役权、典权、抵押权、债权、租赁权八种。其房地产权属登记机关为当时所设立的地方审判厅。

1931年正式颁发了我国历史上第一部民法典《中华民国民法》。其中《民法·物权》篇明确规定了对房产和土地的管理权、支配权和排他权。同时还颁发了《中华民国土地法》，明确规定要对土地及其定着物的权利进行登记和变更登记。同一时期，中国共产党也在根据地和解放区先后颁发过《井冈山土地法》《兴国土地法》《土地登记法》。打土豪、分田地，将土地和房屋分给广大农民，进行土地登记，颁发土地证，确定土地所有权。但由于战争，许多法律法规都没有在全国范围内得到较彻底的贯彻实施，广大人民群众的利益没有得到合法的保护，大部分房产和土地都被以蒋、宋、孔、陈为代表的少数资产阶级据为己有。

新中国成立后至今，房地产权属登记制度经历了以下几个不同的发展阶段。

1949年至1955年为公有制和私有制并存阶段。根据当时的政策规定，对公共房产进行管理和分配，对私有房产仍允许买卖，但应在政府房产管理机构进行登记，发给“房产契证”。

从1956年社会主义改造时期到1978年的二十多年，我国的房地产权属登记工作发展缓慢。社会主义改造时期，国家通过赎买政策逐步把资本主义私有制的土地和房屋都改造为社会主义全民所有制；把城乡个体所有制改造为社会主义集体所有制，土地和房屋都属国家和集体所有，不再进行确权登记发证。居民手中只持有房屋经租证和公有房屋租赁证。1966年至1978年，房地产权属登记工作发展较慢。

1978年改革开放到1986年《土地管理法》和1994年《城市房地产管理法》颁布实施期间，我国的房地产权属登记经历了房地合一、房地分离的演变过程。

① 在《土地管理法》出台前，主要是根据国家的《关于城市（镇）房地产产权、产籍管理暂行规定》《城市私有房屋管理条例》《关于开展全国房屋普查的通知》《城乡建设环境保护部关于开展城镇房产产权登记、核发产权证工作的通知》等政策规定，设立房地产权属登记机构，通过房屋普查，落实私房政策，在全国范围内开展城镇房屋总登记发证工作，并

遵照原城乡建设环境保护部《关于颁发〈房屋所有权证〉式样及房屋所有权登记发证工作的通知》精神，统一了全国房屋所有权证式样，这是我国历史上第一本依法统一制作、登记内容规范的房屋所有权证。

②《土地管理法》《城市房地产管理法》出台之后到社会主义市场经济体制确立期间，根据其规定，实行房地分离，分别由土地管理部门和房产管理部门负责土地使用权和房产所有权的登记发证工作。无论公有还是私有都必须持有土地使用权证和房屋所有权证才视为合法有效。

③ 2007 年《物权法》的颁布实施，使我国的房地产权属登记发证工作又进入新时期。根据《物权法》的规定："不动产登记，由不动产所在地的登记机构办理。国家对不动产实行统一登记制度。"我国现阶段的房地产权属登记模式各地有所不同，发证工作有所差异：其一，登记机构设置和登记内容不同。目前我国除在少数城市实行"房地合一"的房地产权属登记模式外，大多数城市都处于土地使用权和房屋所有权分属土地管理部门和房产管理部门分别进行登记的"房地分离"模式。其二，是全国范围内的农村房地产权属登记工作进展缓慢、不能同步，有的地方甚至根本没开展这一工作。

④ 为贯彻《物权法》的精神，国土资源部、建设部于 2008 年先后颁布实施《土地登记办法》和《房屋登记办法》。国土资源部为规范土地登记行为，保护土地权利人的合法权益，根据《中华人民共和国物权法》《中华人民共和国土地管理法》《中华人民共和国城市房地产管理法》和《中华人民共和国土地管理法实施条例》，制定《土地登记办法》（中华人民共和国国土资源部令第 40 号），2008 年 2 月 1 日起施行。建设部为了规范房屋登记行为，维护房地产交易安全，保护权利人的合法权益，依据《中华人民共和国物权法》《中华人民共和国城市房地产管理法》《村庄和集镇规划建设管理条例》等法律、行政法规，制定《房屋登记办法》（中华人民共和国建设部令第 168 号），2008 年 7 月 1 日起施行。

《土地登记办法》除总则、一般规定土地权利的保护、法律责任、附则外，分为第三章土地总登记、第四章初始登记、第五章变更登记、第六章注销登记、第七章其他登记，包括更正登记、异议登记、预告登记和查封登记。《房屋登记办法》除总则、一般规定、法律责任、附则外，分为第三章国有土地范围内的房屋登记（所有权登记、抵押权登记、地役权登记、预告登记、其他登记），其中其他登记包括更正登记、异议登记与查封登记，第四章集体土地范围内房屋登记。

⑤《房屋登记办法》实施后，由中国房地产研究会房地产产权产籍和测量委员会组织编制、由住房和城乡建设部批准与发布的《房地产登记技术规程》，是将《房屋登记办法》详尽化，用于规范房地产登记业务流程以及维护房地产交易安全，配合《房屋登记办法》实施的规范文件。《房地产登记技术规程》的实施，很大程度上有利于房屋登记机构开展登记业务，也使房屋登记工作内容与要求更加具体化，也让《房屋登记办法》更有利于指导实践操作，便于全国范围内登记业务的开展以及实现登记信息全国共享。

⑥ 不动产登记工作部际联席会议制度。为建立不动产统一登记工作机制，加强不动产统一登记职责整合后的协调配合，国务院于 2014 年 2 月 24 日同意建立不动产登记工作部际联席会议（以下简称联席会议）制度。在国务院领导下，协调解决不动产统一登记制度建立和执行过程中的重大问题；研究提出不动产统一登记制度建立的工作思路和政策建议；协调不动产统一登记工作的宣传和舆论引导；协调不动产登记的制度体系、技术规范、信息平台建设等重要问题；研究不动产登记条例及相关法律法规的起草修订；统筹协调对地方不动产

统一登记工作的监督指导；完成国务院交办的其他事项。联席会议由国土资源部、中央编办、财政部、住房和城乡建设部、农业部、税务总局、林业局、法制办、海洋局等9个部门组成，国土资源部为联席会议牵头单位。国土资源部部长担任联席会议召集人，分管负责同志担任副召集人，各成员单位有关负责同志为联席会议成员。联席会议成员因工作变动需要调整的，由所在单位提出，联席会议确定。

联席会议办公室设在国土资源部，承担联席会议日常工作，督促落实联席会议议定事项。联席会议设联络员，由各成员单位有关司局负责同志担任。联席会议根据工作需要定期或不定期召开会议，由召集人或副召集人主持。成员单位根据工作需要可以提出召开会议的建议。研究具体事项时，可根据工作需要邀请其他部门和单位参加会议。联席会议以会议纪要形式明确会议议定事项，经与会部门和单位同意后印发有关方面并抄报国务院，重大事项由联席会议牵头单位按程序向国务院报告。各成员单位要按照职责分工，主动研究不动产统一登记制度实施的有关问题，切实履行本部门职责，认真落实联席会议确定的工作部署和任务。各成员单位要相互支持，密切配合，形成合力，充分发挥联席会议的作用。联席会议办公室要及时向各成员单位通报工作进展情况。

第二节 《物权法》关于不动产登记的规定

一、不动产的范围

《物权法》没有对不动产进行具体的解释，但在具体规定中明确了不动产主要是三大类，即房地产物权、土地物权、其他自然资源物权。这三大类不动产物权都涉及所有权和使用权，所有权与使用权有时是同一的，有时是分开的。如房屋所有权和承租权、土地所有权和使用权、自然资源的所有权和开采权往往是分开的。

二、不动产物权经依法登记发生效力

《物权法》第九条规定："不动产物权的设立、变更、转让和消灭，经依法登记，发生效力；未经登记，不发生效力，但法律另有规定的除外。依法属于国家所有的自然资源，所有权可以不登记。"第十四条规定："不动产物权的设立、变更、转让和消灭，依照法律规定应当登记的，自记载于不动产登记簿时发生效力。"

这两条规定非常重要，过去法律允许不登记也可以确认的不动产物权，从本法实施后，只有一个原则，即"登记生效，未登记则无效，法律另有规定的除外。"这一规定不仅适用房地产物权，也适用土地物权和国家批准企业、集体经济组织和私人开采的矿产物权等。《物权法》只规定了一种不动产物权可以不须登记，即依法属于国家所有的自然资源物权。

第十五条规定："当事人之间订立有关设立、变更、转让和消灭不动产物权的合同，除法律另有规定或者合同另有约定外，自合同成立时生效；未办理物权登记的，不影响合同效力。"这一规定强调了合同双方对不动产物权的设立、变更、转让和消灭，以签订合同为生效条件和生效时间，并特别规定"未办理物权登记不影响合同的效力。"从字面来看，这一规定与前面的"登记生效"规定相冲突，但实际上二者并不冲突。因为这一条规定只确认物权设立、变更、转让和消灭的合同有效，并未确认物权有效。也就是说，当事人可以根据双

方的合同约定，要求对方履行有关物权合同约定的设立、变更、转让和消灭等义务，而不能在合同有效期间行使不动产物权的权利。因为物权依法登记是个根本性原则，“未登记不动产物权则无效，法律另有规定除外。”

假如，甲买了乙的一处住宅，双方签订了合同，并交付了房款，但没有向房产行政机关办理产权登记。从《合同法》讲，双方的物权买卖行为合法应该受到法律的保护。但由于没有办理房产产权登记，从物权法律规定来看，房产所有权人仍然是乙。甲并没有取得乙住宅的物权，假如在此期间，乙方欠有丙的外债发生诉讼纠纷，丙依法申请法院查封了乙的住宅，则甲方对丙的申请法院查封行为就没有对抗权利。

又如，在甲乙双方房屋买卖成交以后，丁要求租赁甲所买受的房产。依照惯例应该由甲与丁签订租赁合同，但《物权法》的规定，甲没有出租权利，即使甲与丁签订了租赁合同也属于无效合同。

由此可见，《物权法》颁布以后，不动产所有权权利的变更，依法登记是十分重要的。

三、不动产物权的登记机构

《物权法》对不动产物权登记机构实行法定原则，即第十条“不动产登记，由不动产所在地的登记机构办理。国家对不动产实行统一登记制度。统一登记的范围、登记机构和登记办法，由法律、行政法规规定。”这一规定非常重要，即由“不动产所在地的登记机构办理”。《物权法》之所以采取这一规定，是充分考虑了不动产的专属地域性特点。对不同种类的不动产的登记由哪一个行政机关主管，如何登记由“法律、行政法规规定”。因为国家分别立有《中华人民共和国房地产管理法》《中华人民共和国土地管理法》《中华人民共和国矿产资源法》等不同专门法律，国家设立的相应主管行政机关也分别制定了具体的权属登记法规，地方立法机构和政府也分别制定了具体的行政法规，这些法律和行政法规对不动产物权如何登记都有具体的程序性规定，所以《物权法》对不动产的物权登记机构只能作出原则性规定，具体的不动产登记机构由其他法律法规确定。

1. 不动产物权登记机构的职责

《物权法》第十二条规定的登记机构应当履行的职责有：查验申请人提供的权属证明和其他必要材料；就有关登记事项询问申请人；如实、及时登记有关事项；法律、行政法规规定的其他职责。申请登记的不动产的有关情况需要进一步证明的，登记机构可以要求申请人补充材料，必要时可以实地查看。

登记机构的这些职责可以归纳为四项：①审查权属证明和资料。这项职责的目的是确认不动产权属取得的合法性，明确所有权人。②通过询问调查登记事项。这项职责主要是核实登记事项，确认登记的事实。③必要时勘查现场。这项职责的重要性是对需要登记的不动产进行实际核对，通过勘测、勘验等技术手段确认不动产权属内容。④如实登记有关事项。这项职责是将必须登记的内容以法定形式予以确立，凡行政登记机构已经登记的不动产内容，将作为该不动产依法设立的主要依据而长期发挥作用。

2. 不动产物权登记机构的禁止行为

根据《物权法》第十三条和二十二条规定，登记机构不得有以下禁止性登记行为：

① 登记机构不得要求对不动产进行评估。目前我国对不动产评估采取的是中介机构服务性评估。即不动产所有权人只要向登记机构提供的评估结果是合法评估机构出具的，就应该作为登记的依据进行登记，而不能要求当事人进行二次评估。目前有一些房地产登记机构

强制登记申请人进行评估的做法是行政违法行为，应该予以制止。

② 登记机构不得以年检等名义进行重复登记，因为行政登记属于收费登记业务，而有些地方的不动产行政登记机构为了增加收入，经常以年检名义对不动产进行重复登记。《物权法》颁布之后，如果行政机构以年检为名进行以收费为目的的重复登记，将是行政违法行为，当事人有权通过行政诉讼撤销行政机构的违法重复登记。

③ 登记机构不得超出登记职责范围的其他行为。这是指国家行政主管机关制定的不动产登记的内容和范围及相应的程序，各类不动产行政登记机构都必须遵循相应的行政登记法规。如果发生超出登记职责范围的行为，就是无效行政行为，当事人可以通过行政复议或行政诉讼要求撤销。如某地的房产行政登记机构在房产行政登记中向当事人收取土地收益金，该行为显然超出了房产登记的职责范围，当事人有权拒绝该行为。如果行政登记机构坚持这一做法，当事人有权申请行政复议或行政诉讼，要求撤销该收费行为。

④ 不动产登记费按件收取，不得按照不动产的面积、体积或者价款的比例收取。这一项规定目前在许多地方并不能得到有效遵守。如有的房产交易行政登记机构规定：对新建的房产进行交易登记时按件收费，对旧房二次交易按面积收费，并强制收取评估费，并在审查交易时故意按评估价款比例收取交易审查费。这些是不允许的，相关当事人和单位可以根据《物权法》的此项规定主张权利并要求行政登记机构撤销行政规定并予以退费。

3. 不动产物权登记机构的其他义务

① 第十六条规定：登记机构应当建立不动产物权登记簿，并依法管理登记簿。这一规定的意义就是要建立健全不动产物权的登记档案，作为不动产依法登记的主要依据。

② 第十八条规定：权利人、利害关系人申请查询、复制登记资料，登记机构应当提供。为当事人提供所查询的登记资料信息，是行政登记机构必须履行的服务性职责，即必须尊重不动产当事人对产权的知情权。不动产产权登记资料中包含了实际测量的重要数据，所以根据国家测量管理法规和档案管理法规的规定，利用测量成果应该交纳查询费。所以当事人向不动产行政登记机构查询、复制登记资料时，应该向不动产档案管理部门交纳相应的查询和复制费，收费部门应该出具物价收费许可证明。

③ 第十九条规定：权利人、利害关系人认为不动产登记簿记载的事项错误的并得以证实的，有权申请更正登记。登记机构应当予以更正。更正错误登记内容是行政登记机构必须履行的义务，同时也是当事人的权利。不动产登记内容如果发生错误将导致物权人的权利不能实现或不能完全实现，所以更正错误登记事项，也是正确管理不动产、充分发挥不动产物权的重要行政职责。如果行政登记机构拒绝当事人的更正请求，当事人有权申请行政复议和行政诉讼，要求行政登记机构予以更正。

④ 根据第二十一条规定：因登记错误，给他人造成损害的，登记机构应承担赔偿责任。登记机构赔偿后，可以向造成登记错误的人追偿。登记机构对错误登记给不动产权利人或他人造成损失应该承担赔偿责任，是一项行政义务。如果行政机构不同意赔偿，当事人可以通过行政诉讼主张权利。行政机构承担赔偿责任后可以向造成错误登记的当事人追偿，这种追偿可以是与不动产登记有关的当事人和登记机关的工作人员。

四、不动产物权权属证明

1. 不动产登记簿

第十六条规定：不动产登记簿是物权归属和内容的根据。不动产登记簿由登记机构管理。根据这一条规定，不动产物权档案应该属于永久性档案，并由物权登记机构管理。对不动产进行登记管理的通常做法是一产一簿式管理方式。

2. 不动产权属证书

第十七条规定：不动产权属证书是权利人享有该不动产物权的证明。不动产权属证书记载的事项，应当与不动产登记簿一致；记载不一致的，除有证据证明不动产登记簿确有错误外，以不动产登记簿为准。这一条规定非常重要，即不动产登记簿登记事项效力高于不动产权属证书，如果权利人因权属证书记载的事项与登记簿记载不一致而提起行政诉讼，权利人如果没有确凿的证据，其诉讼结果只能以不动产登记簿为准。

五、不动产物权当事人的权利义务

1. 申请登记人

即向登记机构申请登记不动产物权的当事人。第十一条规定：当事人申请登记，应当根据不同登记事项提供权属证明和不动产界址、面积等必要材料。申请登记的不动产权属证书必须是依法领取得，不动产界址四至界限必须清楚，面积必须准确。

根据这一条规定，如果是申请人提供的上述材料记载的数据不准确，一旦发生争议，将由申请人承担责任，行政登记机构不对该登记事项承担责任。

2. 权利人、利害关系人

第十八条规定：权利人、利害关系人可以申请查询、复制登记资料，登记机构应当提供。

权利人是依法享有物权所有权的人；利害关系人是与物权权利具有利害关系的人。权利人、利害关系人可以是物权的实际所有人、名义所有人、共有人、抵押权人、占有人等。

如果行政登记机构没有正当理由拒绝权利人、利害关系人的查询、复制登记资料申请，权利人、利害关系人可以通过行政复议或行政诉讼维护自己的申请查询和申请复制登记资料的权利。

3. 异议权

权利人、利害关系人可以根据第十九条规定，在认为不动产登记簿记载事项错误时，申请更正登记。不动产登记簿记载的权利人书面同意更正或者有证据证明登记确有错误的，登记机构应当予以更正。权利人不同意更正的，利害关系人可以申请异议登记。登记机构予以异议登记的，申请人在异议登记之日起十五日内不起诉，异议登记失效。异议登记不当，造成权利人损害的，权利人可以向申请人请求损害赔偿。

权利人、利害关系人主张异议权时，如果行政登记机构拒绝，可以通过行政复议和行政诉讼维护自己的异议权。

4. 预告登记权

第二十条规定：当事人签订买卖房屋或者其他不动产物权的协议，为保障将来实现物权，按照约定可以向登记机构申请预告登记。

“预告登记后，未经预告登记的权利人同意，处分该不动产的，不发生物权效力。”也就是说，物权经过预告登记后，原权利人不可随意或单方面处置预告登记的物权，只有经过预告登记权利人同意后的处置才可以生效。

经“预告登记后，债权消灭或者自能够进行不动产登记之日起三个月内未申请登记的，预告登记失效。”这个规定对经预告登记后的物权保护期限是三个月。如果预告登记期满，预告登记人没有向登记机关办理登记，预告登记内容则不发生法律效力，如果出现产权变更情况，预告登记权利人则失去对抗权。

预告登记权是行政登记机构必须为申请人提供的一种行政预登记服务，如果行政机构没有正当理由拒绝当事人的申请，当事人可以通过行政复议和行政诉讼维护自己的预告登记权。

5. 请求赔偿权

第二十一条规定：当事人提供虚假材料申请登记，给他人造成损害的，应当承担赔偿责任。权利人的请求赔偿权只能向造成损害的当事人主张，如果是行政机构导致的损害赔偿，也可以向行政机构主张。

第三节 《不动产登记暂行条例》规定

《不动产登记暂行条例》（2014 年 11 月 24 日中华人民共和国国务院令第 656 号公布，自 2015 年 3 月 1 日起施行，根据中华人民共和国国务院令第 710 号修订），《不动产登记暂行条例》规定国家实行不动产统一登记制度，不动产登记遵循严格管理、稳定连续、方便群众的原则；不动产权利人已经依法享有的不动产权利，不因登记机构和登记程序的改变而受到影响。

一、不动产登记机构

国务院国土资源主管部门负责指导、监督全国不动产登记工作。县级以上地方人民政府应当确定一个部门为本行政区域的不动产登记机构，负责不动产登记工作，并接受上级人民政府不动产登记主管部门的指导、监督。不动产登记由不动产所在地的县级人民政府不动产登记机构办理；直辖市、设区的市人民政府可以确定本级不动产登记机构统一办理所属各区的不动产登记。跨县级行政区域的不动产登记，由所跨县级行政区域的不动产登记机构分别办理。不能分别办理的，由所跨县级行政区域的不动产登记机构协商办理；协商不成的，由共同的上一级人民政府不动产登记主管部门指定办理。国务院确定的重点国有林区的森林、林木和林地，国务院批准项目用海、用岛，中央国家机关使用的国有土地等不动产登记，由国务院国土资源主管部门会同有关部门规定。

二、不动产登记簿的要求

不动产登记机构应当按照国务院国土资源主管部门的规定设立统一的不动产登记簿。不动产登记簿应当采用电子介质，暂不具备条件的，可以采用纸质介质。不动产登记机构应当明确不动产登记簿唯一、合法的介质形式。不动产登记簿应当载明不动产自然状况、权属状况等相关事项，依法将各类登记事项准确、完整、清晰地记载于不动产登记簿。任何人不得损毁不动产登记簿，除依法予以更正外不得修改登记事项。

三、登记办理

1. 登记申请

当事人或者其代理人应当向不动产登记机构申请不动产登记。第一，因买卖、设定抵押权等申请不动产登记的，应当由当事人双方共同申请。第二，有下列情形之一的，可以由当事人单方申请：①尚未登记的不动产首次申请登记的；②继承、接受遗赠取得不动产权利的；③人民法院、仲裁委员会生效的法律文书或者人民政府生效的决定等设立、变更、转让、消灭不动产权利的；④权利人姓名、名称或者自然状况发生变化，申请变更登记的；⑤不动产灭失或者权利人放弃不动产权利，申请注销登记的；⑥申请更正登记或者异议登记的；⑦法律、行政法规规定可以由当事人单方申请的其他情形。第三，不动产登记机构将申请登记事项记载于不动产登记簿前，申请人可以撤回登记申请。第四，不动产登记机构应当在办公场所和门户网站公开申请登记所需材料目录和示范文本等信息。第五，不动产登记机构应当自受理登记申请之日起 30 个工作日内办结不动产登记手续，法律另有规定的除外。

2. 办理时间

为深化“放管服”改革，深入推进审批服务便民化，不断增强企业和群众改革获得感，《国务院办公厅关于压缩不动产登记办理时间的通知》（国办发〔2019〕8 号）要求 2019 年底前，流程精简优化到位，不动产登记数据和相关信息质量明显提升，地级及以上城市不动产登记需要使用有关部门信息的通过共享获取，全国所有市县一般登记、抵押登记业务办理时间力争分别压缩至 10 个、5 个工作日以内；2020 年底前，不动产登记数据完善，所有市县不动产登记需要使用有关部门信息的全部共享到位，“互联网＋不动产登记”在地级及以上城市全面实施，全国所有市县一般登记、抵押登记业务办理时间力争全部压缩至 5 个工作日以内。推动信息共享集成。按照“放管服”改革要求，基于数据共享交换平台，建立部门间信息共享集成机制，加强部门协作和信息互联互通，提高信息质量和利用效率，推进“互联网＋不动产登记”。推动流程集成。全力推进不动产登记“一窗受理、并行办理”、优化流程、精简材料，重点解决办理环节多、流程不清晰、群众重复提交材料等问题。推动人员集成。不能马上实现信息共享集成和流程集成的，可通过集中办公实现便民快捷。将涉及不动产登记中各部门交叉办理相关事项的有关人员集中办公，可以在政务服务大厅设立综合受理窗口，统一受理各相关办理事项，一次性收取所需全部材料，人工分发各相关部门分别办理，同一个窗口发放办理结果。

四、登记信息的共享与保护

一是国务院国土资源主管部门应当会同有关部门建立统一的不动产登记信息管理基础平台。各级不动产登记机构登记的信息应当纳入统一的不动产登记信息管理基础平台。二是不动产登记机构能够通过实时互通共享取得的信息，不得要求不动产登记申请人重复提交。三是不动产登记机构、不动产登记信息共享单位及其工作人员应当对不动产登记信息保密；涉及国家秘密的不动产登记信息，应当依法采取必要的安全保密措施。四是权利人、利害关系人可以依法查询、复制不动产登记资料，不动产登记机构应当提供。五是有关国家机关可以依照法律、行政法规的规定查询、复制与调查处理事项有关的不动产登记资料。六是查询不动产登记资料的单位、个人应当向不动产登记机构说明查询目的，不得将查询获得的不动产登记资料用于其他目的；未经权利人同意，不得泄露查询获得的不动产登记资料。

五、法律责任

不动产登记机构登记错误给他人造成损害，或者当事人提供虚假材料申请登记给他人造成损害的，依照《物权法》的规定承担赔偿责任。不动产登记机构工作人员进行虚假登记，损毁、伪造不动产登记簿，擅自修改登记事项，或者有其他滥用职权、玩忽职守行为的，依法给予处分；给他人造成损害的，依法承担赔偿责任；构成犯罪的，依法追究刑事责任。伪造、变造不动产权属证书、不动产登记证明，或者买卖、使用伪造、变造的不动产权属证书、不动产登记证明的，由不动产登记机构或者公安机关依法予以收缴；有违法所得的，没收违法所得；给他人造成损害的，依法承担赔偿责任；构成违反治安管理行为的，依法给予治安管理处罚；构成犯罪的，依法追究刑事责任。不动产登记机构、不动产登记信息共享单位及其工作人员，查询不动产登记资料的单位或者个人违反国家规定，泄露不动产登记资料、登记信息，或者利用不动产登记资料、登记信息进行不正当活动，给他人造成损害的，依法承担赔偿责任；对有关责任人员依法给予处分；有关责任人员构成犯罪的，依法追究刑事责任。

第四节　不动产登记配套政策

一、不动产登记规范

1.《不动产登记暂行条例实施细则》

2016 年 1 月 1 日国土资源部公布《不动产登记暂行条例实施细则》（国土资源部令第 63 号），自公布之日起实施。实施细则是对《不动产登记暂行条例》内容的进一步细化和明确，实施细则实施前依法核发的各类不动产权属证书继续有效。同时，不动产权利未发生变更、转移的，不动产登记机构不得强制要求不动产权利人更换不动产权属证书。

实施细则共 8 章 108 条，包括不动产登记簿，登记程序，不动产权利登记，其他登记，不动产登记资料的查询、保护和利用，法律责任等内容。其中不动产权利登记包括：集体土地所有权登记，国有建设用地使用权及房屋所有权登记，宅基地使用权及房屋所有权登记，集体建设用地使用权及建筑物、构筑物所有权登记，土地承包经营权登记，海域使用权登记，地役权登记，抵押权登记。实施细则规定，不动产登记应当依照当事人的申请进行，但法律、行政法规以及本实施细则另有规定的除外。房屋等建筑物、构筑物和森林、林木等定着物应当与其所依附的土地、海域一并登记，保持权利主体一致。还规定，申请不动产登记的，申请人应当填写登记申请书，并提交身份证明以及相关申请材料。申请材料应当提供原件。因特殊情况不能提供原件的，可以提供复印件，复印件应当与原件保持一致。

实施细则第 16 条规定了三种不动产登记机构要进行实地查看的情况：房屋等建筑物、构筑物所有权首次登记，查看房屋坐落及其建造完成等情况；在建建筑物抵押权登记，查看抵押的在建建筑物坐落及其建造等情况；因不动产灭失导致的注销登记，查看不动产灭失等情况。业主可对小区内道路绿地等进行登记；各级不动产登记机构应当采取各种措施保障不动产登记信息安全，任何单位和个人不得泄露不动产登记信息；加强不动产登记中违规的追责等。在我国现今的城市建设模式下，城市居民自购的住房往往位于小区内，此类小区的道路、绿地、公用设施、物业服务用房及其他公共场所似乎并无登记人信息。而实施细则第 36 条对此给出了明确规定：办理房屋所有权首次登记时，申请人应当将建筑区划内依法属于业主共有的道路、绿地、其他公共场所、公用设施和物业服务用房及其占用范围内的建设用地使用权一并申请登记为业主共有。业主转让房屋所有权的，其对共有部分享有的权利依法一并转让。也就是说，小区内的公共部分为业主共有，这一权属将通过不动产登记来进行法律上的确认，使得业主在对不动产权益进行处分时更加便捷、全面。

实施细则对登记机构工作人员违反规定的追责更加严格，用整整一章的篇幅对违反实施细则的法律责任进行了明确。不动产登记机构工作人员违反规定的情形包括：对符合登记条件的登记申请不予登记，对不符合登记条件的登记申请予以登记；擅自复制、篡改、毁损、伪造不动产登记簿；泄露不动产登记资料、登记信息；无正当理由拒绝申请人查询、复制登记资料；强制要求权利人更换新的权属证书。对于当事人，“采用欺骗手段申请查询、复制登记资料”“违反国家规定，泄露不动产登记资料、登记信息”等5种情形也会被追责。其中，构成违反治安管理行为的，依法给予治安管理处罚；给他人造成损失的，依法承担赔偿责任；构成犯罪的，依法追究刑事责任。

2.《不动产登记操作规范（试行）》

为切实规范不动产登记工作，进一步明确操作依据，国土资源部根据《物权法》《不动产登记暂行条例》（以下简称《条例》）、《不动产登记暂行条例实施细则》（以下简称《实施细则》）等法律法规和规章，在总结地方实践经验的基础上，研究制定了《不动产登记操作规范（试行）》（以下简称《规范》），自2016年5月30日起实施。规范进一步细化明确了不动产登记的基本原则、程序和各类不动产登记的申请主体、提交材料、审查要点等内容，规范了登记资料管理和相关文书格式。这些要求要落实到登记资料移交、业务流程再造、数据整合和系统开发、信息平台建设等技术准备工作中。各地要投入充足的技术人员和经费，做好各项技术准备工作。要按照《条例》《实施细则》的规定，依据《规范》细化的各种登记类型特点，全面梳理，形成一整套规范的登记业务流程。同时，要尽快将不动产登记数据库建设好，建立不动产登记信息系统，满足颁发新证和接入国家级信息平台的需要。《规范》在不动产登记窗口建设、规范不动产登记程序等方面做出了细化要求，这些是便民利民的重要措施。各级不动产登记机构要将《规范》的规定落到实处，加强与有关部门的沟通衔接，科学合理设立不动产登记窗口，做好人员配备、岗位设置等窗口建设工作，保证不动产登记工作高效有序。要按照法律和有关规定，抓紧在不动产登记机构的办公场所和门户网站公开申请登记所需的材料目录、示范文本和办理时限等信息，切实方便企业和群众办理不动产登记。

二、不动产登记收费

财政部、国家发展改革委2016年7月12日发布《关于不动产登记收费有关政策问题的通知》（财税〔2016〕79号）。不动产登记费由不动产登记申请人缴纳。按规定需由当事各方共同申请不动产登记的，不动产登记费由登记为不动产权利人的一方缴纳；不动产抵押权登记，登记费由登记为抵押权人的一方缴纳；不动产为多个权利人共有（用）的，不动产登记费由共有（用）人共同缴纳，具体分摊份额由共有（用）人自行协商。房地产开发企业不得把新建商品房办理首次登记的登记费，以及因提供测绘资料所产生的测绘费等其他费用转嫁给购房人承担；向购房人提供抵押贷款的商业银行，不得把办理抵押权登记的费用转嫁给购房人承担。不动产登记收费包括不动产登记费和证书工本费。不动产登记费按件定额收取，不得按照不动产的面积、体积或者价款的比例收取。不动产登记申请人以一个不动产单元提出一项不动产权利的登记申请，并完成一个登记类型登记的为一件。不动产登记申请人以同一宗土地上多个抵押物办理一笔贷款，申请办理抵押权登记的，按一件收费；非同宗土地上多个抵押物办理一笔贷款，申请办理抵押权登记的，按多件收费。

（一）不动产登记费

1. 住宅类不动产登记费

规划用途为住宅的房屋（以下简称住宅）及其建设用地使用权申请办理下列不动产登记事项，提供具体服务内容，据实收取不动产登记费，收费标准为每件80元。

① 房地产开发企业等法人、其他组织、自然人合法建设的住宅，申请办理房屋所有权及其建设用地使用权首次登记。

② 居民等自然人、法人、其他组织购买住宅，以及互换、赠与、继承、受遗赠等情形，住宅所有权及其建设用地使用权发生转移，申请办理不动产转移登记。

③ 住宅及其建设用地用途、面积、权利期限、来源等状况发生变化，以及共有性质发生变更等，申请办理不动产变更登记。

④ 当事人以住宅及其建设用地设定抵押，办理抵押权登记（包括抵押权首次登记、变更登记、转移登记）。

⑤ 当事人按照约定在住宅及其建设用地上设定地役权，申请办理地役权登记（包括地役权首次登记、变更登记、转移登记）。

⑥ 与房屋配套的车库、车位、储藏室等登记，申请单独发放权属证书的，单独收取登记费。

为推进保障性安居工程建设，减轻不动产登记申请人负担，廉租住房、公共租赁住房、经济适用住房和棚户区改造安置住房所有权及其建设用地使用权办理不动产登记，登记收费标准为零。

2. 非住宅类不动产登记

办理下列非住宅类不动产权利的首次登记、转移登记、变更登记，收取不动产登记费，收费标准为每件550元。

① 住宅以外的房屋等建筑物、构筑物所有权及其建设用地使用权或者海域使用权。

② 无建筑物、构筑物的建设用地使用权。

③ 地役权。

④ 抵押权。

不动产登记机构依法办理不动产查封登记、注销登记、预告登记和因不动产登记机构错误导致的更正登记，不得收取不动产登记费。

（二）证书工本费

不动产登记机构按上述规定收取不动产登记费，核发一本不动产权属证书的不收取证书工本费。向一个以上不动产权利人核发权属证书的，每增加一本证书加收证书工本费10元。

不动产登记机构依法核发不动产登记证明，不得收取登记证明工本费。

（三）不动产登记收费优惠减免

（1）按照上述规定的收费标准减半收取登记费，同时不收取第一本不动产权属证书的工本费的情形包括：

① 申请不动产更正登记、异议登记的。

② 不动产权利人姓名、名称、身份证明类型或者身份证明号码发生变更申请变更登记的。

③ 同一权利人因分割、合并不动产申请变更登记的。

④ 国家法律、法规规定予以减半收取的。

（2）免收不动产登记费，含第一本不动产权属证书的工本费的情形包括：

① 申请与房屋配套的车库、车位、储藏室等登记，不单独核发不动产权属证书或登记证明的。

② 因行政区划调整导致不动产坐落的街道、门牌号或房屋名称变更而申请变更登记的。

③ 小微企业（含个体工商户）申请不动产登记的。

④ 因农村集体产权制度改革导致土地、房屋等确权变更而申请变更登记的。

⑤ 国家法律、法规规定予以免收的。

（3）只收取不动产权属证书每本证书10元工本费的情形包括：

① 单独申请宅基地使用权登记的。

② 申请宅基地使用权及地上房屋所有权登记的。

③ 夫妻间不动产权利人变更，申请登记的。

④ 因不动产权属证书丢失、损坏等原因申请补发、换发证书的。

三、不动产登记资料查询

不动产登记资料，包括不动产登记簿等不动产登记结果。不动产登记原始资料，包括不动产登记申请书、申请人身份材料、不动产权属来源、登记原因、不动产权籍调查成果等材料以及不动产登记机构审核材料。不动产登记资料由不动产登记机构负责保存和管理。为了规范不动产登记资料查询活动，加强不动产登记资料管理、保护和利用，维护不动产交易安全，保护不动产权利人的合法权益，2018年3月20日国土资源部公布《不动产登记资料查询暂行办法》（中华人民共和国国土资源部令第80号），自公布之日起施行。县级以上人民政府不动产登记机构负责不动产登记资料查询管理工作。不动产权利人、利害关系人可以依照本办法的规定，查询、复制不动产登记资料。不动产权利人、利害关系人可以委托律师或者其他代理人查询、复制不动产登记资料。不动产登记资料查询，遵循依法、便民、高效的原则。不动产登记机构应当加强不动产登记信息化建设，以不动产登记信息管理基础平台为基础，通过运用互联网技术、设置自助查询终端、在相关场所设置登记信息查询端口等方式，为查询人提供便利。

1. 一般规定

查询不动产登记资料，应当在不动产所在地的市、县人民政府不动产登记机构进行，但法律法规另有规定的除外。查询人到非不动产所在地的不动产登记机构申请查询的，该机构应当告知其到相应的机构查询。不动产登记机构应当提供必要的查询场地，并安排专门人员负责不动产登记资料的查询、复制和出具查询结果证明等工作。申请查询不动产登记原始资料，应当优先调取数字化成果，确有需求和必要，可以调取纸质不动产登记原始资料。不动产权利人、利害关系人申请查询不动产登记资料，应当提交查询申请书以及不动产权利人、利害关系人的身份证明材料。查询申请书应当包括下列内容：①查询主体；②查询目的；③查询内容；④查询结果要求；⑤提交的申请材料清单。

不动产权利人、利害关系人委托代理人代为申请查询不动产登记资料的，被委托人应当提交双方身份证明原件和授权委托书。授权委托书中应当注明双方姓名或者名称、公民身份证号码或者统一社会信用代码、委托事项、委托时限、法律义务、委托日期等内容，双方签字或者盖章。代理人受委托查询、复制不动产登记资料的，其查询、复制范围由授权委托书确定。符合查询条件，查询人需要出具不动产登记资料查询结果证明或者复制不动产登记资料的，不动产登记机构应当当场提供。因特殊原因不能当场提供的，应当在5个工作日内向查询人提供。查询结果证明应当注明出具的时间，并加盖不动产登记机构查询专用章。有下列情形之一的，不动产登记机构不予查询，并出具不予查询告知书：①查询人提交的申请材料不符合《不动产登记资料查询暂行办法》规定的；②申请查询的主体或者查询事项不符合《不动产登记资料查询暂行办法》规定的；③申请查询的目的不符合法律法规规定的；④法律、行政法规规定的其他情形。

2. 权利人查询

不动产登记簿上记载的权利人可以查询本不动产登记结果和本不动产登记原始资料。

不动产权利人可以申请以下列索引信息查询不动产登记资料，但法律法规另有规定的除外：①权利人的姓名或者名称、公民身份证号码或者统一社会信用代码等特定主体身份信息；②不动产具体坐落位置信息；③不动产权属证书号；④不动产单元号。

不动产登记机构可以设置自助查询终端，为不动产权利人提供不动产登记结果查询服务。自助查询终端应当具备验证相关身份证明以及出具查询结果证明的功能。继承人、受遗赠人因继承和受遗赠取得不动产权利的，适用《不动产登记资料查询暂行办法》第三章关于不动产权利人查询的规定。前款规定的继承人、受遗赠人查询不动产登记资料的，除提交《不动产登记资料查询暂行办法》第八条规定的材料外，还应当提交被继承人或者遗赠人死亡证明、遗嘱或者遗赠抚养协议等可以证明继承或者遗赠行为发生的材料。清算组、破产管理人、财产代管人、监护人等依法有权管理和处分不动产权利的主体，参照《不动产登记资料查询暂行办法》第三章规定查询相关不动产权利人的不动产登记资料。依照《不动产登记资料查询暂行办法》第十八条规定查询不动产登记资料的，除提交本办法第八条规定的材料外，还应当提交依法有权处分该不动产的证明材料。

3. 利害关系人查询

符合下列条件的利害关系人可以申请查询有利害关系的不动产登记结果：①因买卖、互换、赠与、租赁、抵押不动产构成利害关系的；②因不动产存在民事纠纷且已经提起诉讼、仲裁而构成利害关系的；③法律法规规定的其他情形。不动产的利害关系人申请查询不动产登记结果的，除提交《不动产登记资料查询暂行办法》第八条规定的材料外，还应当提交下列利害关系证明材料：①因买卖、互换、赠与、租赁、抵押不动产构成利害关系的，提交买卖合同、互换合同、赠与合同、租赁合同、抵押合同；②因不动产存在相关民事纠纷且已经提起诉讼或者仲裁而构成利害关系的，提交受理案件通知书、仲裁受理通知书。有买卖、租赁、抵押不动产意向，或者拟就不动产提起诉讼或者仲裁等，但不能提供《不动产登记资料查询暂行办法》第二十条规定的利害关系证明材料的，可以提交《不动产登记资料查询暂行办法》第八条规定材料，查询相关不动产登记簿记载的下列信息：①不动产的自然状况；②不动产是否存在共有情形；③不动产是否存在抵押权登记、预告登记或者异议登记情形；④不动产是否存在查封登记或者其他限制处分的情形。

当事人委托的律师，还可以申请查询相关不动产登记簿记载的下列信息：①申请验证所提供的被查询不动产权利主体名称与登记簿的记载是否一致；②不动产的共有形式；③要求办理查封登记或者限制处分机关的名称。律师受当事人委托申请查询不动产登记资料的，除提交《不动产登记资料查询暂行办法》第八条、第九条规定的材料外，还应当提交律师证和律师事务所出具的证明材料。律师持人民法院的调查令申请查询不动产登记资料的，除提交《不动产登记资料查询暂行办法》第八条规定的材料外，还应当提交律师证、律师事务所出具的证明材料以及人民法院的调查令。不动产的利害关系人可以申请以下列索引信息查询不动产登记资料：①不动产具体坐落位置；②不动产权属证书号；③不动产单元号。

每份申请书只能申请查询一个不动产登记单元。不动产利害关系人及其委托代理人，按照本办法申请查询的，应当承诺不将查询获得的不动产登记资料、登记信息用于其他目的，不泄露查询获得的不动产登记资料、登记信息，并承担由此产生的法律后果。

思考题

1. 简述我国房地产权属登记制度的历史变迁。
2. 《物权法》关于不动产登记有何主要规定?
3. 什么是最高额抵押登记?
4. 什么是预告登记?
5. 《不动产登记暂行条例》有哪些主要内容?
6. 不动产登记收费有什么规定?
7. 如何查询不动产登记资料?

第九章　房地产中介服务制度与政策

第一节　房地产中介服务行业管理概述

一、房地产中介服务的概念及特点

（一）房地产中介服务的概念

房地产中介服务是指具有专业执业（职业）资格的人员在房地产投资、开发、销售、交易等各个环节中，为当事人提供专业服务的经营活动，是房地产咨询、房地产价格评估、房地产经纪的总称。

房地产咨询，是指为房地产活动当事人提供法律法规、政策、信息、技术等方面服务的经营活动。

房地产价格评估，是指对房地产进行测算，评定其经济价值和价格的经营活动。

房地产经纪，是指为委托人提供房地产信息和居间代理业务的经营活动。

（二）房地产中介服务的主要特点

1. 人员特定

房地产中介服务需要从业人员具备扎实的房地产专业理论知识和丰富的实战经验，房地产中介服务人员必须经过专业学习和实践锻炼才能具备上岗资格，有一些岗位甚至需要参加全国统一的执业资格考试，领取执业资格证书后，经注册方能执业。例如，从事房地产估价业务的人员就必须取得房地产估价师执业资格并经注册取得《房地产估价师注册证书》，未取得房地产估价师资格的人员不能从事房地产估价活动。

2. 委托服务

房地产中介服务是受当事人委托进行的，并在当事人委托的范围内从事房地产中介服务活动，提供当事人所要求的服务。例如：房地产经纪活动中有买方代理、卖方代理，有居间相互传递信息，还有过户手续代办等服务，关键要看当事人委托的内容是什么，房地产经纪人就会为当事人提供相应的服务。

3. 服务有偿

房地产中介服务是有偿的服务，具体的收费也有相应的标准，房地产中介工作人员可以根据相应的标准获得报酬或佣金。

二、房地产中介服务行业管理的归口部门

国务院住房城乡建设主管部门归口管理全国房地产中介服务工作。

省、自治区、直辖市住房城乡建设主管部门归口管理本行政区域内的房地产中介服务工作。

直辖市、市、县人民政府房地产主管部门管理本行政区域内的房地产中介服务工作。

三、规范房地产经纪中介行为

为加强房地产中介管理，保护群众合法权益，促进行业健康发展，住房和城乡建设部、国家发展改革委、工业和信息化部、人民银行、税务总局、工商总局、银监会七部门于2016年7月29日联合印发了《关于加强房地产中介管理促进行业健康发展的意见》（建房〔2016〕168号），要求建立多部门联动机制，省级房地产、价格、通信、金融、税务、工商行政等主管部门要加强对市、县工作的监督和指导，建立联动监管机制；市、县房地产主管部门负责房地产中介行业管理和组织协调，加强中介机构和从业人员管理。积极推行从业人员实名服务制度。中介机构备案时，要提供本机构所有从事经纪业务的人员信息。市、县房地产主管部门要对中介从业人员实名登记。中介从业人员服务时应当佩戴标明姓名、机构名称、国家职业资格等信息的工作牌。各地房地产主管部门要积极落实房地产经纪专业人员职业资格制度，鼓励中介从业人员参加职业资格考试、接受继续教育和培训，不断提升职业能力和服务水平。

住房和城乡建设部进一步要求规范房地产中介行为，持续整顿市场秩序。各地要将房地产中介机构编造散布谣言、发布虚假信息、赚取房源差价、挪用交易资金、违规开展金融业务、违规代理销售、无照经营等七类违法违规行为作为整治重点，依法从严从重从快进行查处。要视情节轻重，依法给予责令限期整改、暂停网签、处以罚款等行政处罚；对情节严重的，要在整改期内暂停中介机构所有门店的业务办理。在此基础上，还要将违法违规的中介机构公开曝光，列入严重失信企业“黑名单”，性质恶劣的要依法清出市场。构成犯罪的，要移送有关部门依法追究刑事责任。

第二节　房地产估价

房地产估价活动与公共利益、金融活动等社会经济活动密切相关，是为公众提供服务并且直接关系公共利益的行业，需要具备特殊信誉、特殊条件或特殊技能，为加强对房地产估价机构的管理，规范房地产估价行为，依据《城市房地产管理法》和《中华人民共和国资产评估法》（以下简称《资产评估法》）等法律，住房和城乡建设部先后发布了《房地产估价机构管理办法》（建设部令第142号，根据住房和城乡建设部令第14号修正）、《注册房地产估价师管理办法》（建设部令第151号，根据住房和城乡建设部令第32号修正）和一系列规范性文件，加强对房地产估价的管理和监督。依据《资产评估法》，国务院有关评估行政管理部门按照各自职责分工，对评估行业进行监督管理。设区的市级以上地方人民政府有关评估行政管理部门按照各自职责分工，对本行政区域内的评估行业进行监督管理。根据国务院职责分工，住房和城乡建设部负责房地产估价行业管理工作。因此，《资产评估法》发布实施后，住房和城乡建设部将根据《城市房地产管理法》和《资产评估法》制订房地产估价行业监督管理办法，加强对房地产估价行业的监督和管理。

一、房地产估价机构的概念及组织形式

1. 房地产估价机构的概念

房地产估价机构，是指依法设立并取得房地产估价机构资质，从事房地产估价活动的中介服务机构。

2. 房地产估价机构组织形式

依据《资产评估法》，评估机构可以采取合伙制，也可以采取公司制。目前，房地产估价机构组织形式主要是合伙制和公司制中的有限责任制。采取合伙制的，应当遵循合伙企业法的一般性规定，一是有两个以上的合伙人。合伙人为自然人的，自然人应当具有完全民事行为能力。二是有书面合伙协议。三是有合伙人认缴或者实际出资。四是有合伙企业的名称和生产经营场所。五是要符合法律、行政法规规定的其他条件。依据《资产评估法》第十五条第二款规定，合伙形式的评估机构，应当有两名以上评估师；其合伙人三分之二以上应当是具有三年以上从业经历且最近三年内未受停止从业处罚的评估师。采取有限责任公司制的，应当遵循公司法有限责任制公司的一般规定，一是股东符合法定人数，即 50 人以下。二是有符合公司章程规定的全体股东认缴的出资额。三是股东共同制定公司章程。四是有公司名称，建立符合有限责任公司要求的组织机构。五是有公司住所。采取有限责任公司制的，出资人以其出资额为限承担法律责任，房地产估价机构以其全部财产对其债务承担责任。依据《资产评估法》第十五条第三、四款规定，采取公司形式的评估机构，应当有八名以上评估师和两名以上股东，其中三分之二以上股东应当是具有三年以上从业经历且最近三年内未受停止从业处罚的评估师。评估机构的合伙人或者股东为两名的，两名合伙人或者股东都应当是具有三年以上从业经历且最近三年内未受停止从业处罚的评估师。

二、房地产估价机构的设立和备案

《资产评估法》第十六条规定："设立评估机构，应当向工商行政管理部门申请办理登记。评估机构应当自领取营业执照之日起三十日内向有关评估行政管理部门备案。评估行政主管部门应当及时将备案情况向社会公告。"依据上述规定，2016 年 12 月，《住房城乡建设部关于贯彻落实资产评估法规范房地产估价行业管理有关问题的通知》（建房〔2016〕275 号）印发，自 2016 年 12 月 1 日起，对房地产估价机构实行备案管理制度，不再实行资质核准。设立房地产评估机构，应当符合资产评估法第十五条、二十七条、二十八条规定。对符合规定的，省级住房城乡建设（房地产）主管部门应当予以备案，核发统一格式的备案证明；符合《房地产估价机构管理办法》中相应等级标准的，在备案证明中予以标注。

备案是有时间限制的。从事房地产估价的机构应当自领取营业执照后三十日内向所在地省级住房城乡建设（房地产）主管部门备案。如未按照规定备案或设立的评估机构法定条件从事房地产估价的，住房城乡建设（房地产）主管部门将依据《资产评估法》责令其改正；拒不改正的，责令停业，可以并处一万元以上五万元以下罚款。

三、房地产估价机构等级

（一）房地产估价机构分级

房地产估价机构等级分为一、二、三级。新设立房地产估价机构等级核定为三级，设 1 年的暂定期。

（二）房地产估价机构等级标准

1. 一级房地产估价机构标准

① 机构名称有房地产估价或者房地产评估字样。

② 从事房地产估价活动连续 6 年以上，且取得二级房地产估价机构资质 3 年以上。

③ 有 15 名以上专职注册房地产估价师。

④ 在申请核定资质等级之日前 3 年平均每年完成估价标的物建筑面积 50 万平方米以上或者土地面积 25 万平方米以上。

⑤ 法定代表人或者执行合伙人是注册后从事房地产估价工作 3 年以上的专职注册房地产估价师。

⑥ 有限责任公司的股东中有 3 名以上、合伙企业的合伙人中有 2 名以上专职注册房地产估价师，股东或者合伙人中有一半以上是注册后从事房地产估价工作 3 年以上的专职注册房地产估价师。

⑦ 有限责任公司的股份或者合伙企业的出资额中专职注册房地产估价师的股份或者出资额合计不低于 60%。

⑧ 有固定的经营服务场所。

⑨ 估价质量管理、估价档案管理、财务管理等各项企业内部管理制度健全。

⑩ 随机抽查的 1 份房地产估价报告符合《房地产估价规范》的要求。

⑪ 在申请核定资质等级之日前 3 年内无《房地产估价机构管理办法》（2015 年 5 月 4 日修正版）第三十三条禁止的行为。

2. 二级房地产估价机构标准

① 机构名称有房地产估价或者房地产评估字样。

② 取得三级房地产估价机构资质后从事房地产估价活动连续 4 年以上。

③ 有 8 名以上专职注册房地产估价师。

④ 在申请核定等级之日前 3 年平均每年完成估价标的物建筑面积 30 万平方米以上或者土地面积 15 万平方米以上。

⑤ 法定代表人或者执行合伙人是注册后从事房地产估价工作 3 年以上的专职注册房地产估价师。

⑥ 有限责任公司的股东中有 3 名以上、合伙企业的合伙人中有 2 名以上专职注册房地产估价师，股东或者合伙人中有一半以上是注册后从事房地产估价工作 3 年以上的专职注册房地产估价师。

⑦ 有限责任公司的股份或者合伙企业的出资额中专职注册房地产估价师的股份或者出资额合计不低于 60%。

⑧ 有固定的经营服务场所。

⑨ 估价质量管理、估价档案管理、财务管理等各项企业内部管理制度健全。

⑩ 随机抽查的 1 份房地产估价报告符合《房地产估价规范》的要求。

⑪ 在申请核定等级之日前 3 年内无《房地产估价机构管理办法》第三十三条禁止的行为。

3. 三级房地产估价机构标准

① 机构名称有房地产估价或者房地产评估字样。

② 有 3 名以上专职注册房地产估价师。

③ 在暂定期内完成估价标的物建筑面积 8 万平方米以上或者土地面积 3 万平方米以上。

④ 法定代表人或者执行合伙人是注册后从事房地产估价工作 3 年以上的专职注册房地产估价师。

⑤ 有限责任公司的股东中有 2 名以上、合伙企业的合伙人中有 2 名以上专职注册房地产估价师，股东或者合伙人中有一半以上是注册后从事房地产估价工作 3 年以上的专职注册房地产估价师。

⑥ 有限责任公司的股份或者合伙企业的出资额中专职注册房地产估价师的股份或者出资额合计不低于 60%。

⑦ 有固定的经营服务场所。

⑧ 估价质量管理、估价档案管理、财务管理等各项企业内部管理制度健全。

⑨ 随机抽查的 1 份房地产估价报告符合《房地产估价规范》的要求。

⑩ 在申请核定资质等级之日前 3 年内无《房地产估价机构管理办法》(2015 年 5 月 4 日修正版) 第三十三条禁止的行为。

四、房地产估价机构监管

《资产评估法》规定：自然人、法人或者其他组织需要确定评估对象价值的，可以自愿委托评估机构评估。涉及国有资产或者公共利益等事项，法律、行政法规规定需要评估的(即法定评估)，应当依法委托评估机构评估。

(一) 房地产估价机构业务范围

房地产估价机构依法在其等级许可范围内从事房地产估价活动，不受行政区域、行业限制。房地产估价活动，包括土地、建筑物、构筑物、在建工程、以房地产为主的企业整体资产、企业整体资产中的房地产等各类房地产评估，以及因转让、抵押、房屋征收、司法鉴定、课税、公司上市、企业改制、企业清算、资产重组、资产处置等需要进行的房地产评估。一级资质房地产估价机构可以从事各类房地产估价业务。二级资质房地产估价机构可以从事除公司上市、企业清算以外的房地产估价业务。三级资质房地产估价机构可以从事除公司上市、企业清算、司法鉴定以外的房地产估价业务。暂定期内的三级资质房地产估价机构可以从事除公司上市、企业清算、司法鉴定、房屋征收、在建工程抵押以外的房地产估价业务。

(二) 房地产估价机构分支机构监管

一级资质房地产估价机构可以设立分支机构。二、三级资质房地产估价机构不得设立分支机构。各等级的房地产估价机构不得设立类似分支机构性质的“办事处”“联络点 (站)”等机构。一级资质房地产估价机构设立分支机构应当符合下列条件：

① 名称采用“房地产估价机构名称＋分支机构所在地行政区划名＋分公司 (分所)”的形式。

② 分支机构负责人应当是注册后从事房地产估价工作 3 年以上并无不良执业记录的专职注册房地产估价师。

③ 在分支机构所在地有 3 名以上专职注册房地产估价师。

④ 有固定的经营服务场所。

⑤ 估价质量管理、估价档案管理、财务管理等各项内部管理制度健全。

注册于分支机构的专职注册房地产估价师，不计入设立分支机构的房地产估价机构的专职注册房地产估价师人数。设立分支机构，应当自领取分支机构营业执照之日起 30 日内，提交分支机构的营业执照复印件、房地产估价机构资质证书正本复印件、分支机构及设立该分支机构的房地产估价机构负责人的身份证明、拟在分支机构执业的专职注册房地产估价师注册证书复印件，到分支机构工商注册所在地的省、自治区人民政府住房城乡建设主管部门、直辖市人民政府房地产主管部门备案。省、自治区人民政府住房城乡建设主管部门、直辖市人民政府房地产主管部门在接受备案后 10 日内，告知分支机构工商注册所在地的市、县人民政府房地产主管部门，并报国务院住房城乡建设主管部门备案。分支机构变更名称、负责人、住所等事项或房地产估价机构撤销分支机构，应当在工商行政管理部门办理变更或者注销登记手续后 30 日内，报原备案机关备案。

（三）房地产估价机构合并、分设

房地产估价机构合并的，合并后存续或者新设立的房地产估价机构可以承继合并前各方中较高的资质等级，但应当符合相应的资质等级条件。房地产估价机构分立的，只能由分立后的一方房地产估价机构承继原房地产估价机构资质，但应当符合原房地产估价机构资质等级条件。承继原房地产估价机构的一方由各方协商确定，其他各方按照新设立的中介服务机构申请房地产估价机构资质。

（四）房地产估价机构业务监管

房地产估价机构应当依法独立、客观、公正开展业务，建立健全质量控制制度，保证估价报告的客观、真实、合理。房地产估价机构应当建立健全内部管理制度，对本机构的估价专业人员遵守法律、行政法规和估价准则的情况进行监督，并对其从业行为负责。房地产估价机构应当依法接受监督检查，如实提供估价档案以及相关情况。违反《资产评估法》规定，应当委托房地产估价机构进行法定评估而未委托的，由有关部门责令改正；拒不改正的，处十万元以上五十万元以下罚款；情节严重的，对直接负责的主管人员和其他直接责任人员依法给予处分；造成损失的，依法承担赔偿责任；构成犯罪的，依法追究刑事责任。

1. 业务承揽

房地产估价机构及执行房地产估价业务的估价人员与委托人或者估价业务相对人有利害关系的，应当回避。房地产估价业务由房地产估价机构统一接受委托，统一收取费用。分支机构应当以设立该分支机构的房地产估价机构名义承揽估价业务。承揽房地产估价业务时，房地产估价机构应当与委托人签订书面估价委托合同，内容包括：委托人的名称或者姓名和住所、估价机构的名称和住所、估价对象、估价目的、估价时点、委托人的协助义务、估价服务费及其支付方式、估价报告交付的日期和方式、违约责任、解决争议的方法。房地产估价师不得以个人名义承揽估价业务。委托人拒绝提供或者不如实提供执行估价业务所需的权属证明、财务会计信息和其他资料的，房地产估价机构有权依法拒绝其履行合同的要求。委托人要求出具虚假估价报告或者有其他非法干预估价结果情形的，房地产估价机构有权解除合同。房地产估价机构根据业务需要建立职业风险基金，或者自愿办理职业责任保险，完善风险防范机制。

2. 异地执业

房地产估价机构在其工商注册所在地行政区域外从事房地产估价业务的，完成估价业务后，房地产估价机构应向业务发生地县级以上地方人民政府住房城乡建设主管部门留存房地产估价报告备查。

3. 业务转让

经委托人书面同意，房地产估价机构可以与其他房地产估价机构合作完成估价业务，以合作双方的名义共同出具估价报告。

4. 估价所需资料获取

委托人及相关当事人应当协助房地产估价机构进行实地查勘，如实向房地产估价机构提供估价所必需的资料，并对其所提供资料的真实性负责。除法律、法规另有规定外，未经委托人书面同意，房地产估价机构不得对外提供估价过程中获知的当事人的商业秘密和业务资料。因估价需要，房地产估价机构和注册房地产估价师可以向房地产主管部门查询房地产交易、登记信息。除涉及国家秘密、商业秘密和个人隐私的内容外，房地产主管部门应当提供查询服务。

5. 报告出具

房地产估价报告应当由房地产估价机构出具，加盖房地产估价机构公章，并有至少 2 名专职注册房地产估价师签字。分支机构以设立该分支机构的房地产估价机构的名义出具估价报告，有至少 2 名专职注册房地产估价师签字并加盖该房地产估价机构公章。

6. 估价档案保管

房地产估价报告及相关资料的保管期限自估价报告出具之日起不得少于 10 年。保管期限届满而估价服务的行为尚未结束的，应当保管到估价服务的行为结束为止。房地产估价机构破产、解散时，其房地产估价报告及相关资料应当移交当地建设（房地产）行政主管部门或其指定的机构。

五、房地产估价机构的禁止行为和法律责任

（一）房地产估价机构的禁止行为

房地产估价机构不得有下列行为：

① 利用开展业务之便，谋取不正当利益。

② 允许其他机构以本机构名义开展业务，或者冒用其他机构名义开展业务。

③ 以恶性压价、支付回扣、虚假宣传，或者贬损、诋毁其他评估机构等不正当手段招揽业务。

④ 受理与自身有利害关系的业务。

⑤ 分别接受利益冲突双方的委托，对同一评估对象进行评估。

⑥ 出具虚假评估报告或者有重大遗漏的评估报告。

⑦ 聘用或者指定不符合《资产评估法》规定的人员从事评估业务。

⑧ 违反法律、行政法规的其他行为。

（二）房地产估价机构的法律责任

房地产估价机构违反《资产评估法》规定，有下列情形之一的，由住房城乡建设主管部门予以警告，可以责令停业一个月以上六个月以下；有违法所得的，没收违法所得，并处违法所得一倍以上五倍以下罚款；情节严重的，由工商行政管理部门吊销营业执照；构成犯罪的，依法追究刑事责任：

① 利用开展业务之便，谋取不正当利益的。

② 允许其他机构以本机构名义开展业务，或者冒用其他机构名义开展业务的。

③ 以恶性压价、支付回扣、虚假宣传，或者贬损、诋毁其他评估机构等不正当手段招揽业务的。

④ 受理与自身有利害关系的业务的。

⑤ 分别接受利益冲突双方的委托，对同一评估对象进行评估的。

⑥ 出具有重大遗漏的评估报告的。

⑦ 未按《资产评估法》规定的期限保存评估档案的。

⑧ 聘用或者指定不符合《资产评估法》规定的人员从事评估业务的。

⑨ 对本机构的评估专业人员疏于管理，造成不良后果的。

房地产估价机构未按《资产评估法》规定备案或者不符合《资产评估法》第十五条规定的条件的，由住房城乡建设主管部门责令改正；拒不改正的，责令停业，可以并处一万元以上五万元以下罚款。房地产估价机构违反《资产评估法》规定，出具虚假评估报告的，由住房城乡建设主管部门责令停业六个月以上一年以下；有违法所得的，没收违法所得，并处违法所得一倍以上五倍以下罚款；情节严重的，由工商行政管理部门吊销营业执照；构成犯罪的，依法追究刑事责任。房地产估价机构、房地产估价师在一年内累计三次因违反《资产评估法》规定受到责令停业、责令停止从业以外处罚的，住房城乡建设主管部门可以责令其停业或者停止从业一年以上五年以下。房地产估价师违反《资产评估法》规定，给委托人或者其他相关当事人造成损失的，由其所在的房地产估价机构依法承担赔偿责任。房地产估价机构履行赔偿责任后，可以向有故意或者重大过失行为的房地产估价师追偿。

六、房地产估价师执业资格制度

执业资格制度是对关系公共利益和人民生命财产安全的关键领域和岗位，实行人员准入控制的一项制度。1993 年，借鉴美国等市场经济发达国家和地区的经验，建设部、人事部共同建立了房地产估价师执业资格制度，经严格考核，认定了首批 140 名房地产估价师。这是中国最早建立的执业资格制度之一。1994 年，认定了第二批 206 名房地产估价师。1995 年 3 月 22 日，建设部、人事部联合发出了《关于印发〈房地产估价师执业资格制度暂行规定〉和〈房地产估价师执业资格考试实施办法〉的通知》（建房〔1995〕147 号）。从 1995 年开始，房地产估价师执业资格实行全国统一考试制度。房地产估价师执业资格考试为职业准入资格考试，2002 年之前原则上每两年举行一次，2002 年之后每年举行一次。从 2001 年起，获准在中华人民共和国境内就业的外籍和港澳台专业人员，可以按照建房〔1995〕147 号文件规定，报名参加全国房地产估价师执业资格考试。2003 年 8 月 12 日，国务院发布《国务院关于促进房地产市场持续健康发展的通知》（国发〔2003〕18 号），要求严格执行房地产估价师执（职）业资格制度。2004 年 8 月，根据中央政府与香港特别行政区政府签署的《内地与香港关于建立更紧密经贸关系的安排》（通常称 CEPA），内地与香港完成了房地产估价师与产业测量师首批资格互认，香港 97 名产业测量师取得了内地的房地产估价师资格，内地 111 名房地产估价师取得了香港的产业测量师资格。这是内地与香港最早实现资格互认的执业资格，进一步加强和推进了内地与香港在房地产估价领域的交流合作，促进了内地与香港房地产估价行业共同发展。

《资产评估法》实施后，放开了评估从业人员的准入门槛，但是根据《城市房地产管理法》第五十九条规定，国家实行房地产价格评估人员资格认证制度。这属于特别法对房地产估价人员的特殊规定，按照特别法优于一般法适用的原则，房地产估价师目前仍实行资格认证制度。因此，房地产估价师继续依照《城市房地产管理法》的规定，实行准入类职业资格管理，管理机构、管理办法保持不变，取得房地产估价师职业资格并经注册后方可从事房地产估价活动。各类房地产估价业务都应由2名以上注册房地产估价师承办和签署房地产估价报告。对于违反上述规定的，有关住房城乡建设（房地产）主管部门依据《城市房地产管理法》《资产评估法》和《注册房地产估价师管理办法》进行处罚。

《资产评估法》规定，评估专业人员从事评估业务，应当加入评估机构，并且只能在一个评估机构从事业务。就房地产估价师而言，从事房地产估价，应当加入房地产估价机构并经注册后，方可执业。房地产估价师注册属国家法定行政许可事项，注册管理部门为住房城乡建设主管部门。

1. 房地产估价师执业资格考试

考试科目：《房地产基本制度与政策》及《房地产估价相关知识》《房地产开发经营与管理》《房地产估价理论与方法》《房地产估价案例与分析》。

报名条件：根据《房地产估价师执业资格制度暂行规定》（建房〔1995〕147号）的规定，凡中华人民共和国公民，遵纪守法并具备下列条件之一的，可申请参加房地产估价师执业资格考试：

① 取得房地产估价相关学科（包括房地产经营、房地产经济、土地管理、城市规划等，下同）中等专业学历，具有八年以上相关专业工作经历，其中从事房地产估价实务满五年。

② 取得房地产估价相关学科大专学历，具有六年以上相关专业工作经历，其中从事房地产估价实务满四年。

③ 取得房地产估价相关学科学士学位，具有四年以上相关专业工作经历，其中从事房地产估价实务满三年。

④ 取得房地产估价相关学科硕士学位或第二学位、研究生班毕业，从事房地产估价实务满二年。

⑤ 取得房地产估价相关学科博士学位的。

⑥ 不具备上述规定学历，但通过国家统一组织的经济专业初级资格或审计、会计、统计专业助理级资格考试并取得相应资格，具有十年以上相关专业工作经历，其中从事房地产估价实务满六年，成绩特别突出的。

2. 房地产估价师注册条件

注册房地产估价师是指通过全国房地产估价师执业资格考试或者资格认定、资格互认，取得中华人民共和国房地产估价师执业资格（以下简称执业资格），并按照《注册房地产估价师管理办法》注册，取得中华人民共和国房地产估价师注册证书（以下简称注册证书），从事房地产估价活动的人员。注册证书是注册房地产估价师的执业凭证。注册有效期为3年。国务院建设主管部门为房地产估价师注册管理部门。省、自治区、直辖市人民政府房地产主管部门为房地产估价师注册初审部门。

房地产估价师注册种类包括初始注册、变更注册、延续注册、注销注册和撤销注册。

房地产估价师的初始注册是指通过房地产估价师执业资格考试，并取得房地产估价师执业资格后的第一次注册。房地产估价师的变更注册是指房地产估价师初始注册后，经过一段时间的执业后，需要变更所注册的房地产估价机构的注册。房地产估价师的延续注册是房地产估价师3年注册有效期期满，且达到继续教育合格标准后进行的续期注册。每次延续注册又可以获得3年的注册有效期。房地产估价师的注销注册是指由于房地产估价机构的原因或房地产估价师个人的原因，不具备或丧失注册条件时，而注销原注册执业资格的行为。房地产估价师的撤销注册是指由于负责注册工作的政府职能部门人员的工作失误或错误，而撤销原先已经做出的注册决定。

房地产估价师注册条件是：①取得执业资格；②达到继续教育合格标准；③受聘于具有资质的房地产估价机构；④无《注册房地产估价师管理办法》第十四条规定不予注册的情形。

《注册房地产估价师管理办法》规定不予注册的情形有：①不具有完全民事行为能力的；②刑事处罚尚未执行完毕的；③因房地产估价及相关业务活动受刑事处罚，自刑事处罚执行完毕之日起至申请注册之日止不满5年的；④因前项规定以外原因受刑事处罚，自刑事处罚执行完毕之日起至申请注册之日止不满3年的；⑤被吊销注册证书，自被处罚之日起至申请注册之日止不满3年的；⑥以欺骗、贿赂等不正当手段获准的房地产估价师注册被撤销，自被撤销注册之日起至申请注册之日止不满3年的；⑦申请在2个或者2个以上房地产估价机构执业的；⑧为现职公务员的；⑨年龄超过65周岁的；⑩法律、行政法规规定不予注册的其他情形。

3. 房地产估价师注册申请

根据《注册房地产估价师管理办法》和《住房城乡建设部办公厅关于试行网上办理房地产估价师执业资格注册的通知》（建办房〔2016〕50号），自2016年10月20日起，房地产估价师执业资格注册试行网上申报、受理和审批。房地产估价师申请初始注册、变更注册、延续注册、注销注册的，应通过“房地产估价师注册系统”（网址：gjszcxt. cirea. org. cn，以下简称系统）向住房和城乡建设部提出注册申请。申请人使用姓名、身份证件号码登录系统，填写申请信息，并按系统提示要求上传申请材料电子影印件，住房和城乡建设部将根据申请人提交的申请材料进行审批。注册完成后，住房和城乡建设部向申请人邮寄注册证书。在此期间，申请人可通过系统查询本人的注册申请受理状态、办理进度和审批结果。

申请人应对提交的申请材料真实性负责，上传的申请材料电子影印件应当与原件一致，采用jpg格式，并确保图像清晰完整。申请人不得通过伪造、更改等手段提供虚假申请材料。申请人应当妥善保管申请材料原件，以备检查。

省级住房城乡建设（房地产）主管部门要按照《住房城乡建设部办公厅关于试行网上办理房地产估价师执业资格注册的通知》要求，通过房地产估价师注册系统查看、申请材料电子影印件与原件比对等方式，加强对房地产估价师注册申请行为的指导、监督和检查。对提供或者出具虚假申请材料的房地产估价师和房地产估价机构，依法予以处罚，记入信用档案并向社会公示；构成犯罪的，依法追究刑事责任。

4. 注册房地产估价师的权利和义务

注册房地产估价师享有的权利有：①使用注册房地产估价师名称；②在规定范围内执行房地产估价及相关业务；③签署房地产估价报告；④发起设立房地产估价机构；⑤保管和使用本人的注册证书；⑥对本人执业活动进行解释和辩护；⑦参加继续教育；⑧获得相应的劳动报酬；⑨对侵犯本人权利的行为进行申诉。

注册房地产估价师应当履行的义务有：①遵守法律、法规、行业管理规定和职业道德规范；②执行房地产估价技术规范和标准；③保证估价结果的客观公正，并承担相应责任；④保守在执业中知悉的国家秘密和他人的商业、技术秘密；⑤与当事人有利害关系的，应当主动回避；⑥接受继续教育，努力提高执业水准；⑦协助注册管理机构完成相关工作。

5. 注册房地产估价师继续教育

注册房地产估价师在每一注册有效期内应当达到国务院建设主管部门规定的继续教育要求。注册房地产估价师继续教育分为必修课和选修课，每一注册有效期各为 60 学时。经继续教育达到合格标准的，颁发继续教育合格证书。注册房地产估价师继续教育，由中国房地产估价师与房地产经纪人学会负责组织。

6. 房地产估价师执业监管

注册房地产估价师违法从事房地产估价活动的，违法行为发生地直辖市、市、县、市辖区人民政府建设（房地产）主管部门应当依法查处，并将违法事实、处理结果告知注册房地产估价师注册所在地的省、自治区、直辖市建设（房地产）主管部门；依法需撤销注册的，应当将违法事实、处理建议及有关材料报国务院建设主管部门。

申请人以欺骗、贿赂等不正当手段获准房地产估价师注册许可的，应当予以撤销。注册房地产估价师及其聘用单位应当按照要求，向注册机关提供真实、准确、完整的注册房地产估价师信用档案信息。注册房地产估价师信用档案信息按照有关规定向社会公示。

注册房地产估价师不得有下列行为：①不履行注册房地产估价师义务；②在执业过程中，索贿、受贿或者谋取合同约定费用外的其他利益；③在执业过程中实施商业贿赂；④签署有虚假记载、误导性陈述或者重大遗漏的估价报告；⑤在估价报告中隐瞒或者歪曲事实；⑥允许他人以自己的名义从事房地产估价业务；⑦同时在 2 个或者 2 个以上房地产估价机构执业；⑧以个人名义承揽房地产估价业务；⑨涂改、出租、出借或者以其他形式非法转让注册证书；⑩超出聘用单位业务范围从事房地产估价活动；⑪严重损害他人利益、名誉的行为；⑫法律、法规禁止的其他行为。注册房地产估价师有以上行为之一的，由县级以上地方人民政府建设（房地产）主管部门给予警告，责令其改正，没有违法所得的，处以 1 万元以下罚款，有违法所得的，处以违法所得 3 倍以下且不超过 3 万元的罚款；造成损失的，依法承担赔偿责任；构成犯罪的，依法追究刑事责任。

有下列情形之一的，国务院建设主管部门依据职权或者根据利害关系人的请求，可以撤销房地产估价师注册：①注册机关工作人员滥用职权、玩忽职守作出准予房地产估价师注册行政许可的；②超越法定职权作出准予房地产估价师注册许可的；③违反法定程序作出准予房地产估价师注册许可的；④对不符合法定条件的申请人作出准予房地产估价师注册许可的；⑤依法可以撤销房地产估价师注册的其他情形。

隐瞒有关情况或者提供虚假材料申请房地产估价师注册的，建设（房地产）主管部门不予受理或者不予行政许可，并给予警告，在 1 年内不得再次申请房地产估价师注册。聘用单位为申请人提供虚假注册材料的，由省、自治区、直辖市人民政府建设（房地产）主管部门给予警告，并可处以 1 万元以上 3 万元以下的罚款。以欺骗、贿赂等不正当手段取得注册证书的，由国务院建设主管部门撤销其注册，3 年内不得再次申请注册，并由县级以上地方人民政府建设（房地产）主管部门处以罚款，其中没有违法所得的，处以 1 万元以下罚款，有违法所得的，处以违法所得 3 倍以下且不超过 3 万元的罚款；构成犯罪的，依法追究刑事责任。违反《注册房地产估价师管理办法》规定，未经注册，擅自以注册房地产估价师名义从事房地产估价活动的，所签署的估价报告无效，由县级以上地方人民政府建设（房地产）主管部门给予警告，责令停止违法活动，并可处以 1 万元以上 3 万元以下的罚款；造成损失的，依法承担赔偿责任。违反《注册房地产估价师管理办法》规定，未办理变更注册仍执业的，由县级以上地方人民政府建设（房地产）主管部门责令限期改正；逾期不改正的，可处以5000元以下的罚款。违反《注册房地产估价师管理办法》规定，注册房地产估价师或者其聘用单位未按照要求提供房地产估价师信用档案信息的，由县级以上地方人民政府建设（房地产）主管部门责令限期改正；逾期未改正的，可处以1000元以上1万元以下的罚款。

第三节　房地产经纪

一、房地产经纪概述

房地产经纪是指以收取佣金为目的，为促成他人房地产交易而从事居间、代理等经纪业务的经济活动。目前主要业务是接受房地产开发商的委托，销售其开发的新商品房。房地产经纪业务，不仅是代理新房的买卖，还包括代理旧房的买卖，不仅代理房地产的买卖，还代理房地产的租赁业务。从事房地产经纪活动应当遵循自愿、平等、公平和诚实信用的原则，遵守职业规范，恪守职业道德。《房地产经纪管理办法》（2010年10月27日住房和城乡建设部　国家发展改革委　人力资源社会保障部令第8号发布，2016年4月1日根据住房和城乡建设部　国家发展改革委　人力资源社会保障部令第29号修改）。

二、房地产经纪机构的管理

（一）房地产经纪机构的概念

按照《房地产经纪管理办法》，房地产经纪机构是指依法设立，从事房地产经纪活动的中介服务机构。房地产经纪机构可以设立分支机构。

房地产经纪机构和房地产经纪人员不得有下列行为：

① 捏造散布涨价信息，或者与房地产开发经营单位串通捂盘惜售、炒卖房号，操纵市场价格。

② 对交易当事人隐瞒真实的房屋交易信息，低价收进高价卖（租）出房屋赚取差价。

③ 以隐瞒、欺诈、胁迫、贿赂等不正当手段招揽业务，诱骗消费者交易或者强制交易。

④ 泄露或者不当使用委托人的个人信息或者商业秘密，谋取不正当利益。

⑤ 为交易当事人规避房屋交易税费等非法目的，就同一房屋签订不同交易价款的合同提供便利。

⑥ 改变房屋内部结构分割出租。

⑦ 侵占、挪用房地产交易资金。

⑧ 承购、承租自己提供经纪服务的房屋。

⑨ 为不符合交易条件的保障性住房和禁止交易的房屋提供经纪服务。

⑩ 法律、法规禁止的其他行为。

（二）房地产经纪机构备案

房地产经纪机构及其分支机构应当自领取营业执照之日起30日内，到所在直辖市、市、县人民政府建设（房地产）主管部门备案。

直辖市、市、县人民政府建设（房地产）主管部门应当将房地产经纪机构及其分支机构的名称、住所、法定代表人（执行合伙人）或者负责人、注册资本、房地产经纪人员等备案信息向社会公示。

房地产经纪机构及其分支机构变更或者终止的，应当自变更或者终止之日起 30 日内，办理备案变更或者注销手续。

（三）房地产经纪活动管理

1. 业务承揽

① 房地产经纪业务应当由房地产经纪机构统一承接，服务报酬由房地产经纪机构统一收取。分支机构应当以设立该分支机构的房地产经纪机构名义承揽业务。房地产经纪人员不得以个人名义承接房地产经纪业务和收取费用。

② 房地产经纪机构签订房地产经纪服务合同前，应当向委托人说明房地产经纪服务合同和房屋买卖合同或者房屋租赁合同的相关内容，并书面告知下列事项：

是否与委托房屋有利害关系；应当由委托人协助的事宜、提供的资料；委托房屋的市场参考价格；房屋交易的一般程序及可能存在的风险；房屋交易涉及的税费；经纪服务的内容及完成标准；经纪服务收费标准和支付时间；其他需要告知的事项。

③ 房地产经纪机构根据交易当事人需要提供房地产经纪服务以外的其他服务的，应当事先经当事人书面同意并告知服务内容及收费标准。书面告知材料应当经委托人签名（盖章）确认。

④ 房地产经纪机构与委托人签订房屋出售、出租经纪服务合同，应当查看委托出售、出租的房屋及房屋权属证书，委托人的身份证明等有关资料，并应当编制房屋状况说明书。经委托人书面同意后，方可对外发布相应的房源信息。房地产经纪机构与委托人签订房屋承购、承租经纪服务合同，应当查看委托人身份证明等有关资料。

⑤ 委托人与房地产经纪机构签订房地产经纪服务合同，应当向房地产经纪机构提供真实有效的身份证明。委托出售、出租房屋的，还应当向房地产经纪机构提供真实有效的房屋权属证书。委托人未提供规定资料或者提供资料与实际不符的，房地产经纪机构应当拒绝接受委托。

⑥ 房地产经纪机构及其经纪人员不得提供公共租赁住房出租、转租、出售等经纪业务。（《公共租赁住房管理办法》第三十二条）

2. 房地产经纪机构在经营场所应当公示的内容

房地产经纪机构及其分支机构应当在其经营场所醒目位置公示下列内容：

① 营业执照和备案证明文件；②服务项目、内容、标准；③业务流程；④收费项目、依据、标准；⑤交易资金监管方式；⑥信用档案查询方式、投诉电话及 12358 价格举报电话；⑦政府主管部门或者行业组织制定的房地产经纪服务合同、房屋买卖合同、房屋租赁合同示范文本；⑧法律、法规、规章规定的其他事项。

分支机构还应当公示设立该分支机构的房地产经纪机构的经营地址及联系方式。

房地产经纪机构代理销售商品房项目的，还应当在销售现场明显位置明示商品房销售委托书和批准销售商品房的有关证明文件。

3. 房地产经纪服务合同

房地产经纪服务合同应当包含房地产经纪服务双方当事人的姓名（名称）、住所等情况和从事业务的房地产经纪人员情况；房地产经纪服务的项目、内容、要求以及完成的标准；服务费用及其支付方式；合同当事人的权利和义务；违约责任和纠纷解决方式。

房地产经纪机构签订的房地产经纪服务合同，应当加盖房地产经纪机构印章，并由从事该业务的一名房地产经纪人或者两名房地产经纪人协理签名。

4. 收费管理

① 房地产经纪服务实行明码标价制度。房地产经纪机构应当遵守价格法律、法规和规章规定，在经营场所醒目位置标明房地产经纪服务项目、服务内容、收费标准以及相关房地产价格和信息。

② 房地产经纪机构不得收取任何未予标明的费用；不得利用虚假或者使人误解的标价内容和标价方式进行价格欺诈；一项服务可以分解为多个项目和标准的，应当明确标示每一个项目和标准，不得混合标价、捆绑标价。

③ 房地产经纪机构未完成房地产经纪服务合同约定事项，或者服务未达到房地产经纪服务合同约定标准的，不得收取佣金。

④ 两家或者两家以上房地产经纪机构合作开展同一宗房地产经纪业务的，只能按照一宗业务收取佣金，不得向委托人增加收费。

（四）房地产销售代理

房地产销售代理是指房地产开发企业或其他房地产拥有者将物业销售业务委托专门的房地产中介服务机构代为销售的一种经营方式。

在《商品房销售管理办法》中，对房地产销售代理有如下规定：①房地产开发企业委托中介服务机构销售商品房的，受托机构应当是依法设立并取得工商营业执照的房地产中介服务机构。②房地产开发企业应当与受托房地产中介服务机构订立书面委托合同，委托合同应当载明委托期限、委托权限以及委托人和被委托人的权利、义务。③受托房地产中介服务机构销售商品房时，应当向买受人出示商品房的有关证明文件和商品房销售委托书。④受托房地产中介服务机构销售商品房时，应当如实向买受人介绍所代理销售商品房的有关情况。⑤受托房地产中介服务机构不得代理销售不符合销售条件的商品房。⑥受托房地产中介服务机构在代理销售商品房时不得收取佣金以外的其他费用。⑦商品房销售人员应当经过专业培训，方可从事商品房销售业务。

在《关于进一步加强房地产市场监管完善商品住房预售制度有关问题的通知》中，对于房地产销售代理和房地产经纪监管也有规定：实行代理销售商品住房的，应当委托在房地产主管部门备案的房地产经纪机构代理。房地产经纪机构应当将经纪服务项目、服务内容和收费标准在显著位置公示；额外提供的延伸服务项目，需事先向当事人说明，并在委托合同中明确约定，不得分解收费项目和强制收取代书费、银行按揭服务费等费用。房地产经纪机构和执业人员不得炒卖房号，不得在代理过程中赚取差价，不得通过签订“阴阳合同”违规交易，不得发布虚假信息和未经核实的信息，不得采取内部认购、雇人排队等手段制造销售旺盛的虚假氛围。

三、房地产经纪人员的管理

自20世纪80年代后期以来，随着房地产交易量日益扩大，房地产经纪人从业人员队伍迅速发展成为一支数以十万计的职业大军，在房地产开发、销售、租赁、购买、投资、转让、抵押、置换等各类经济活动过程中，以第三者的独立身份，从事顾问代理、信息处理、售后服务、前期准备和咨询策划等工作，而且其从事的职业活动也随社会经济发展而进一步拓展，从规划设计、建造运筹、经营促销到物业管理的咨询策划，全方位地融入房地产经营开发的全过程，对促进房地产业的正常发展，日益发挥着不可替代的巨大作用。

设立房地产经纪机构和分支机构，应当具有足够数量的房地产经纪人员。房地产经纪人员，是指从事房地产经纪活动的房地产经纪人和房地产经纪人协理。房地产经纪机构和分支机构与其招用的房地产经纪人员，应当按照《中华人民共和国劳动合同法》的规定签订劳动合同。

房地产经纪人应当具备的职业技术能力：①具有一定的房地产经济理论和相关经济理论水平，并具有丰富的房地产专业知识。②能够熟练掌握和运用与房地产经纪业务相关的法律、法规和行业管理的各项规定。③熟悉房地产市场的流通环节，具有熟练的实务操作的技术和技能。④具有丰富的房地产经纪实践经验和一定资历，熟悉市场行情变化，有较强的创新和开拓能力，能创立和提高企业的品牌。⑤有一定的外语水平。

房地产经纪人协理应当具备的职业技术能力：①了解房地产的法律、法规及有关行业管理的规定。②具有一定的房地产专业知识。③掌握一定的房地产流通的程序和实务操作技术及技能。

四、房地产经纪人员职业资格考试

2014 年 7 月 22 日，国务院印发《国务院关于取消和调整一批行政审批项目等事项的决定》(国发〔2014〕27 号)，取消包括“房地产经纪人员职业资格许可和认证”在内的 11 项职业资格许可和认定事项。8 月 13 日，人力资源和社会保障部发布《人力资源和社会保障部关于减少职业资格许可和认定有关问题的通知》(人社部发〔2014〕53 号)、《关于做好国务院取消部分准入类职业资格相关后续工作的通知》(人社部函〔2014〕144 号)，取消房地产经纪人准入类职业资格，调整为水平评价类职业资格。通知要求，调整为水平评价类的职业资格不再实行执业准入控制，不得将取得职业资格证书与从事相关职业强制挂钩；对取得职业资格证书的人员不再实行注册管理；取得资格人员按照专业技术人员管理规定参加继续教育，不再将职业资格管理与特定继续教育和培训硬性挂钩。请各相关行业主管部门按照建立水平评价类职业资格的规定，抓紧修订各项职业资格制度文件。

为适应房地产经纪行业发展的需要，加强房地产经纪专业人员队伍建设，提高房地产经纪专业人员素质，规范房地产经纪活动秩序，在总结原房地产经纪人员职业资格制度实施情况的基础上，人力资源社会保障部、住房城乡建设部于 2015 年 6 月 25 日发布了《房地产经纪专业人员职业资格制度暂行规定》和《房地产经纪专业人员职业资格考试实施办法》，自 2015 年 7 月 1 日起施行。国家设立房地产经纪专业人员水平评价类职业资格制度，面向全社会提供房地产经纪专业人员能力水平评价服务，房地产经纪专业人员纳入全国专业技术人员职业资格证书制度统一规划。房地产经纪专业人员职业资格分为房地产经纪人协理、房地产经纪人和高级房地产经纪人 3 个级别。房地产经纪人协理和房地产经纪人职业资格实行统一考试的评价方式。高级房地产经纪人职业资格评价的具体办法另行规定。

中国房地产估价师与房地产经纪人学会具体承担房地产经纪专业人员职业资格的评价与管理工作，组织成立考试专家委员会，研究拟定考试科目、考试大纲、考试试题和考试合格标准。从 2016 年起，房地产经纪人协理、房地产经纪人职业资格实行全国统一大纲、统一命题、统一组织的考试制度。原则上每年举行 1 次考试。

申请参加房地产经纪专业人员职业资格考试应当具备的基本条件有：

① 遵守国家法律、法规和行业标准与规范。

② 秉承诚信、公平、公正的基本原则。

③ 恪守职业道德。

申请参加房地产经纪人协理职业资格考试的人员，除具备上述基本条件外，还必须具备中专或者高中及以上学历。

申请参加房地产经纪人职业资格考试的人员，除具备上述基本条件外，还必须符合下列条件之一：

① 通过考试取得房地产经纪人协理职业资格证书后，从事房地产经纪业务工作满 6 年。也就是说，只有高中或中专学历的人员，只要通过考试取得房地产经纪人协理职业资格证书，从事房地产经纪工作满 6 年后，就可以报名参加房地产经纪人职业资格考试。通过考试后，可以与拥有大专、本科学历的人员一样，取得房地产经纪人职业资格，单位可以聘用其担任中级职称，享受中级职称专业人员的政策待遇。这个规定，给房地产经纪行业人员中的高中、中专学历的人员，提供了晋升为房地产经纪人的通道。

② 取得大专学历，工作满 6 年，其中从事房地产经纪业务工作满 3 年。

③ 取得大学本科学历，工作满 4 年，其中从事房地产经纪业务工作满 2 年。

④ 取得双学士学位或研究生班毕业，工作满 3 年，其中从事房地产经纪业务工作满 1 年。

⑤ 取得硕士学历（学位），工作满 2 年，其中从事房地产经纪业务工作满 1 年。

⑥ 取得博士学历（学位）。

房地产经纪人协理职业资格考试设《房地产经纪综合能力》和《房地产经纪操作实务》2 个科目。考试分 2 个半天进行，每个科目的考试时间均为 2.5 小时。房地产经纪人职业资格考试设《房地产交易制度政策》《房地产经纪职业导论》《房地产经纪专业基础》和《房地产经纪业务操作》4 个科目。考试分 4 个半天进行，每个科目的考试时间均为 2.5 小时。

第四节　房地产中介服务行业信用档案管理

一、建立房地产中介服务行业信用档案的意义

1. 建立房地产中介服务行业信用档案的必要性

建立房地产中介服务行业信用档案是规范房地产市场行为，维护消费者合法权益，进一步启动住宅消费，促进住宅与房地产业健康发展，拉动国民经济增长和保持社会稳定的客观需要。市场经济的一个显著特征就是以契约为基础的信用经济。作为房地产中介服务行业，诚信对房地产估价、房地产经纪行业尤为重要。房地产估价、房地产经纪专业性强，涉及标的价值量大，服务对象广泛，特别是随着房地产金融业务的不断发展和房屋征收补偿估价业务的拓展，房地产估价结果直接关系金融风险的防范，关系到公众利益。客观反映房地产价值是房地产估价师和房地产估价机构的使命。为委托方提供真实可靠的信息是房地产经纪人的责任，而诚实信用是保障房地产估价活动客观公正的基石，是保障房地产经纪活动的真实可靠的基础。

2. 建立房地产中介服务行业信用档案的作用

建立房地产中介服务行业信用档案，能够为各级政府部门和社会公众监督房地产中介服

务行业及执（从）业人员市场行为提供依据，为社会公众查询企业和个人信用信息提供服务，为社会公众对房地产中介服务领域违法违规行为提供投诉的途径，从而有利于减少或避免商业欺诈、弄虚作假、损害消费者合法利益等行为的发生，使失信者在扩大经营范围、拓展业务等方面受到限制。

二、房地产中介服务行业信用档案体系

1. 房地产中介服务行业信用档案的构成

房地产中介服务行业信用档案是房地产信用档案的重要组成部分。房地产中介服务行业信用档案包括房地产估价机构信用档案、注册房地产估价师信用档案、注册房地产经纪人信用档案等房地产中介服务机构及其执（从）业人员信用档案。

2. 房地产中介服务行业信用档案的内容

房地产中介服务行业信用档案记录房地产中介服务机构和注册房地产估价师、注册房地产经纪人等执（从）业人员的信用信息。

房地产估价机构、房地产经纪机构信用档案的主要内容包括：机构基本情况、机构良好行为记录、机构不良行为记录、估价项目汇总、估价项目基本情况、股东（合伙人）情况、注册房地产估价师基本情况、机构资质年审情况、投诉情况等。房地产估价机构和注册房地产估价师的违法违规行为，被投诉举报处理、行政处罚等情况，作为其不良行为记入其信用档案。

注册房地产估价师、注册房地产经纪人信用档案的主要内容包括：个人基本情况、个人业绩汇总、继续教育情况、科研能力表现、良好行为记录、不良行为记录、投诉情况等。按照《房地产估价机构管理办法》的规定，房地产估价机构的不良行为也作为该机构法定代表人或者执行合伙人的不良行为记入其信用档案。按照《房地产经纪管理办法》的规定，县级以上人民政府建设（房地产）主管部门应当将在日常监督检查中发现的房地产经纪机构和房地产经纪人员的违法违规行为、经查证属实的被投诉举报记录等情况，作为不良信用记录记入其信用档案。

三、房地产中介服务行业信用档案的管理

随着政府电子政务的发展，房地产信用档案系统将逐步与有关政府部门（如银行、工商、税收、质检、社保等）的信息系统互联互通，从同业征信向联合征信过渡，实现信息共享，以更加全面地反映房地产中介服务行业和执（从）业人员的信用状况。

房地产中介服务行业信用档案按照“统一规划、分级建设、分步实施、信息共享”的原则进行，逐步实现房地产中介服务行业信用档案系统覆盖全行业的目标。各级房地产行政主管部门负责组织所辖区内房地产信用档案系统的建设与管理工作。住房和城乡建设部组织建立一级资质房地产估价机构及执业人员信用档案系统。中国房地产估价师与房地产经纪人学会为房地产中介服务行业信用档案的系统管理部门，在住房与城乡建设部领导下，负责一级资质房地产估价机构和房地产中介执业人员信用档案的日常管理工作。

1. 信息的采集

信用档案信息依法从多种途径采集，充分利用现有信息资源，从政府部门、房地产中介行业自律组织、房地产中介服务机构、执（从）业人员、其他中介机构及社会公众等多种途径获得，并与机构资质审批、专业人员执（从）业资格注册工作有机结合。不良行为记录，

除了要求房地产中介服务机构自报外，各级房地产行政主管部门、各级房地产中介行业自律组织也应及时报送房地产中介服务机构和有关责任人员的违法违规处理情况，房地产信用档案将按规定予以公示。

房地产中介服务机构或执业人员获部省级表彰或荣誉称号，即可作为良好行为记录载入该企业或执业人员的信用档案。良好行为记录由房地产企业及执业人员直接报送，或由各级建设（房地产）行政主管部门、房地产中介行业自律组织采集并审核后提交系统管理部门。

房地产中介服务机构或执（从）业人员出现违反房地产法律法规及相关法律法规、标准规范的行为，并受到行政处罚的，即可作为不良行为载入该企业或执业人员的信用档案。不良行为记录以企业自报为主，房地产企业应在受到行政处罚后10日内将有关信息直接报送系统管理部门；也可通过各级建设（房地产）行政主管部门、房地产中介行业自律组织将行政处罚意见和其他不良行为记录提交系统管理部门。

2. 信息维护和更新

房地产中介服务行业信用档案是由政府组织建立的，由系统管理部门对信息进行维护和更新。对涉及企业商业秘密的信息要注意保密，实行授权查询；未经核实的信息不得在网上公示；不良记录在公示前，必须经过严格的审核批准程序。

3. 投诉处理

房地产中介服务行业信用档案系统专门设立了网上投诉栏目，社会公众可以在网上按照统一格式对房地产市场违法违纪行为进行投诉。按照《关于建立房地产企业及执（从）业人员信用档案系统的通知》的规定，系统管理部门对收到的投诉信息，要进行登记、整理、分类，并根据被投诉对象和投诉内容，或转交有关行政部门进行核查、处理，或转给被投诉机构进行处理。房地产中介服务机构对系统管理部门转去的投诉在15日内反馈意见（包括处理结果或正在处理情况）。无正当理由未按时反馈的，将在网上公示投诉情况。机构对已公示的违法违规行为进行整改后，可提请相关行政主管部门组织考核验收，并在网上公布整改结果。如要撤销公示，须由被公示单位提出申请，经相关行政主管部门同意，方可从网上撤销；不良行为记录分类在房地产中介服务行业信用档案中保留一定期限。

4. 信息查询

按照依法、合理保护企业商业秘密和分类、分级管理原则，房地产中介服务机构、执（从）业人员信用档案内容分为公示信息和授权查询信息两大类。任何单位和个人有权查阅信用档案公示信息。公示信息可直接在中国住宅与房地产信息网、中国房地产估价师网和中国房地产经纪人网上免费查询。授权查询信息，如房地产估价机构信用档案中估价项目名称、委托人名称、委托人联系电话等内容，需按照房地产信用档案管理规定的条件和程序进行查询。

思考题

1. 什么是房地产中介服务?
2. 房地产中介服务的主要特点有哪些?
3. 具备什么条件可以成为房地产咨询人员?

4. 房地产中介服务机构承办业务时的禁止行为有哪些?
5. 房地产价格评估服务是怎样收费的?
6. 什么是房地产估价机构?
7. 房地产估价机构组织形式有哪些，具体内容是什么?
8. 房地产估价机构资质等级标准的内容有哪些?
9. 房地产估价机构的业务范围有哪些?
10. 一级资质房地产估价机构需要具备怎样的条件才能设立分支机构?
11. 房地产经纪机构人员包括哪两种从业资格?
12. 房地产估价师注册种类有哪些?
13. 房地产估价师注册需要满足哪些条件?
14. 对于注册房地产估价师继续教育的要求如何?
15. 房地产经纪人员应具备哪些技术能力?
16. 简述建立房地产中介服务行业信用档案的意义。

第十章　房地产税收制度与政策

第一节　房地产税收概述

一、我国税收体系

目前我国的税收体系可按征税对象不同划分为商品流转税、资源税、财产税、所得税和行为税五大类。

第一类：流转税。也称为商品及劳务课税。指以商品流转额和非商品流转额作为课税对象的税种。房地产开发经营中涉及此类的税种主要有增值税、城市维护建设税、关税等。

第二类：所得税。所得税又称收益税，是指以企业利润和个人收入作为课税对象的税种。房地产开发经营中涉及此类的税种主要有企业所得税。

第三类：财产税。是指以各种财产为征税对象的一种税种，如房产税和契税。由于我国过去长期不承认土地的价值，因而在财产税中一直没有有关土地的税种。

第四类：行为税。是指以纳税人各种特定的行为作为课税对象的税种。如车船使用税、耕地占用税、城镇土地使用税、土地增值税、印花税、固定资产投资方向调节税等，均属此类税种。

第五类：资源税。是指以自然资源为课税对象的税种。我国现行的资源税征税范围仅包括矿产品和盐两大类资源。

二、房地产税收制度

房地产税收有广义和狭义两种理解。广义的房地产税收，是指房地产开发经营中涉及的税，包括耕地占用税、城镇土地使用税、房产税、土地增值税、契税、印花税、增值税、城市维护建设税、企业所得税、个人所得税等。狭义的房地产税收，是指以房地产为课税依据或者主要以房地产开发经营流转行为为计税依据的税，包括耕地占用税、城镇土地使用税、房产税、土地增值税和契税。我国现行的房地产税收体系基本涵盖了土地取得、房地产开发、房地产流转、房地产保有四个环节，在调节经济和组织财政收入诸方面发挥了一定的积极作用。但大部分税种集中在房地产的开发、流转环节，针对房地产保有期间设置的税种很少，且免税范围很大，这在一定程度上不利于房地产市场的健康发展。在房地产开发流通过程中，仅税种就多达十几种，如契税、增值税、城市维护建设税、教育费附加、印花税、房产税、城镇土地使用税、土地增值税、企业所得税、个人所得税等。收费也很多，各个地方也参差不齐。在房地产保有期间设置的税种有房产税、城镇土地使用税。房产税和城镇土地使用税的税率偏低，税基覆盖不全。比如，城镇土地使用税的税率最低每年每平方米 0.2

元，最高每年每平方米10元，作为专门用来调节级差收益的税种在这种低税率下，其作用十分有限，在提高城镇土地利用强度、促进国有土地高效率使用方面的作用有待加强。这样就使得一些城镇土地由企业无偿或近似无偿取得和持有，而与此形成鲜明对比的是，进入市场流通的土地却要因其流转和交易而承受很高的税负。在房地产保有期间征收的房产税，其主要目的是合理调节房地产收益分配，鼓励房地产流转，刺激土地的供给，但由于税负较低，使得其功能作用不大。保有环节的轻税负，导致了个别开发商囤积土地的现象。

三、房地产税、租、费

从本质上看房地产税、租、费，税收所反映的是一种法律关系，是国家依据立法强制、无偿、固定地取得的一部分国民收入，只要有国家，就会有税收；而租则反映房地产所有者与使用者之间的租赁关系，包括房租和地租，与税相比，二者差异很大；费是对行政服务的一种补偿，即行政机关在房地产管理过程中收取的必要的有关费用，一般称之为管理费。房地产税存在于法律关系之中，来源于房地产财产的总价值；房地租是一种经济关系的反映，是产权明晰化的结果，来源于房地产收益，即是对房地产收益的一种扣除；而房地产管理费则来自行政服务所带来的直接或间接收益。目前，在我国理论和实践中，存在着个别对房地产税、租、费界定不清的问题。主要表现在：一是以税代租。如城镇土地使用税、房产税等存在部分以税代租，即税中含有租的因素。二是以税代费。如城市维护建设税是向享受城市设施建设利益从事生产经营的企业和个人征收的，明显含有以税代费的成分。三是以费代租。比如土地使用费是土地使用者为了取得土地使用权而向土地所有人缴纳的费用，其本质应是地租。四是以费代税。比如某些城市征收的土地闲置费，其实就是一种罚税即空地税。

四、房地产税收制度改革和税收优惠政策

十八届三中全会就完善房地产税制，提出“加快房地产税立法，并适时推进改革”的要求。多年来，房地产税成为争论的焦点。有人认为，虽然房地产税已成为国际惯例，但长期以来由于我国个人不缴纳房地产税，而且在购买商品房时已经缴纳了土地出让金，承担了70年土地使用权，所以对于为什么要开征房地产税、房地产税征收法理依据何在等基本问题仍然存在很大争议。房地产税收制度改革的目的，要有利于房地产更好地服务于保障居民用户、促进国民安居乐业，实现全面建设小康社会目标和进程，以稳定国家治理的政治基础；要有利于对房地产市场进行宏观调控，促进房地产市场稳健、均衡、可持续发展，以稳定国家治理经济基础；要有利于优化房地产税制结构，稳定国家治理税收基础。

税收优惠政策是指税法对某些纳税人和征税对象给予鼓励和照顾的一种特殊规定。比如，免除其应缴的全部或部分税款，或者按照其缴纳税款的一定比例给予返还等，从而减轻其税收负担。税收优惠政策是国家利用税收调节经济的具体手段，国家通过税收优惠政策，促进产业结构的调整和社会经济的协调发展。国家根据经济发展状况，适时提出房地产税收优惠政策。早在2005年，国务院为了合理引导住房建设与消费，大力发展省地型住房，在规划审批、土地供应以及信贷、税收等方面，就对中小套型、中低价位普通住房给予优惠政策支持。《国务院办公厅转发建设部等部门关于做好稳定住房价格工作意见的通知》（国办发〔2005〕26号）明确享受优惠政策的住房原则上应同时满足以下条件：住宅小区建筑容积率在1.0以上、单套建筑面积在120平方米以下、实际成交价格低于同级别土地上住房平均交易价格1.2倍以下。各省、自治区、直辖市要根据实际情况，制订本地区享受优惠政策普通

住房的具体标准。允许单套建筑面积和价格标准适当浮动，但向上浮动的比例不得超过上述标准的20%。

第二节 房产税

一、纳税人和征税范围

房产税是以房屋为征税对象，以房产的价值和租金收入为计税依据，向房产的所有人或经营管理人征收的一种财产税。

根据国务院1986年9月15日发布的《房产税暂行条例》规定，在城市、县城，建制镇、工矿区内的房屋产权所有人，应依法交纳房产税。产权属于全民所有的，由经营管理的单位缴纳。产权出典的，由承典人缴纳。产权所有人、承典人不在房产所在地的，或者产权未确定及租典纠纷未解决的，由房产代管人或者使用人缴纳。

二、计税依据和税率

房产税依照房产原值一次减除10%至30%后的余值计算缴纳。具体减除幅度，由省、自治区、直辖市人民政府规定。没有房产原值作为依据的，由房产所在地税务机关参考同类房产核定。房产出租的，以房产租金收入为房产税的计税依据。

房产税的税率，依照房产余值计算缴纳的，税率为1.2%；依照房产租金收入计算缴纳的，税率为12%。

三、税收优惠政策

1. 法定免纳房产税的优惠政策

下列房产免纳房产税：

① 国家机关、人民团体、军队自用的房产。

② 由国家财政部门拨付事业经费的单位自用的房产。

③ 宗教寺庙、公园、名胜古迹自用的房产。

④ 个人所有非营业用的房产。

⑤ 经财政部批准免税的其他房产。

2. 具备房屋功能的地下建筑的房产税

《财政部、国家税务总局关于具备房屋功能的地下建筑征收房产税的通知》（财税〔2005〕181号）规定，凡在房产税征收范围内的具备房屋功能的地下建筑，包括与地上房屋相连的地下建筑以及完全建在地面以下的建筑、地下人防设施等，均应当依照有关规定征收房产税。上述具备房屋功能的地下建筑是指有屋面和维护结构，能够遮风避雨，可供人们在其中生产、经营、工作、学习、娱乐、居住或储藏物资的场所。

自用的地下建筑，按以下方式计税：

① 工业用途房产，以房屋原价的50%～60%作为应税房产原值。

$$应纳房产税的税额=应税房产原值\times[1-(10\%\sim30\%)]\times1.2\%$$

② 商业和其他用途房产，以房屋原价的70%～80%作为应税房产原值。

应纳房产税的税额＝应税房产原值×[1－(10%～30%)]×1.2%

房屋原价折算为应税房产原值的具体比例，由各省、自治区、直辖市和计划单列市财政和地方税务部门在上述幅度内自行确定。

③ 对于与地上房屋相连的地下建筑，如房屋的地下室、地下停车场、商场的地下部分等，应将地下部分与地上房屋视为一个整体按照地上房屋建筑的有关规定计算征收房产税。

出租的地下建筑，按照出租地上房屋建筑的有关规定计算征收房产税。

3. 经财政部批准免税的其他房产税优惠政策

① 损坏不堪使用的房屋和危险房屋，经有关部门鉴定，在停止使用后，可免征房产税。

② 纳税人因房屋大修导致连续停用半年以上的，在房屋大修期间免征房产税，免征税额由纳税人在申报缴纳房产税时自行计算扣除，并在申报表附表或备注栏中作相应说明。

纳税人房屋大修停用半年以上需要免征房产税的，应在房屋大修前向主管税务机关报送。

相关的证明材料，包括大修房屋的名称、坐落地点、产权证编号、房产原值、用途、房屋大修的原因、大修合同及大修的起止时间等信息和资料，以备税务机关查验。具体报送材料由各省、自治区、直辖市和计划单列市地方税务局确定。

③ 在基建工地为基建工地服务的各种工棚、材料棚、休息棚和办公室、食堂、茶炉房、汽车房等临时性房屋，在施工期间一律免征房产税。但工程结束后，施工企业将这种临时性房屋交还或估价转让给基建单位的，应从基建单位接收的次月起，照章纳税。

④ 为鼓励利用地下人防设施，暂不征收房产税。

⑤ 对非营利性医疗机构、疾病控制机构和妇幼保健机构等卫生机构自用的房产，免征房产税。

⑥ 老年服务机构自用的房产。老年服务机构是指专门为老年人提供生活照料、文化、护理、健身等多方面服务的福利性、非营利性的机构，主要包括老年社会福利院、敬老院(养老院)、老年服务中心、老年公寓（含老年护理院、康复中心、托老所）等。

⑦ 从 2001 年 1 月 1 日起，对按政府规定价格出租的公有住房和廉租住房，包括企业和自收自支事业单位向职工出租的单位自有住房，房管部门向居民出租的公有住房，落实私房政策中带户发还产权并以政府规定租金标准向居民出租的私有住房等，暂免征收房产税。

⑧ 对邮政部门坐落在城市、县城、建制镇、工矿区范围内的房产，应当依法征收房产税；对坐落在城市、县城、建制镇、工矿区范围以外的尚在县邮政局内核算的房产，在单位财务账中划分清楚的，从 2001 年 1 月 1 日起不再征收房产税。

除上面提到的可以免纳房产税的情况以外，如纳税人确有困难的，可由省、自治区、直辖市人民政府确定，定期减征或者免征房产税。

⑨ 向居民供热并向居民收取采暖费的供热企业的生产用房暂免征收房产税。“供热企业”包括专业供热企业、兼营供热企业、单位自供热及为小区居民供热的物业公司等，不包括从事热力生产但不直接向居民供热的企业。

对于免征房产税的“生产用房”，是指上述企业为居民供热所使用的厂房。对既向居民供热，又向非居民供热的企业，可按向居民供热收取的收入占其总供热收入的比例划分征免税界限；对于兼营供热的企业，可按向居民供热收取的收入占其生产经营总收入的比例划分征免税界限。

⑩ 对在一个纳税年度内月平均实际安置残疾人就业人数占单位在职职工总数的比例高

于25%（含25%）且实际安置残疾人人数高于10人（含10人）的单位，可减征或免征该年度城镇土地使用税。具体减免税比例及管理办法由省、自治区、直辖市财税主管部门确定。

⑪ 自2011年1月1日起至2012年12月31日，对高校学生公寓实行免征房产税政策。至文到之日前已征的应予免征的房产税，应从纳税人以后应纳的房产税额中抵减或者予以退税。

⑫ 自2013年1月1日起至2015年12月31日，为支持国家商品储备业务发展，对商品储备管理公司及其直属库承担商品储备业务自用的房产，免征房产税。

⑬ 自2013年1月1日至2015年12月31日，对专门经营农产品的农产品批发市场、农贸市场使用的房产，暂免征收房产税。对同时经营其他产品的农产品批发市场和农贸市场使用的房产，按其他产品与农产品交易场地面积的比例确定征免房产税。

第三节　城镇土地使用税

一、纳税义务人与征税范围

城镇土地使用税是以国有土地为征税对象，对拥有土地使用权的单位和个人征收的一种税。在城市、县城、建制镇、工矿区范围内使用土地的单位和个人，为城镇土地使用税（以下简称土地使用税）的纳税人。所称单位，包括国有企业、集体企业、私营企业、股份制企业、外商投资企业、外国企业以及其他企业和事业单位、社会团体、国家机关、军队以及其他单位；所称个人，包括个体工商户以及其他个人。

城镇土地使用税的征税范围，包括在城市、县城、建制镇和工矿区内的国家所有和集体所有的土地。另外，自2009年1月1日起，公园、名胜古迹内的索道公司经营用地，应按规定缴纳城镇土地使用税。

二、税率与计税依据

城镇土地使用税采用定额税率，即采用有幅度的差别税额，按大、中、小城市和县城、建制镇、工矿区分别规定每平方米城镇土地使用税年应纳税额。具体标准如下：

① 大城市1.5～30元；

② 中等城市1.2～24元；

③ 小城市0.9～18元；

④ 县城、建制镇、工矿区0.6～12元。

大、中、小城市以公安部门登记在册的非农业正式户口人数为依据，按照国务院颁布的《城市规划条例》中规定的标准划分。人口在50万以上者为大城市；人口在20万～50万者为中等城市；人口在20万以下者为小城市。各省、自治区、直辖市人民政府可根据市政建设情况和经济繁荣程度在规定税额幅度内，确定所辖地区的适用税额幅度。经济落后地区，土地使用税的适用税额标准可适当降低，但降低额不得超过上述规定最低税额的30%。经济发达地区的适用税额标准可以适当提高，但须报财政部批准。

城镇土地使用税以纳税人实际占用的土地面积为计税依据，土地面积计量标准为每平方米。即税务机关根据纳税人实际占用的土地面积，按照规定的税额计算应纳税额，向纳税人征收土地使用税。纳税人实际占用的土地面积按下列办法确定：

① 由省、自治区、直辖市人民政府确定的单位组织测定土地面积的，以测定的面积为准。

② 尚未组织测量，但纳税人持有政府部门核发的土地使用证书的，以证书确认的土地面积为准。

③ 尚未核发土地使用证书的，应由纳税人申报土地面积，据以纳税，待核发土地使用证以后再作调整。

三、城镇土地使用税的税收优惠政策

1. 法定免缴土地使用税的优惠

① 国家机关、人民团体、军队自用的土地。

② 由国家财政部门拨付事业经费的单位自用的土地。

③ 宗教寺庙、公园、名胜古迹自用的土地。

④ 市政街道、广场、绿化地带等公共用地。

⑤ 直接用于农、林、牧、渔业的生产用地。

⑥ 经批准开山填海整治的土地和改造的废弃土地，从使用的月份起免缴土地使用税5～10年。具体免税期限由各省、自治区、直辖市地方税务局在《城镇土地使用税暂行条例》规定的期限内自行确定。

⑦ 对非营利性医疗机构、疾病控制机构和妇幼保健机构等卫生机构自用的土地，免征城镇土地使用税。

⑧ 企业办的学校、医院、托儿所、幼儿园，其用地能与企业其他用地明确区分的，免征城镇土地使用税。

⑨ 免税单位无偿使用纳税单位的土地（如公安、海关等单位使用铁路、民航等单位的土地），免征城镇土地使用税。纳税单位无偿使用免税单位的土地，纳税单位应照章缴纳城镇土地使用税。纳税单位与免税单位共同使用、共有使用权土地上的多层建筑，对纳税单位可按其占用的建筑面积占建筑总面积的比例计征城镇土地使用税。

⑩ 对行使国家行政管理职能的中国人民银行总行（含国家外汇管理局）所属分支机构自用的土地，免征城镇土地使用税。

2. 省、自治区、直辖市地方税务局确定减免土地使用税的优惠政策

① 个人所有的居住房屋及院落用地。

② 房产管理部门在房租调整改革前经租的居民住房用地。

③ 免税单位职工家属的宿舍用地。

④ 民政部门举办的安置残疾人占一定比例的福利工厂用地。

⑤ 集体和个人办的各类学校、医院、托儿所、幼儿园用地。

⑥ 对基建项目在建期间使用的土地，原则上应照章征收城镇土地使用税。但对有些基建项目，特别是国家产业政策扶持发展的大型基建项目，其占地面积大，建设周期长，在建期间又没有经营收入，为照顾其实际情况，对纳税人纳税确有困难的，可由各省、自治区、直辖市地方税务局根据具体情况予以免征或减征土地使用税。

⑦ 城镇内的集贸市场（农贸市场）用地，按规定应征收城镇土地使用税。为了促进集

贸市场的发展及照顾各地的不同情况，各省、自治区、直辖市地方税务局可根据具体情况自行确定对集贸市场用地征收或者免征城镇土地使用税。

⑧ 房地产开发公司建造商品房的用地，原则上应按规定计征城镇土地使用税。但在商品房出售之前纳税确有困难的，其用地是否给予缓征或减征、免征照顾，可由各省、自治区、直辖市地方税务局根据从严的原则结合具体情况确定。

⑨ 原房管部门代管的私房，落实政策后，有些私房产权已归还给房主，但由于各种原因，房屋仍由原住户居住，并且住户仍是按照房管部门在房租调整改革之前确定的租金标准向房主缴纳租金。对这类房屋用地，房主缴纳土地使用税确有困难的，可由各省、自治区、直辖市地方税务局根据实际情况，给予定期减征或免征城镇土地使用税的照顾。

⑩ 对于各类危险品仓库、厂房所需的防火、防爆、防毒等安全防范用地，可由各省、自治区、直辖市地方税务局确定，暂免征收城镇土地使用税。

⑪ 企业搬迁后原场地不使用的、企业范围内荒山等尚未利用的土地，免征城镇土地使用税。

⑫ 经贸仓库、冷库均属于征税范围，因此不宜一律免征城镇土地使用税。对纳税确有困难的企业，可根据《城镇土地使用税暂行条例》第七条的规定，向企业所在地的地方税务机关提出减免税申请，由县以上地方税务机关批准享受减免城镇土地使用税的照顾。

⑬ 对房产管理部门在房租调整改革前经租的居民住房用地，考虑到在房租调整改革前，房产管理部门经租居民住房收取的租金标准一般较低，许多地方纳税确有困难的实际情况而确定的一项临时性照顾措施。房租调整改革后，房产管理部门经租的居民住房用地（不论是何时经租的），都应缴纳城镇土地使用税。至于房租调整改革后，有的房产管理部门按规定缴纳城镇土地使用税确有实际困难的，可按税收管理体制的规定，报经批准后再给予适当的减征或免征土地使用税的照顾。

⑭ 考虑到中国物资储运总公司所属物资储运企业的经营状况，对中国物资储运总公司所属的物资储运企业的露天货场、库区道路、铁路专用线等非建筑用地征免城镇土地使用税问题，可由省、自治区、直辖市地方税务局按照下述原则处理：对经营情况好、有负税能力的企业，应恢复征收城镇土地使用税；对经营情况差、纳税确有困难的企业，可在授权范围内给予适当减免城镇土地使用税的照顾。

⑮ 向居民供热并向居民收取采暖费的供热企业的生产用房暂免征收城镇土地使用税。“供热企业”包括专业供热企业、兼营供热企业、单位自供热及为小区居民供热的物业公司等，不包括从事热力生产但不直接向居民供热的企业。

第四节　土地增值税

一、纳税人和征税范围

土地增值税是对转让国有土地使用权、地上的建筑物及其附着物并取得收入的单位和个人就其增值额征收的一种税。凡转让国有土地、地上的建筑物及附着物并取得收入的一切单位和个人，均为土地增值税的纳税义务人。

1. 土地增值税的基本征税范围

① 转让国有土地使用权。

② 地上的建筑物及其附着物连同国有土地使用权一并转让。

③ 存量房地产的买卖。

2. 依具体情况判定的征税范围

① 房地产的交换属于土地增值税的征税范围。但对个人之间互换自有居住用房地产的，经当地税务机关核实，可以免征土地增值税。

② 对于以房地产进行投资、联营的，投资、联营的一方以土地（房地产）作价入股进行投资或作为联营条件，将房地产转让到所投资、联营的企业中的，暂免征收土地增值税。对投资、联营企业将上述房地产再转让的，应征收土地增值税。但投资、联营的企业属于从事房地产开发的，或者房地产开发企业以其建造的商品房进行投资和联营的，应当征收土地增值税。

③ 对于一方出地，一方出资金，双方合作建房，建成后按比例分房自用的，暂免征收土地增值税；建成后转让的，应征收土地增值税。

④ 在企业兼并中，对被兼并企业将房地产转让到兼并企业中的，暂免征收土地增值税。

⑤ 房地产开发公司代客户进行房地产的开发，开发完成后向客户收取代建收入的行为。对于房地产开发公司而言，虽然取得了收入，但没有发生房地产权属的转移，其收入属于劳务收入性质，故不属于土地增值税的征税范围。

二、税率

土地增值税实行四级超率累进税率：

① 增值额未超过扣除项目金额50%的部分，税率为30%。

② 增值额超过扣除项目金额50%、未超过扣除项目金额100%的部分，税率为40%。

③ 增值额超过扣除项目金额100%、未超过扣除项目金额200%的部分，税率为50%。

④ 增值额超过扣除项目金额200%的部分，税率为60%。

但在实际工作中，一般可以采用速算扣除法计算：

① 增值额未超过扣除项目金额50%时，计算公式为：土地增值税税额＝增值额×30%

② 增值额超过扣除项目金额50%，未超过100%时，计算公式为：土地增值税税额＝增值额×40%－扣除项目金额×5%

③ 增值额超过扣除项目金额100%，未超过200%时，计算公式为：土地增值税税额＝增值额×50%－扣除项目金额×15%

④ 增值额超过扣除项目金额200%时，计算公式为：土地增值税税额＝增值额×60%－扣除项目金额×35%

三、扣除项目的确定

计算土地增值税应纳税额，并不是直接对转让房地产所取得的收入征税，而是要对收入额减除国家规定的各项扣除项目金额后的余额计算征税（这个余额就是纳税人在转让房地产中获取的增值额）。因此，要计算增值额，首先必须确定扣除项目。税法准予纳税人从转让收入额中减除的扣除项目包括如下几项：

① 取得土地使用权所支付的金额。

② 房地产开发成本。

③ 房地产开发费用。

④ 与转让房地产有关的税金。

⑤ 财政部规定的其他扣除项目。

⑥ 新建房及配套设施的成本、费用，或者旧房及建筑物的评估价格。

四、增值额的确定

在实际房地产交易活动中，有些纳税人由于不能准确提供房地产转让价格或扣除项目金额，致使增值额不准确，直接影响应纳税额的计算和缴纳。因此，《土地增值税暂行条例》第九条规定，隐瞒、虚报房地产成交价格，应由评估机构参照同类房地产的市场交易价格进行评估，税务机关根据评估价格确定转让房地产的收入。提供扣除项目金额不实的，应由评估机构按照房屋重置成本价乘以成新度折扣率计算的房屋成本价和取得土地使用权时的基准地价进行评估。税务机关根据评估价格确定扣除项目金额。转让房地产的成交价格低于房地产评估价格，又无正当理由的，由税务机关参照房地产评估价格确定转让房地产的收入。

五、税收优惠政策

（一）法定税收优惠

1. 建造普通标准住宅

纳税人建造普通标准住宅出售，增值额未超过扣除项目金额 20%的，免征土地增值税；增值额超过扣除项目金额 20%的，应就其全部增值额按规定计税。对于纳税人既建造普通标准住宅，又搞其他房地产开发的，应分别核算增值额。不分别核算增值额或不能准确核算增值额的，其建造的普通标准住宅不能适用这一免税规定。

2. 国家征用收回的房地产

因国家建设需要依法征用、收回的房地产，免征土地增值税。

这里所说的“因国家建设需要依法征用、收回的房地产”，是指因城市实施规划、国家建设的需要而被政府批准征用的房产或收回的土地使用权。

（二）其他税收优惠

① 因城市实施规划、国家建设的需要而搬迁，由纳税人自行转让原房地产的，经税务机关审核，免征土地增值税。对因中国邮政集团公司邮政速递物流业务重组改制，中国邮政集团公司向中国邮政速递物流股份有限公司、各省邮政公司向各省邮政速递物流有限公司转移房地产产权应缴纳的土地增值税，予以免征。已缴纳的应予免征的土地增值税，应予以退税。

② 个人因工作调动或改善居住条件而转让原自用住房，凡居住满 5 年及以上的，免征土地增值税；居住满 3 年未满 5 年的，减半征收土地增值税。

③ 以房地产作价入股进行投资或联营的，转让到所投资、联营的企业中的房地产，免征土地增值税。

④ 对于一方出地，一方出资金，双方合作建房，建成后按比例分房自用的，暂免征土地增值税。

⑤ 个人之间互换自有居住用房地产的，经当地税务机关核实，免征土地增值税。

⑥ 个人转让普通住宅免税。从 1999 年 8 月 1 日起，对居民个人转让其拥有的普通住宅，暂免征土地增值税。

⑦ 房产所有人、土地使用权所有人将房屋产权、土地使用权赠与直系亲属或承担直接赡养义务人的，不征收土地增值税。

⑧ 房产所有人、土地使用权所有人通过中国境内非营利社会团体、国家机关将房屋产权、土地使用权赠与教育、民政和其他社会福利、公益事业的，不征收土地增值税。

⑨ 对个人转让非普通住宅，即没有评估价格，又不能提供购房发票的，按转让收入的1%至1.5%计征土地增值税，具体比例由各省辖市确定，并报省财政厅、省地税局备案。

⑩ 企事业单位、社会团体以及其他组织转让旧房作为廉租住房、经济适用住房房源且增值额未超过扣除项目金额20%的，免征土地增值税。

⑪ 灾后重建安居房建设转让免征土地增值税。对政府为受灾居民组织建设的安居房建设用地免征城镇土地使用税，转让时免征土地增值税。

⑫ 自 2008 年 11 月 1 日起，对个人销售住房暂免征收土地增值税。

第五节 契税

一、征税对象

契税是以在中国境内转移土地、房屋权属为征税对象，向产权承受人征收的一种财产税。契税的征税对象是境内转移的土地、房屋权属。具体包括：

① 国有土地使用权出让。

② 土地使用权的转让。不包括农村集体土地承包经营权的转移。

③ 房屋买卖。以下几种特殊情况，视同买卖房屋：以房产抵债或实物交换房屋；以房产作投资或作股权转让；买房拆料或翻建新房，应照章征收契税。

④ 房屋赠与。房屋赠与的前提必须是，产权无纠纷，赠与人和受赠人双方自愿。

由于房屋是不动产，价值较大，故法律要求赠与房屋应有书面合同（契约），并到房地产管理机关或农村基层政权机关办理登记过户手续，才能生效。如果房屋赠与行为涉及涉外关系，还需公证处证明和外事部门认证，才能有效。房屋的受赠人要按规定缴纳契税。

⑤ 房屋交换。随着经济的发展，有些特殊方式转移土地、房屋权属的，也将视同土地使用权转让、房屋买卖或者房屋赠与。一是以土地、房屋权属作价投资、入股；二是以土地、房屋权属抵债；三是以获奖方式承受土地、房屋权属；四是以预购方式或者预付集资建房款方式承受土地、房屋权属。

二、税率和计税依据

契税实行 3%～5%的幅度税率。实行幅度税率是考虑到我国经济发展的不平衡，各地经济差别较大的实际情况。因此，各省、自治区、直辖市人民政府可以在 3%～5%的幅度税率规定范围内，按照本地区的实际情况决定。契税的计税依据为不动产的价格。由于土地、房屋权属转移方式不同，定价方法不同，因而具体计税依据视不同情况而决定。

① 国有土地使用权出让、土地使用权出售、房屋买卖，以成交价格为计税依据。成交

价格是指土地、房屋权属转移合同确定的价格，包括承受者应交付的货币、实物、无形资产或者其他经济利益。

② 土地使用权赠与、房屋赠与，由征收机关参照土地使用权出售、房屋买卖的市场价格核定。

③ 土地使用权交换、房屋交换，为所交换的土地使用权、房屋的价格差额。也就是说，交换价格相等时，免征契税；交换价格不等时，由多交付的货币、实物、无形资产或者其他经济利益的一方缴纳契税。

④ 以划拨方式取得土地使用权，经批准转让房地产时，由房地产转让者补交契税。计税依据为补交的土地使用权出让费用或者土地收益。

⑤ 房屋附属设施征收契税的依据。采取分期付款方式购买房屋附属设施土地使用权、房屋所有权的，应按合同规定的总价款计征契税；承受的房屋附属设施权属如为单独计价的，按照当地确定的适用税率征收契税，如与房屋统一计价的，适用与房屋相同的契税税率。

⑥ 个人无偿赠与不动产行为（法定继承人除外），应对受赠人全额征收契税。

三、税收优惠政策

（一）契税优惠的一般规定

① 国家机关、事业单位、社会团体、军事单位承受土地、房屋用于办公、教学、医疗、科研和军事设施的，免征契税。

② 城镇职工按规定第一次购买公有住房，免征契税。

此外，财政部、国家税务总局规定：自 2000 年 11 月 29 日起，对各类公有制单位为解决职工住房而采取集资建房方式建成的普通住房，或由单位购买的普通商品住房，经当地县以上人民政府房改部门批准、按照国家房改政策出售给本单位职工的，如属职工首次购买住房，均可免征契税。

对个人购买普通住房，且该住房属于家庭（成员范围包括购房人、配偶以及未成年子女，下同）唯一住房的，减半征收契税。对个人购买 90 平方米及以下普通住房，且该住房属于家庭唯一住房的，减按 1%税率征收契税。

③ 因不可抗力灭失住房而重新购买住房的，酌情减免。不可抗力是指自然灾害、战争等不能预见、不可避免并不能克服的客观情况。

④ 土地、房屋被县级以上人民政府征用、占用后，重新承受土地、房屋权属的，由省级人民政府确定是否减免。

⑤ 承受荒山、荒沟、荒丘、荒滩土地使用权，并用于农、林、牧、渔业生产的，免征契税。

⑥ 经外交部确认，依照我国有关法律规定以及我国缔结或参加的双边和多边条约或协定，应当予以免税的外国驻华使馆、领事馆、联合国驻华机构及其外交代表、领事官员和其他外交人员承受土地、房屋权属，免征契税。

（二）契税优惠的特殊规定

1. 企业公司制改造

非公司制企业，按照《中华人民共和国公司法》的规定，整体改建为有限责任公司（含国有独资公司）或股份有限公司，或者有限责任公司整体改建为股份有限公司的，对改建后的公司承受原企业土地、房屋权属，免征契税。

非公司制国有独资企业或国有独资有限责任公司，以其部分资产与他人组建新公司，且该国有独资企业（公司）在新设公司中所占股份超过50%的，对新设公司承受该国有独资企业（公司）的土地、房屋权属，免征契税。

2. 企业股权重组

在股权转让中，单位、个人承受企业股权，企业土地、房屋权属不发生转移，不征收契税。国有、集体企业实施“企业股份合作制改造”，由职工买断企业产权，或向其职工转让部分产权，或者通过其职工投资增资扩股，将原企业改造为股份合作制企业的，对改造后的股份合作制企业承受原企业的土地、房屋权属，免征契税。

为进一步支持国有企业改制重组，国有控股公司投资组建新公司有关契税政策规定如下：

① 对国有控股公司以部分资产投资组建新公司，且该国有控股公司占新公司股份85%以上的，对新公司承受该国有控股公司土地、房屋权属免征契税。上述所称国有控股公司，是指国家出资额占有限责任公司资本总额50%以上，或国有股份占股份有限公司股本总额50%以上的国有控股公司。

② 以出让方式承受原国有控股公司土地使用权的，不属于本规定的范围。

3. 企业合并

两个或两个以上的企业，依据法律规定、合同约定，合并改建为一个企业，对其合并后的企业承受原合并各方的土地、房屋权属，免征契税。

4. 企业分立

企业依照法律规定、合同约定分设为两个或两个以上投资主体相同的企业，对派生方、新设方承受原企业土地、房屋权属，不征收契税。

5. 企业出售

国有、集体企业出售，被出售企业法人予以注销，并且买受人按照《劳动法》等国家有关法律法规政策妥善安置原企业全部职工，其中与原企业30%以上职工签订服务年限不少于3年的劳动用工合同的，对其承受所购企业的土地、房屋权属，减半征收契税；与原企业全部职工签订服务年限不少于3年的劳动用工合同的，免征契税。

6. 企业破产

企业依照有关法律、法规的规定实施注销、破产后，债权人（包括注销、破产企业职工）承受注销、破产企业土地、房屋权属以抵偿债务的，免征契税；对非债权人承受注销、破产企业土地、房屋权属，凡按照《劳动法》等国家有关法律法规政策妥善安置原企业全部职工，其中与原企业30%以上职工签订服务年限不少于3年的劳动用工合同的，对其承受所购企业的土地、房屋权属，减半征收契税；与原企业全部职工签订服务年限不少于3年的劳动用工合同的，免征契税。

7. 房屋的附属设施

对于承受与房屋相关的附属设施（包括停车位、汽车库、自行车库、顶层阁楼以及储藏室，下同）所有权或土地使用权的行为，按照契税法律、法规的规定征收契税；对于不涉及土地使用权和房屋所有权转移变动的，不征收契税。

8. 继承土地、房屋权属

对于《中华人民共和国继承法》规定的法定继承人（包括配偶、子女、父母、兄弟姐妹、祖父母、外祖父母）继承土地、房屋权属，不征契税。按照《中华人民共和国继承法》规定，非法定继承人根据遗嘱承受死者生前的土地、房屋权属，属于赠与行为，应征收契税。

9. 事业单位改制免征契税情况

事业单位按照国家有关规定改制为企业的过程中，投资主体没有发生变化的，对改制后的企业承受原事业单位土地、房屋权属，免征契税。

10. 事业单位改制应缴契税的情况

事业单位改制过程中，改制后的企业以出让或国家作价出资（入股）方式取得原国有划拨土地使用权的，不属于契税减免税范围，应按规定缴纳契税。

11. 夫妻之间房屋权属变更

在婚姻关系存续期间，房屋、土地权属原归夫妻一方所有，变更为夫妻双方共有或另一方所有的，或者房屋、土地权属原归夫妻双方共有，变更为其中一方所有的，或者房屋、土地权属原归夫妻双方共有，双方约定、变更共有份额的，免征契税。

12. 关于企业以售后回租方式进行融资等有关契税政策

① 对金融租赁公司开展售后回租业务，承受承租人房屋、土地权属的，照章征税。对售后回租合同期满，承租人回购原房屋、土地权属的，免征契税。

② 以招拍挂方式出让国有土地使用权的，纳税人为最终与土地管理部门签订出让合同的土地使用权承受人。

③ 市、县级人民政府根据《国有土地上房屋征收与补偿条例》有关规定征收居民房屋，居民因个人房屋被征收而选择货币补偿用以重新购置房屋，并且购房成交价格不超过货币补偿的，对新购房屋免征契税；购房成交价格超过货币补偿的，对差价部分按规定征收契税。居民因个人房屋被征收而选择房屋产权调换，并且不缴纳房屋产权调换差价的，对新换房屋免征契税；缴纳房屋产权调换差价的，对差价部分按规定征收契税。

④ 企业承受土地使用权用于房地产开发，并在该土地上代政府建设保障性住房的，计税价格为取得全部土地使用权的成交价格。

⑤ 单位、个人以房屋、土地以外的资产增资，相应扩大其在被投资公司的股权持有比例，无论被投资公司是否变更工商登记，其房屋、土地权属不发生转移，不征收契税。

⑥ 个体工商户的经营者将其个人名下的房屋、土地权属转移至个体工商户名下，或个体工商户将其名下的房屋、土地权属转回原经营者个人名下，免征契税。

合伙企业的合伙人将其名下的房屋、土地权属转移至合伙企业名下，或合伙企业将其名下的房屋、土地权属转回原合伙人名下，免征契税。

13. 关于改造安置住房契税的规定

贯彻落实《国务院关于加快棚户区改造工作的意见》有关要求，大力支持各地棚户区改造工作，自2013年7月4日起，对经营管理单位回购已分配的改造安置住房继续作为改造安置房源的，免征契税；个人首次购买90平方米以下改造安置住房，按1%的税率计征契税；购买超过90平方米，但符合普通住房标准的改造安置住房，按法定税率减半计征契税。个人取得的拆迁补偿款按有关规定免征个人所得税。

14. 其他规定

① 经国务院批准实施债权转股权的企业，对债权转股权后新设立的公司承受原企业的土地、房屋权属，免征契税。

② 政府主管部门对国有资产进行行政性调整和划转过程中发生的土地、房屋权属转移，不征收契税。

③ 企业改制重组过程中，同一投资主体内部所属企业之间土地、房屋权属的无偿划转，包括母公司与其全资子公司之间，同一公司所属全资子公司之间，同一自然人与其设立的个人独资企业、一人有限公司之间土地、房屋权属的无偿划转，不征收契税。

第六节 增值税、城市维护建设税、教育费附加

一、增值税

我国过去很长时间内对租售房屋的单位和个人，就其所取得的营业额征收营业税，营业税改征增值税（即营改增）试点于2011年开始，自2016年5月1日起，在全国范围内全面推开，将建筑业、房地产业、金融业、生活服务业等全部营业税纳税人，纳入试点范围。《中华人民共和国营业税暂行条例》于2017年11月19日废止。我国现行增值税的基本规范主要有《中华人民共和国增值税暂行条例》（根据2017年11月19日国务院令第691号修订）、《增值税暂行条例实施细则》以及《财政部 国家税务总局关于全面推开营业税改征增值税试点的通知》《关于调整增值税税率的通知》（财税〔2018〕32号）。

1. 增值税的含义

增值税是以商品（含应税劳务）在流转过程中产生的增值额作为计税依据而征收的一种流转税。从计税原理上说，增值税是对商品生产、流通、劳务服务中多个环节的新增价值或商品的附加值征收的一种流转税。实行价外税，也就是由消费者负担，有增值才征税，没增值不征税。在中华人民共和国境内销售货物或者加工、修理修配劳务（以下简称劳务），销售服务、无形资产、不动产以及进口货物的单位和个人，为增值税的纳税人，应当依照本条例缴纳增值税。

2. 增值税计算

纳税人销售建筑、不动产租赁服务，销售不动产，转让土地使用权等，税率为11%。

应纳税额计算公式：应纳税额＝当期销项税额－当期进项税额

当期销项税额小于当期进项税额不足抵扣时，其不足部分可以结转下期继续抵扣。

小规模纳税人发生应税销售行为，实行按照销售额和征收率计算应纳税额的简易办法，并不得抵扣进项税额。应纳税额计算公式：应纳税额＝销售额×征收率

小规模纳税人的标准由国务院财政、税务主管部门规定。小规模纳税人增值税征收率为3%，国务院另有规定的除外。

3. 纳税地点和纳税期限

增值税纳税地点：固定业户应当向其机构所在地的主管税务机关申报纳税。总机构和分支机构不在同一县（市）的，应当分别向各自所在地的主管税务机关申报纳税；经国务院财政、税务主管部门或者其授权的财政、税务机关批准，可以由总机构汇总向总机构所在地的

主管税务机关申报纳税。

增值税的纳税期限分别为1日、3日、5日、10日、15日、1个月或者1个季度。纳税人的具体纳税期限，由主管税务机关根据纳税人应纳税额的大小分别核定；不能按照固定期限纳税的，可以按次纳税。纳税人以1个月或者1个季度为1个纳税期的，自期满之日起15日内申报纳税；以1日、3日、5日、10日或者15日为1个纳税期的，自期满之日起5日内预缴税款，于次月1日起15日内申报纳税并结清上月应纳税款。扣缴义务人解缴税款的期限，依照前两款规定执行。

4. 其他规定

自2016年5月1日起，营改增后契税、房产税、土地增值税、个人所得税计税依据的规定如下：

① 计征契税的成交价格不含增值税。

② 房产出租的，计征房产税的租金收入不含增值税。

③ 土地增值税纳税人转让房地产取得的收入为不含增值税收入。《中华人民共和国土地增值税暂行条例》等规定的土地增值税扣除项目涉及的增值税进项税额，允许在销项税额中计算抵扣的，不计入扣除项目，不允许在销项税额中计算抵扣的，可以计入扣除项目。

④ 个人转让房屋的个人所得税应税收入不含增值税，其取得房屋时所支付价款中包含的增值税计入财产原值，计算转让所得时可扣除的税费不包括本次转让缴纳的增值税。个人出租房屋的个人所得税应税收入不含增值税，计算房屋出租所得可扣除的税费不包括本次出租缴纳的增值税。个人转租房屋的，其向房屋出租方支付的租金及增值税额，在计算转租所得时予以扣除。

⑤ 免征增值税的，确定计税依据时，成交价格、租金收入、转让房地产取得的收入不扣减增值税额。

⑥ 在计征上述税种时，税务机关核定的计税价格或收入不含增值税。

二、城市维护建设税

城市维护建设税是对从事工商经营、缴纳消费税、增值税的单位和个人征收的一种税。它本身无特定的征税对象，而以消费税、增值税税额为计税依据而附征，因此属一种附加税。

城市维护建设税实行地区差别比例税率，其纳税税率视纳税人所在地点不同而异。所在城市市区的按税率7%征税；在县城、建制镇、工矿区的按税率5%征税；在农村的按税率1%征税。

应纳税额=(实际缴纳的消费税+增值税税额)×适用税率

税制改革后，该税项以生产经营收入额为计税依据，税率为3‰～6‰。

三、教育费附加

教育费附加是为发展国家的教育事业、筹集教育经费而征收的一种附加费，按增值税、消费税之和的3%征收。

四、税收优惠政策

根据《营业税改征增值税试点过渡政策的规定》，北京市、上海市、广州市、深圳市以外的地区实行以下优惠政策：个人将购买不足 2 年的住房对外销售的，按照 5%的征收率全额缴纳增值税；个人将购买 2 年以上（含 2 年）的住房对外销售的，免征增值税。北京市、上海市、广州市、深圳市实行的优惠政策：个人将购买不足 2 年的住房对外销售的，按照 5%的征收率全额缴纳增值税；个人将购买 2 年以上（含 2 年）的非普通住房对外销售的，以销售收入减去购买住房价款后的差额按照 5%的征收率缴纳增值税；个人将购买 2 年以上（含 2 年）的普通住房对外销售的，免征增值税。

第七节 房地产相关税收

一、耕地占用税

根据《中华人民共和国耕地占用税法》（中华人民共和国主席令第 18 号），在中国境内占用耕地建设建筑物、构筑物或者从事非农业建设的单位和个人，为耕地占用税的纳税人，应当依照本法规定缴纳耕地占用税。耕地占用税的征税对象，是占用耕地从事其他非农业建设的行为。耕地占用税以纳税人实际占用耕地面积为计税依据，按照规定税率一次性计算征收。

耕地占用税的税额规定如下：

① 人均耕地不超过 1 亩的地区（以县、自治县、不设区的市、市辖区为单位，下同），每平方米为 10 元至 50 元。

② 人均耕地超过 1 亩但不超过 2 亩的地区，每平方米为 8 元至 40 元。

③ 人均耕地超过 2 亩但不超过 3 亩的地区，每平方米为 6 元至 30 元。

④ 人均耕地超过 3 亩的地区，每平方米为 5 元至 25 元。

各地区耕地占用税的适用税额，由省、自治区、直辖市人民政府根据人均耕地面积和经济发展等情况，在前款规定的税额幅度内提出，报同级人民代表大会常务委员会决定，并报全国人民代表大会常务委员会和国务院备案。各省、自治区、直辖市耕地占用税适用税额的平均水平，不得低于《中华人民共和国耕地占用税法》所附《各省、自治区、直辖市耕地占用税平均税额表》规定的平均税额。

在人均耕地低于零点五亩的地区，省、自治区、直辖市可以根据当地经济发展情况，适当提高耕地占用税的适用税额，但提高的部分不得超过《中华人民共和国耕地占用税法》第四条第二款确定的适用税额的 50%。具体适用税额按照《中华人民共和国耕地占用税法》第四条第二款规定的程序确定。占用基本农田的，应当按照《中华人民共和国耕地占用税法》第四条第二款或者第五条确定的当地适用税额，加按 150%征收。

军事设施、学校、幼儿园、社会福利机构、医疗机构占用耕地，免征耕地占用税。

二、印花税

《中华人民共和国印花税暂行条例》规定，凡在我国境内书立、领受有关合同、产权转移书据、权利证照等凭证的单位和个人，都是印花税纳税义务人。应纳税凭证应于书立或领受时购买并贴足印花税票（贴花）。

房地产开发经营活动涉及的有关纳税凭证和印花税税率如下：

① 商品房购销合同、建筑安装工程承包合同，按合同所载金额的万分之三由合同订立人缴纳。

② 产权转移书据或合同、加工承揽合同、建设工程勘察设计合同，按合同所载金额的万分之五由合同订立人缴纳。

③ 借款合同或银行贷款合同，按合同所载金额的万分之零点五由合同订立人缴纳。

④ 房地产租赁合同，按合同所载金额的千分之一由合同订立人缴纳。

⑤ 土地使用证、房屋产权证等由领受人按每件 5 元缴纳。

印花税由税务机关负责征收管理、发放或办理应纳税凭证的单位负责监督。

三、企业所得税

企业所得税是指对中华人民共和国境内的企业（居民企业及非居民企业）和其他取得收入的组织以其生产经营所得为课税对象所征收的一种所得税，但个人独资企业及合伙企业除外。居民企业应当就其来源于中国境内、境外的所得缴纳企业所得税。非居民企业在中国境内设立机构、场所的，应当就其所设机构、场所取得的来源于中国境内的所得，以及发生在中国境外但与其所设机构、场所有实际联系的所得，缴纳企业所得税。非居民企业在中国境内未设立机构、场所的，或者虽设立机构、场所但取得的所得与其所设机构、场所没有实际联系的，应当就其来源于中国境内的所得缴纳企业所得税。企业所得税税率一般为 25%，非居民企业取得所得应缴纳企业所得税的，适用税率为 20%。房地产开发企业作为企业所得税纳税人，应依照《中华人民共和国企业所得税法》缴纳企业所得税。

房地产开发企业的经营收入主要是租售收入。房地产开发项目和租售收入和成本投入是逐年实现的，若企业一年中的全部投入在本年度的经营活动中未全部回收，尽管有租售收入也未实现利润，因此给企业计算所得额带来一定的困难。为保证国家及时得到该项税收，目前有些地方将预计的总开发成本按年实际销售与出租比例，分摊到当年租售收入中扣除，使房地产开发企业只要有租售收入就要上缴所得税。在开发项目最终销售完毕的年度，再统一核算整个项目的所得税，并按核算结果结合项目开发过程中已交所得税情况多退少补。

四、个人所得税

个人所得税是国家对居民个人从中国境内和境外取得的所得、非居民个人从中国境内取得的所得征收的一种所得税。居民个人是指在中国境内有住所，或者无住所而一个纳税年度内在中国境内居住累计满一百八十三天的个人。非居民个人是指在中国境内无住所又不居住，或者无住所而一个纳税年度内在中国境内居住累计不满一百八十三天的个人。个人所得税以所得人为纳税人，以支付所得的单位或者个人为扣缴义务人。

个人出租不动产、个人转让不动产属于个人所得税法规定的各项个人所得的范围。

应纳税所得额的计算：财产租赁所得，每次收入不超过四千元的，减除费用八百元；四千元以上的，减除百分之二十的费用，其余额为应纳税所得额。财产租赁所得，以一个月内取得的收入为一次。财产转让所得，以转让财产的收入额减除财产原值和合理费用后的余额，为应纳税所得额。

财产租赁所得，财产转让所得和偶然所得，适用比例税率，税率为百分之二十。

《财政部国家税务总局建设部关于个人出售住房所得征收个人所得税有关问题的通知》（财税字〔1999〕278 号）对个人转让住房的个人所得税应纳税所得额计算和换购住房的个

人所得税有关问题做了具体规定：根据个人所得税法的规定，个人出售自有住房取得的所得应按照“财产转让所得”项目征收个人所得税。对个人转让自用5年以上、并且是家庭唯一生活用房取得的所得，继续免征个人所得税。个人出售自有住房的应纳税所得额，按下列原则确定：①个人出售除已购公有住房以外的其他自有住房，其应纳税所得额按照个人所得税法的有关规定确定。②个人出售已购公有住房，其应纳税所得额为个人出售已购公有住房的销售价，减除住房面积标准的经济适用住房价款、原支付超过住房面积标准的房价款、向财政或原产权单位缴纳的所得收益以及税法规定的合理费用后的余额。已购公有住房是指城镇职工根据国家和县级（含县级）以上人民政府有关城镇住房制度改革政策规定，按照成本价（或标准价）购买的公有住房。经济适用住房价格按县级（含县级）以上地方人民政府规定的标准确定。③职工以成本价（或标准价）出资的集资合作建房、安居工程住房、经济适用住房以及拆迁安置住房，比照已购公有住房确定应纳税所得额。

为完善制度，加强征管，《国家税务总局关于个人住房转让所得征收个人所得税有关问题的通知》（国税发〔2006〕108号）规定如下：①对住房转让所得征收个人所得税时，以实际成交价格为转让收入。纳税人申报的住房成交价格明显低于市场价格且无正当理由的，征收机关依法有权根据有关信息核定其转让收入，但必须保证各税种计税价格一致。②对转让住房收入计算个人所得税应纳税所得额时，纳税人可凭原购房合同、发票等有效凭证，经税务机关审核后，允许从其转让收入中减除房屋原值、转让住房过程中缴纳的税金及有关合理费用。③纳税人未提供完整、准确的房屋原值凭证，不能正确计算房屋原值和应纳税额的，税务机关可根据《中华人民共和国税收征收管理法》第35条的规定，对其实行核定征税，即按纳税人住房转让收入的一定比例核定应纳个人所得税额。具体比例由省级地方税务局或者省级地方税务局授权的地市级地方税务局根据纳税人出售住房的所处区域、地理位置、建造时间、房屋类型、住房平均价格水平等因素，在住房转让收入1%～3%的幅度内确定。

思 考 题

1. 如何理解房地产税收的含义？
2. 房地产税、租、费有何关系？
3. 享受优惠政策的普通住房应满足什么条件？
4. 房产税有哪些优惠政策？
5. 城镇土地使用税采用何种税率？
6. 土地增值税如何计算？
7. 征收契税的情形有哪些？
8. 城市维护建设税的税率是多少？
9. 什么是城镇土地使用税？
10. 印花税的税率有什么特点？

第十一章　物业管理制度与政策

第一节　物业管理概述

一、物业与物业管理的基本概念

1. 物业的概念

"物业"一词是由英语"Estate"或"Property"引译而来的，其含义为财产、资产、地产、房地产、产业等。该词自20世纪80年代引入内地，现已形成了一个完整的概念，即：物业是指已经建成并投入使用的各类房屋及其与之相配套的设备、设施和场地。物业可大可小，一个单元住宅可以是物业，一座大厦也可以作为一项物业，同一建筑物还可按权属的不同分割为若干物业。物业含有多种业态，如：办公楼宇、商业大厦、住宅小区、别墅、工业园区、酒店、厂房仓库等。

2. 物业管理的概念

根据《中华人民共和国物业管理条例》（以下简称《物业管理条例》）（2003年6月8日中华人民共和国国务院令第379号公布，根据2007年8月26日中华人民共和国国务院令第504号第一次修订，根据2016年2月6日国务院令第666号第二次修订，根据2018年3月19日国务院令第698号第三次修订），物业管理是指业主通过选聘物业服务企业，由业主和物业服务企业按照物业服务合同约定，对房屋及配套的设施设备和相关场地进行维修、养护、管理，维护物业管理区域内的环境卫生和相关秩序的活动。

二、物业管理的特征

1. 社会化

物业管理的社会化有两层基本含义，一是物业的所有权人要到社会上去选聘物业服务企业；二是物业服务企业要到社会上去寻找可以代管的物业。

物业的所有权、使用权与物业的经营管理权相分离是物业管理社会化的必要前提，现代化大生产的社会专业分工是实现物业管理社会化的必要条件。

2. 专业化

物业管理的专业化是指由物业服务企业通过合同的签订，按照产权人和使用人的要求去实施专业化管理。随着经济的发展和科技的进步，建设领域不断涌现新技术、新产品，物业的智能化程度越来越高，只有那些拥有掌握管理技术和硬件技术的专业人员，具有先进的管理工具及设备，建立科学、规范的管理措施及工作程序的物业服务企业，才有能力提供相应的物业管理服务。

3. 市场化

在市场经济条件下，物业管理的属性是经营，所提供的商品是服务。物业服务企业是按照现代企业制度组建并运作，向业主和使用人提供服务，业主和使用人购买并消费这种服务。物业服务企业自负盈亏，在激烈的市场竞争中求生存，谋发展。

第二节 业主、业主大会及业主委员会

一、业主

1. 业主的概念

房屋的所有权人为业主，业主是物业服务企业提供物业管理服务的对象。

2. 业主的权利和义务

业主在物业管理活动中的权利有：①按照物业服务合同的约定，接受物业服务企业提供的服务；②提议召开业主大会会议，并就物业管理的有关事项提出建议；③提出制定和修改管理规约、业主大会议事规则的建议；④参加业主大会会议，行使投票权；⑤选举业主委员会委员，并享有被选举权；⑥监督业主委员会的工作；⑦监督物业服务企业履行物业服务合同；⑧对物业共用部位、共用设施设备和相关场地使用情况享有知情权和监督权；⑨监督物业共用部位、共用设施设备专项维修资金（以下简称专项维修资金）的管理和使用；⑩法律、法规规定的其他权利。

业主在物业管理活动中的义务有：①遵守管理规约、业主大会议事规则；②遵守物业管理区域内物业共用部位和共用设施设备的使用、公共秩序和环境卫生的维护等方面的规章制度；③执行业主大会的决定和业主大会授权业主委员会作出的决定；④按照国家有关规定交纳专项维修资金；⑤按时交纳物业服务费用；⑥法律、法规规定的其他义务。

根据《最高人民法院关于审理物业服务纠纷案件具体应用法律若干问题的解释》的规定，业主违反物业服务合同或者法律、法规、管理规约，实施妨害物业服务与管理的行为，物业服务企业请求业主承担恢复原状、停止侵害、排除妨害等相应民事责任的，人民法院应予支持。

3. 业主的建筑物区分所有权

根据《物权法》的规定：业主对建筑物内的住宅、经营性用房等专有部分享有所有权，对专有部分以外的共有部分享有共有和共同管理的权利；对其建筑物专有部分享有占有、使用、收益和处分的权利。业主行使权利不得危及建筑物的安全，不得损害其他业主的合法权益；对建筑物专有部分以外的共有部分，享有权利，承担义务；不得以放弃权利不履行义务。

业主转让建筑物内的住宅、经营性用房，其对共有部分享有的共有和共同管理的权利一并转让。建筑区划内的道路，属于业主共有，但属于城镇公共道路的除外。建筑区划内的绿地，属于业主共有，但属于城镇公共绿地或者明示属于个人的除外。建筑区划内的其他公共场所、公用设施和物业服务用房，属于业主共有。建筑区划内，规划用于停放汽车的车位、车库应当首先满足业主的需要。建筑区划内，规划用于停放汽车的车位、车库的归属，由当事人通过出售、附赠或者出租等方式约定。占用业主共有的道路或者其他场地用于停放汽车

的车位，属于业主共有。

4. 业主与物业使用人的区别

物业使用人（通常简称为使用人）是指不拥有物业的所有权，但通过某种形式（如签订租赁合同）而获得物业使用权，并实际使用物业的人。物业使用人和业主在权利上的最大区别是物业使用人没有对物业的最终处置权，如物业的买卖。

二、业主大会

1. 业主大会的概念

根据《业主大会和业主委员会指导规则》第二条的规定，业主大会由物业管理区域内的全体业主组成，代表和维护物业管理区域内全体业主在物业管理活动中的合法权利，履行相应的义务。

《物业管理条例》规定，一个物业管理区域成立一个业主大会。物业管理区域的划分应当考虑物业的共用设施设备、建筑物规模、社区建设等因素。具体办法由省、自治区、直辖市制订。

根据《物业管理条例》和《业主大会和业主委员会指导规则》规定，同一个物业管理区域内的业主，应当在物业所在地的区、县人民政府房地产行政主管部门或者街道办事处、乡镇人民政府的指导下成立业主大会，并选举产生业主委员会。但是，只有一个业主的，或者业主人数较少且经全体业主一致同意，决定不成立业主大会的，由业主共同履行业主大会、业主委员会职责。

2. 筹备首次业主大会会议的文件资料

根据《业主大会和业主委员会指导规则》第八条的规定：物业管理区域内，已交付的专有部分面积超过建筑物总面积50%时，建设单位应当按照物业所在地的区、县房地产行政主管部门或者街道办事处、乡镇人民政府的要求，及时报送下列筹备首次业主大会会议所需的文件资料：①物业管理区域证明；②房屋及建筑物面积清册；③业主名册；④建筑规划总平面图；⑤交付使用共用设施设备的证明；⑥物业服务用房配置证明；⑦其他有关的文件资料。

符合成立业主大会条件的，区、县房地产行政主管部门或者街道办事处、乡镇人民政府应当在收到业主提出筹备业主大会书面申请后60日内，负责组织、指导成立首次业主大会会议筹备组。

3. 由业主共同决定的事项

根据《物权法》第七十六条和《物业管理条例》第十一条、第十二条第三款规定，下列事项由业主共同决定：

① 制定和修改业主大会议事规则；②制定和修改建筑物及其附属设施的管理规约；③选举业主委员会或者更换业主委员会成员；④选聘和解聘物业服务企业或者其他管理人；⑤筹集和使用建筑物及其附属设施的维修资金；⑥改建、重建建筑物及其附属设施；⑦有关共有和共同管理权利的其他重大事项。

决定上述第五项和第六项规定的事项，应当经专有部分占建筑物总面积三分之二以上的业主且占总人数三分之二以上的业主同意。决定前款其他事项，应当经专有部分占建筑物总面积过半数的业主且占总人数过半数的业主同意。

4. 业主大会的会议形式、会议类型

业主大会会议可以采用集体讨论的形式，也可以采用书面征求意见的形式；但是，应当有物业管理区域内专有部分占建筑物总面积过半数的业主且占总人数过半数的业主参加。业主可以委托代理人参加业主大会会议。

业主大会会议分为定期会议和临时会议。

业主大会定期会议应当按照业主大会议事规则的规定召开。经 20% 以上的业主提议，业主委员会应当组织召开业主大会临时会议。

召开业主大会会议，应当于会议召开 15 日以前通知全体业主。住宅小区的业主大会会议，应当同时告知相关的居民委员会。业主委员会应当做好业主大会会议记录。

三、业主委员会

业主委员会是业主大会的执行机构，一个物业管理区域应当成立一个业主委员会。

1. 业主委员会的成立

根据《业主大会和业主委员会指导规则》的规定，业主委员会由业主大会会议选举产生，由 5 至 11 人单数组成。业主委员会委员应当是物业管理区域内的业主，并符合下列条件：

① 具有完全民事行为能力；②遵守国家有关法律、法规；③遵守业主大会议事规则、管理规约，模范履行业主义务；④热心公益事业，责任心强，公正廉洁；⑤具有一定的组织能力；⑥具备必要的工作时间。

业主委员会委员实行任期制，每届任期不超过 5 年，可连选连任，业主委员会委员具有同等表决权。业主委员会应当自选举之日起 7 日内召开首次会议，推选业主委员会主任和副主任。

业主委员会应当自选举产生之日起 30 日内，持下列文件向物业所在地的区、县房地产行政主管部门和街道办事处、乡镇人民政府办理备案手续：

① 业主大会成立和业主委员会选举的情况；②管理规约；③业主大会议事规则；④业主大会决定的其他重大事项。

2. 业主委员会的职责

根据《业主大会和业主委员会指导规则》第三十五条的规定，业主委员会履行以下职责：

① 执行业主大会的决定和决议；②召集业主大会会议，报告物业管理实施情况；③与业主大会选聘的物业服务企业签订物业服务合同；④及时了解业主、物业使用人的意见和建议，监督和协助物业服务企业履行物业服务合同；⑤监督管理规约的实施；⑥督促业主交纳物业服务费及其他相关费用；⑦组织和监督专项维修资金的筹集和使用；⑧调解业主之间因物业使用、维护和管理产生的纠纷；⑨业主大会赋予的其他职责。

四、管理规约

管理规约是一种公共契约，属于协议、合约的性质。它是由全体业主承诺共同订立的，规定业主在物业管理区域内有关物业使用、维护和管理等涉及业主共同利益事项的，对全体业主（包括物业使用人、继受人）具有普遍约束力的自律性规范，一般以书面形式订立。管理规约作为业主自我管理的一种重要形式和手段，要求全体业主共同遵守。管理规约应当尊重社会公德，不得违反法律、法规或者损害社会公共利益。

管理规约是物业管理法律法规和政策的一种有益补充，是有效调整业主之间权利与义务关系的基础性文件，也是物业管理顺利进行的重要保证。根据《物业管理条例》第二十二条的规定：建设单位应当在销售物业之前，制定临时管理规约，对有关物业的使用、维护、管理，业主的共同利益，业主应当履行的义务，违反规约应当承担的责任等事项依法作出约定。建设单位制定的临时管理规约，不得侵害物业买受人的合法权益。建设单位制定业主临时规约，可以参考使用原建设部印发的《临时管理规约（示范文本）》（建住房〔2004〕156号）。

建设单位应当在物业销售前将临时管理规约向物业买受人明示，并予以说明。物业买受人在与建设单位签订物业买卖合同时，应当对遵守临时管理规约予以书面承诺。业主筹备成立业主大会的，由筹备组参照政府主管部门制定的示范文本，结合物业的实际情况对临时管理规约进行修改补充，拟定管理规约（草案），经业主大会讨论通过生效。以后可根据实际情况对管理规约进行修订并经业主大会讨论通过后生效。

第三节　物业服务运作

一、物业管理的委托和物业服务合同

（一）物业管理的委托

1. 物业管理委托方

物业管理的委托方是业主。按物业产权归属，物业管理的委托方有房地产开发企业、公房出售单位和业主大会三类主体。

（1）房地产开发企业　房地产开发企业在以下两种情况下是物业管理的委托方。一是对建成后以销售为主的物业，在物业建成和出售前，其产权归属房地产开发企业。因此，由房地产开发企业负责首次选聘物业服务企业。二是对建成后并不出售，而出租经营的物业，因其产权始终归属开发企业，所以，房地产开发企业一直是物业管理的委托方。

（2）公房出售单位　在业主大会和业主委员会成立之前，公房出售单位作为原业主，与房地产开发企业一样，负责首次选聘物业服务企业。

（3）业主大会　以销售为主的物业，当业主入住达到一定时间或一定比例时，以及原有公房的出售达到一定比例时均应按规定成立业主大会和业主委员会。业主大会成立后就是全体业主的代表，业主委员会与新选聘的物业服务企业签订物业服务合同，前期物业服务合同自行终止。

2. 物业管理招投标概述

（1）物业管理招投标的概念　物业管理招投标包括物业管理招标和物业管理投标两部分。物业管理招标是指物业所有人通过制定符合其管理服务要求和标准的招标文件，向社会公开选聘并确定物业服务企业的过程。物业管理投标是指物业服务企业为开拓业务，依据物业管理招标文件的要求组织编写标书，并向招标单位递交投标书和投标文件，参加物业管理竞标，以求通过市场竞争获得物业管理项目的过程。

《物业管理条例》第二十四条第一款规定：国家提倡建设单位按照房地产开发与物业管

理相分离的原则，通过招投标的方式选聘物业服务企业。原建设部制定了《前期物业管理招标投标管理暂行办法》（建住房〔2003〕130号）第三条规定："住宅及同一物业管理区域内非住宅的建设单位，应当通过招投标的方式选聘具有相应资质的物业服务企业。"并且明确："前期物业管理招标投标应当遵循公开、公平、公正和诚实信用的原则。"

（2）物业管理招标方式　物业管理招标有公开招标、邀请招标两种方式。

公开招标是指招标人以招标公告的方式邀请不特定的法人或者其他组织投标，又称为无限竞争性公开招标，由招标方通过报刊、电视、广播等各种媒体向社会公开发布招标公告，凡符合投标基本条件又有兴趣的物业服务企业均可申请投标。公开招标的优点是招标方有较大的选择范围，可在众多的投标单位之间选择最优者；其缺点是由于竞标单位较多，工作量大，时间长，增加了招标成本。公开招标一般适用于规模较大的物业，尤其是收益性物业。邀请招标是指招标人以投标邀请书的方式邀请特定的法人和其他组织投标。

《物业管理条例》第二十四条第二款规定：投标人少于3个或者住宅规模较小的，经物业所在地的区、县人民政府房地产行政主管部门批准，可以采用协议方式选聘物业服务企业。

（3）物业管理招投标文件的内容　物业管理招投标文件的内容在《前期物业管理招标投标管理暂行办法》第十条、第二十二条中都有具体规定。

招标文件应包括：①招标人及招标项目简介，包括招标人名称、地址、联系方式、项目基本情况、物业管理用房的配备情况等；②物业管理服务内容及要求，包括服务内容、服务标准等；③对投标人及投标书的要求，包括投标人的资格、投标书的格式、主要内容等；④评标标准和评标方法；⑤招标活动方案，包括招标组织机构、开标时间及地点等；⑥物业服务合同的签订说明；⑦其他事项的说明及法律法规规定的其他内容。

投标文件包括：①投标函；②投标报价；③物业管理方案；④招标文件要求提供的其他材料。

（二）物业服务合同

1. 物业服务合同的属性

业主、业主大会委托物业服务企业对物业实施物业管理，物业服务企业接受委托从事物业管理服务，双方应当签订物业服务合同。物业服务合同属于我国合同分类中的委托合同，委托合同是受托人以委托人的名义为委托人处理委托事务，委托人支付约定报酬的协议。物业服务合同既可以发生在法人之间，也可以发生在公民与法人之间。根据《最高人民法院关于审理物业服务纠纷案件具体应用法律若干问题的解释》（法释〔2009〕8号）第一条规定：建设单位依法与物业服务企业签订的前期物业服务合同，以及业主委员会与业主大会依法选聘的物业服务企业签订的物业服务合同，对业主具有约束力。业主以其并非合同当事人为由提出抗辩的，人民法院不予支持。

2. 物业服务合同的类型

物业服务合同按委托人的不同和签订的先后顺序分为两种。

① 房地产开发企业或公房出售单位与物业服务企业签订的《前期物业服务合同》。这是针对前期物业管理服务所签订的，合同甲方是房地产开发企业或公房出售单位；合同乙方是甲方选聘的物业服务企业。该合同至业主委员会代表全体业主与其选聘的物业服务企业签订的《物业服务合同》生效时止。

② 业主委员会代表全体业主与物业服务企业签订的《物业服务合同》。根据业主大会的

授权，业主委员会应当与业主大会选聘的物业服务企业订立书面的物业服务合同。合同甲方是业主委员会，合同乙方是其选聘的物业服务企业。该合同一经签订，原房地产开发企业或公房出售单位与物业服务企业所签订的《前期物业服务合同》即自行失效。

3. 物业服务合同的内容

物业服务合同应当对物业管理服务事项、服务质量、服务费用、双方的权利义务、专项维修资金的管理与使用、物业管理用房、合同期限、违约责任等内容进行约定。对于物业服务企业公开作出的服务承诺及制定的服务细则，应当认定为物业服务合同的组成部分。确定物业服务合同的内容可以参考使用原建设部印发的《前期物业服务合同（示范文本）》（建住房〔2004〕155号）。

在《最高人民法院关于审理物业服务纠纷案件具体应用法律若干问题的解释》（法释〔2009〕8号）中，有业主委员会或者业主请求确认合同或者合同相关条款无效的两种情况，人民法院应予支持。

① 物业服务企业将物业服务区域内的全部物业服务业务一并委托他人而签订的委托合同。

② 物业服务合同中免除物业服务企业责任、加重业主委员会或者业主责任、排除业主委员会或者业主主要权利的条款。

以上所称物业服务合同包括前期物业服务合同。

二、物业承接查验

1. 物业承接查验的概念

根据《物业承接查验办法》（建房〔2010〕165号）的解释，物业承接查验，是指承接新建物业前，物业服务企业和建设单位按照国家有关规定和前期物业服务合同的约定，共同对物业共用部位、共用设施设备进行检查和验收的活动。

2. 物业承接查验的程序

物业承接查验按照下列程序进行：

① 确定物业承接查验方案。

② 移交有关图纸资料。

③ 查验共用部位、共用设施设备。

④ 解决查验发现的问题。

⑤ 确认现场查验结果。

⑥ 签订物业承接查验协议。

⑦ 办理物业交接手续。

3. 建设单位应当向物业服务企业移交的资料

现场查验20日前，建设单位应当向物业服务企业移交的资料有：①竣工总平面图，单体建筑、结构、设备竣工图，配套设施、地下管网工程竣工图等竣工验收资料；②共用设施设备清单及其安装、使用和维护保养等技术资料；③供水、供电、供气、供热、通信、有线电视等准许使用文件；④物业质量保修文件和物业使用说明文件；⑤承接查验所必需的其他资料。未能全部移交前款所列资料的，建设单位应当列出未移交资料的详细清单并书面承诺补交的具体时限。

4. 物业服务企业现场查验部位及设施设备

物业服务企业应当对下列物业共用部位、共用设施设备进行现场检查和验收：

① 共用部位：一般包括建筑物的基础、承重墙体、柱、梁、楼板、屋顶以及外墙、门厅、楼梯间、走廊、楼道、扶手、护栏、电梯井道、架空层及设备间等。

② 共用设备：一般包括电梯、水泵、水箱、避雷设施、消防设备、楼道灯、电视天线、发电机、变配电设备、给排水管线、电线、供暖及空调设备等。

③ 共用设施：一般包括道路、绿地、人造景观、围墙、大门、信报箱、宣传栏、路灯、排水沟、渠、池、污水井、化粪池、垃圾容器、污水处理设施、机动车（非机动车）停车设施、休闲娱乐设施、消防设施、安防监控设施、人防设施、垃圾转运设施以及物业服务用房等。

现场查验应当综合运用核对、观察、使用、检测和试验等方法，重点查验物业共用部位、共用设施设备的配置标准、外观质量和使用功能。

三、物业管理的基本内容

1. 常规性的公共服务

常规性公共服务主要是物业服务企业与业主在物业服务合同中载明的服务内容，业主通过支付物业费来获得该项服务内容。

常规性的公共服务主要有：①物业共用部位的维护与管理；②物业共用设备设施的运行、维护和管理；③环境卫生、绿化管理服务；④机动车和非机动车的停放管理；⑤物业管理区域内公共秩序、消防，交通等协助管理事项的服务；⑥物业装饰装修管理服务；⑦物业档案资料的管理。

另外，针对不同类型、不同档次物业的具体特点，业主与物业服务企业可以通过物业服务合同约定其他服务内容。

2. 针对性的专项服务

针对性的专项服务是小区业主中存在着大量类似的服务需求，由于这种服务需求是在居民生活中衍生出来的，需要就地就近解决，这就给物业服务企业提供了多项经营的机会。

针对性的专项服务的内容主要有以下几大类：

① 日常生活类；②商业服务类；③文化、教育、卫生、体育类；④金融服务类；⑤经纪代理中介服务。在物业服务企业进行多项经营中，需要改变公共建筑和共用设施用途的，应当提请业主大会讨论决定同意后，由业主依法办理有关手续。

3. 委托性的特约服务

委托性的特约服务是为满足物业产权人、使用人的个别需求受其委托而提供的服务，通常指在物业管理委托合同中未要求，物业服务企业在专项服务中也未设立，而物业产权人、使用人又提出该方面的需求，此时，物业服务企业应在可能的情况下尽量满足其需求，提供特约服务。如小区内老年病人的护理、接送子女上学、照顾残疾人的上下楼梯、为住用人代购生活物品、小区的电子商务服务，等等。

四、物业管理的主要环节

根据物业管理在房地产开发、建设和使用过程中不同时期的地位、作用、特点及工作内容，物业管理按先后顺序可分为 4 个阶段：物业管理的策划阶段、物业管理的前期准备阶段、物业管理的启动阶段、物业管理的日常运作阶段。

（一）物业管理的策划阶段

1. 物业管理的早期介入

所谓物业管理的早期介入，是指物业服务企业在接管物业以前的各个阶段（项目决策、可行性研究、规划设计、施工建设等阶段）就参与介入，从物业管理运作的角度对物业的环境布局、功能规划、楼宇设计、材料选用、配套设施、管线布置、施工质量、竣工验收等多方面提供有益的建设性意见，协助开发商把好规划设计关、建设配套关、工程质量关和使用功能关，以确保物业的设计和建造质量、为物业投入使用后的物业管理创造条件，这是避免日后物业管理混乱的前提与基础。

2. 制定物业管理方案

房地产开发项目确定后，开发企业就应尽早制定物业管理方案，也可聘请物业服务企业代为制定。制定物业管理方案，首先是根据物业类型、功能、档次等客观条件及住用人的群体特征和需求等主观条件，规划物业管理消费水平，确定物业管理的档次。其次，确定相应的管理服务标准。然后进行年度物业管理费用收支预算，确定各项管理服务的收费标准和成本支出，进行费用的分摊，建立完善的能有效控制管理费用收支的财务制度。

3. 制定临时管理规约及有关制度

建设单位应当在销售物业之前，制定临时管理规约，对有关物业的使用、维护、管理，业主的共同利益，业主应当履行的义务，违反规约应当承担的责任等事项依法作出约定。建设单位制定的临时管理规约，不得侵害物业买受人的合法权益。建设单位应当在物业销售前将临时管理规约向物业买受人明示，并予以说明。建设单位还应制定物业共用部位和共用设施设备的使用、公共秩序和环境卫生的维护等方面的规章制度。

4. 选聘物业服务企业

在物业管理方案制定并经审批之后，即应根据方案确定的物业管理档次着手进行物业服务企业的选聘工作。达到一定规模的住宅物业的建设单位，应当通过招投标的方式选聘具有相应资质的物业服务企业，物业服务企业不得超越资质承接物业管理项目。建设单位应与选聘的物业服务企业签订《前期物业服务合同》。建设单位通过招投标方式选聘物业服务企业，新建现售商品房项目应当在现售前30日完成；预售商品房项目应当在取得《商品房预售许可证》之前完成；非出售的新建物业项目应当在交付使用前90日完成。

物业管理策划阶段的工作，是由房地产开发企业或建设单位来主持的。上述四个环节是物业管理全面启动和运作的必要先决条件，因此，要给予足够的重视。

（二）物业管理的前期准备阶段

1. 物业服务企业内部机构的设置与拟定人员编制

企业内部机构及岗位要依据所管物业的规模和特点以及业主对物业管理服务的需求档次灵活设置。其设置原则就是使企业的人力、物力、财力资源得到优化高效的配置，以最少人力资源达到最高运营管理效率和最佳经济效益。

2. 物业管理人员的选聘和培训

从事物业管理的人员需要敬业精神，要求各工种岗位人员达到一定的水平，对其上岗资格须进行确认。电梯、锅炉、配电等特殊工种应取得政府主管部门的资格认定方可上岗。

3. 物业管理制度的制定

规章制度是物业管理顺利运行的保证。规章制度的制定应依据国家法律、法规、政策的规定和物业管理行政主管部门推荐的示范文本，结合本物业的实际情况，制定一些必要的、适用的制度和管理细则。

（三）物业管理的启动阶段

1. 物业的承接验收

物业的承接验收包括新建物业的承接验收和原有物业的承接验收。新建物业的承接验收是在项目竣工验收的基础上进行的承接验收。承接验收完成后，即由开发商或建设单位向物业服务企业办理物业管理的交接手续，就标志着物业正式进入实施物业管理阶段。原有物业的承接验收通常发生在产权人将原有物业委托给物业服务企业管理之时；或发生在原有物业改聘物业服务企业，在新老物业服务企业之间。在这两种情况下，原有物业承接验收的完成也都标志着新的物业管理工作全面开始。

对物业服务企业而言，物业的承接验收是对包括物业的共用部位、共用设施设备在内的承接验收。

物业的承接验收是直接关系到物业管理工作能否正常顺利开展的重要一环，在承接验收的过程中，物业服务企业要充分发挥自己的作用，对验收中发现的问题应准确记录在案，明确管理、维修责任，并注意审查接收的图纸资料档案。

2. 用户入住

业主入住是指住宅小区的居民入住，或商业楼宇中业主和租户的迁入，这是物业服务企业与服务对象的首次接触，是物业管理十分重要的环节。业主入住时，物业服务企业向业主发放《临时管理规约》等材料，将房屋装饰装修中的禁止行为和注意事项告知业主，还要通过各种宣传手段和方法，使业主了解物业管理的有关规定，主动配合物业服务企业日后的管理服务工作。

3. 档案资料的建立

档案资料包括业主或租住户的资料和物业的资料。

业主或租住户入住以后，应及时建立他们的档案资料，例如业主的姓名，家庭人员情况，工作单位，联系电话或地址，收缴管理费情况，物业的使用或维修养护情况等。

物业档案资料是对物业建设开发成果的记录，是以后实施物业管理时工程维修、配套、改造必不可少的依据，是更换物业服务企业时必须移交的文件之一。

档案资料要尽可能完整地归集从规划设计到工程竣工，从主体到配套，从建筑物到环境的全部工程技术资料，尤其是隐蔽工程的技术资料。经整理后按照资料本身的内在规律和联系进行科学的分类与归档。

4. 首次业主大会的召开和业主委员会的成立

当物业销售和业主入住达到一定比例或一定年限时，应在物业所在地的区、县人民政府房地产主管部门或街道办事处的指导下成立业主大会，召开首次业主大会会议，审议和通过业主大会议事规则和管理规约，选举产生业主委员会，决定有关业主共同利益的事项。至此，物业管理工作就从全面启动转向日常运作。

（四）物业管理的日常运作阶段

1. 日常综合服务与管理

日常综合服务与管理是指业主大会选聘新的物业服务企业并签订《物业服务合同》后，物业服务企业在实施物业管理中所做的各项工作。例如，房屋修缮管理、房屋设备管理、环境卫生管理、绿化管理、治安管理、消防管理、车辆道路管理，以及为改善居住与工作环境而进行的配套设施及公共环境的进一步完善等各项服务工作。

2. 系统的协调

物业管理社会化、专业化、市场化的特征，决定了其具有特定的复杂的系统内部、外部环境条件。系统内部环境条件主要是物业服务企业与业主、业主大会上、业主委员会的相互关系以及业主之间相互关系的协调；系统外部环境条件就是与相关部门及单位相互关系的协调，例如，供水、供电、居委会、通信、环卫、房管、城管等有关部门，涉及面相当广泛。

五、物业服务收费

物业服务收费，是指物业管理企业按照物业服务合同的约定，对房屋及配套的设施设备和相关场地进行维修、养护、管理，维护相关区域内的环境卫生和秩序，向业主所收取的费用。为规范物业服务收费行为，保障业主和物业管理企业的合法权益，根据《中华人民共和国价格法》和《物业管理条例》，建设部会同国家发展和改革委员会制定了《物业服务收费管理办法》（发改价格〔2003〕1864号）。

（一）物业服务收费原则

物业服务收费应当遵循合理、公开以及费用与服务水平相适应的原则（《物业服务收费管理办法》第五条）。国家鼓励物业服务企业开展正当的价格竞争，禁止价格垄断和牟取暴利行为。

从长远发展方向看，随着市场经济体制的建立和人民经济收入水平及生活水平的提高，物业服务收费应在市场竞争机制下，由物业委托者和物业服务企业双方协商，按质论价、质价相符。

（二）物业服务收费的价格管理方式

根据《物业服务收费管理办法》第六条规定，物业服务收费应当区分不同物业的性质和特点分别实行政府指导价和市场调节价。具体定价形式由省、自治区、直辖市人民政府价格主管部门会同房地产行政主管部门确定。

根据《物业服务收费管理办法》第七条规定，物业服务收费实行政府指导价的，有定价权限的人民政府价格主管部门应当会同房地产行政主管部门根据物业管理服务等级标准等因素，制定相应的基准价及其浮动幅度，并定期公布。具体收费标准由业主与物业管理企业根据规定的基准价和浮动幅度在物业服务合同中约定。实行市场调节价的物业服务收费，由业主与物业管理企业在物业服务合同中约定。

根据《物业服务收费管理办法》第八条的规定，物业管理企业应当按照政府价格主管部门的规定实行明码标价，在物业管理区域内的显著位置，将服务内容、服务标准以及收费项目、收费标准等有关情况进行公示。

（三）物业服务收费的计费方式

根据《物业服务收费管理办法》第九条的规定，物业服务收费的计费方式主要包括包干制和酬金制两种方式。包干制是指由业主向物业管理企业支付固定物业服务费用，盈余或者亏损均由物业管理企业享有或者承担的物业服务计费方式。酬金制是指在预收的物业服务资金中按约定比例或者约定数额提取酬金支付给物业管理企业，其余全部用于物业服务合同约定的支出，结余或者不足均由业主享有或者承担的物业服务计费方式。

实行物业服务费用包干制的，物业服务费用的构成包括物业服务成本、法定税费和物业管理企业的利润。实行物业服务费用酬金制的，预收的物业服务资金包括物业服务支出和物业管理企业的酬金。根据《物业服务定价成本监审办法（试行）》（发改价格〔2007〕2285号）的规定，物业服务定价成本由人员费用、物业共用部位共用设施设备日常运行和维护费用、绿化养护费用、清洁卫生费用、秩序维护费用、物业共用部位共用设施设备及公众责任保险费用、办公费用、管理费分摊、固定资产折旧以及经业主同意的其他费用组成。

（四）其他收费管理规定

1. 关于代收供水、供电、供气、供热、通信、有线电视等费用的手续费问题

《物业服务收费管理办法》第十七条规定：物业管理区域内，供水、供电、供气、供热、通信、有线电视等单位应当向最终用户收取有关费用。物业管理企业接受委托代收上述费用的，可向委托单位收取手续费，不得向业主收取手续费等额外费用。

2. 关于利用物业共用部位、共用设施设备进行经营的产生收益的分配问题

《物业服务收费管理办法》第十八条规定：利用物业共用部位、共用设施设备进行经营的，应当在征得相关业主、业主大会、物业管理企业的同意后，按照规定办理有关手续。业主所得收益应当主要用于补充专项维修资金，也可以按照业主大会的决定使用。

3. 关于重复收费问题

《物业服务收费管理办法》第十九条规定：物业管理企业已接受委托实施物业服务并相应收取服务费用的，其他部门和单位不得重复收取性质和内容相同的费用。

4. 关于提供物业服务合同约定以外的服务的收费问题

《物业服务收费管理办法》第二十条规定：物业管理企业根据业主的委托提供物业服务合同约定以外的服务，服务收费由双方约定。

5. 关于物业服务企业擅自扩大收费范围、提高收费标准的问题

《最高人民法院关于审理物业服务纠纷案件具体应用法律若干问题的解释》第五条规定：物业服务企业违反物业服务合同约定或者法律、法规、部门规章规定，擅自扩大收费范围、提高收费标准或者重复收费，业主以违规收费为由提出抗辩的，人民法院应予支持。业主请求物业服务企业退还其已收取的违规费用的，人民法院应予支持。

6. 关于业主拖欠物业费的问题

《最高人民法院关于审理物业服务纠纷案件具体应用法律若干问题的解释》第六条规定：经书面催交，业主无正当理由拒绝交纳或者在催告的合理期限内仍未交纳物业费，物业服务企业请求业主支付物业费的，人民法院应予支持。物业服务企业已经按照合同约定以及相关规定提供服务，业主仅以未享受或者无需接受相关物业服务为抗辩理由的，人民法院不予支持。

7. 关于物业使用人交纳物业费的问题

《最高人民法院关于审理物业服务纠纷案件具体应用法律若干问题的解释》第七条规定：业主与物业的承租人、借用人或者其他物业使用人约定由物业使用人交纳物业费，物业服务企业请求业主承担连带责任的，人民法院应予支持。

8. 关于物业服务合同的权利义务终止后物业费清退、支付的问题

《最高人民法院关于审理物业服务纠纷案件具体应用法律若干问题的解释》第九条规定：物业服务合同的权利义务终止后，业主请求物业服务企业退还已经预收，但尚未提供物业服务期间的物业费的，人民法院应予支持。第十条规定：物业服务合同的权利义务终止后，业

主委员会请求物业服务企业退出物业服务区域、移交物业服务用房和相关设施，以及物业服务所必需的相关资料和由其代管的专项维修资金的，人民法院应予支持。物业服务企业拒绝退出、移交，并以存在事实上的物业服务关系为由，请求业主支付物业服务合同权利义务终止后的物业费的，人民法院不予支持。

第四节　住宅专项维修资金

一、住宅专项维修资金的概念、性质和用途

根据《住宅专项维修资金管理办法》第二条第二款的解释，住宅专项维修资金，是指专项用于住宅共用部位、共用设施设备保修期满后的维修和更新、改造的资金。

《住宅专项维修资金管理办法》第九条规定，业主交存的住宅专项维修资金属于业主所有。从公有住房售房款中提取的住宅专项维修资金属于公有住房售房单位所有。

住宅专项维修资金用于物业共用部位、共用设施设备保修期满后的大中修和更新、改造。

二、住宅专项维修资金的交存

1. 下列物业的业主应当按规定交存住宅专项维修资金

① 住宅，但一个业主所有且与其他物业不具有共用部位、共用设施设备的除外。

② 住宅小区内的非住宅或者住宅小区外与单幢住宅结构相连的非住宅。

上述所列物业属于出售公有住房的，售房单位应当按照《住宅专项维修资金管理办法》的规定交存住宅专项维修资金。

在《住宅专项维修资金管理办法》的第七条中，规定了商品住宅的业主、非住宅的业主的交存标准。

商品住宅的业主、非住宅的业主按照所拥有物业的建筑面积交存住宅专项维修资金，每平方米建筑面积交存首期住宅专项维修资金的数额为当地住宅建筑安装工程每平方米造价的5%至8%。

直辖市、市、县人民政府建设（房地产）主管部门应当根据本地区情况，合理确定、公布每平方米建筑面积交存首期住宅专项维修资金的数额，并适时调整。

在《住宅专项维修资金管理办法》的第八条中，规定了出售公有住房的交存标准。

2. 出售公有住房的，按照下列规定交存住宅专项维修资金

① 业主按照所拥有物业的建筑面积交存住宅专项维修资金，每平方米建筑面积交存首期住宅专项维修资金的数额为当地房改成本价的2%。

② 售房单位按照多层住宅不低于售房款的20%、高层住宅不低于售房款的30%，从售房款中一次性提取住宅专项维修资金。

3. 首期住宅专项维修资金交存时间

商品住宅的业主应当在办理房屋入住手续前，将首期住宅专项维修资金存入住宅专项维修资金专户。

已售公有住房的业主应当在办理房屋入住手续前，将首期住宅专项维修资金存入公有住

房住宅专项维修资金专户或者交由售房单位存入公有住房住宅专项维修资金专户。

公有住房售房单位应当在收到售房款之日起 30 日内，将提取的住宅专项维修资金存入公有住房住宅专项维修资金专户。

未按《住宅专项维修资金管理办法》规定交存首期住宅专项维修资金的，开发建设单位或者公有住房售房单位不得将房屋交付购买人。

三、住宅专项维修资金的管理

根据《住宅专项维修资金管理办法》第十条到第十七条的内容，我们可以把住宅专项维修资金的管理分为业主大会成立前的管理和业主大会成立后的管理两个阶段。

业主大会成立前，商品住宅业主、非住宅业主交存的住宅专项维修资金，由物业所在地直辖市、市、县人民政府建设（房地产）主管部门代管。直辖市、市、县人民政府建设（房地产）主管部门应当委托所在地一家商业银行，作为本行政区域内住宅专项维修资金的专户管理银行，并在专户管理银行开立住宅专项维修资金专户。开立住宅专项维修资金专户，应当以物业管理区域为单位设账，按房屋户门号设分户账；未划定物业管理区域的，以幢为单位设账，按房屋户门号设分户账。

业主大会成立前，已售公有住房住宅专项维修资金，由物业所在地直辖市、市、县人民政府财政部门或者建设（房地产）主管部门负责管理。负责管理公有住房住宅专项维修资金的部门应当委托所在地一家商业银行，作为本行政区域内公有住房住宅专项维修资金的专户管理银行，并在专户管理银行开立公有住房住宅专项维修资金专户。开立公有住房住宅专项维修资金专户，应当按照售房单位设账，按幢设分账；其中，业主交存的住宅专项维修资金，按房屋户门号设分户账。

业主大会成立后，应当按照下列规定划转业主交存的住宅专项维修资金：

① 业主大会应当委托所在地一家商业银行作为本物业管理区域内住宅专项维修资金的专户管理银行，并在专户管理银行开立住宅专项维修资金专户。

开立住宅专项维修资金专户，应当以物业管理区域为单位设账，按房屋户门号设分户账。

② 业主委员会应当通知所在地直辖市、市、县人民政府建设（房地产）主管部门；涉及已售公有住房的，应当通知负责管理公有住房住宅专项维修资金的部门。

③ 直辖市、市、县人民政府建设（房地产）主管部门或者负责管理公有住房住宅专项维修资金的部门应当在收到通知之日起 30 日内，通知专户管理银行将该物业管理区域内业主交存的住宅专项维修资金账面余额划转至业主大会开立的住宅专项维修资金账户，并将有关账目等移交业主委员会。

住宅专项维修资金划转后的账目管理单位，由业主大会决定。业主大会应当建立住宅专项维修资金管理制度。业主大会开立的住宅专项维修资金账户，应当接受所在地直辖市、市、县人民政府建设（房地产）主管部门的监督。

业主分户账面住宅专项维修资金余额不足首期交存额 30%的，应当及时续交。成立业主大会的，续交方案由业主大会决定。未成立业主大会的，续交的具体管理办法由直辖市、市、县人民政府建设（房地产）主管部门会同同级财政部门制定。

四、住宅专项维修资金的使用

住宅专项维修资金应当专项用于住宅共用部位、共用设施设备保修期满后的维修和更新、改造，不得挪作他用。住宅专项维修资金的使用，应当遵循方便快捷、公开透明、受益人和负担人相一致的原则。

1. 有关住宅共用部位、共用设施设备的维修和更新、改造费用分摊的规定

① 商品住宅之间或者商品住宅与非住宅之间共用部位、共用设施设备的维修和更新、改造费用，由相关业主按照各自拥有物业建筑面积的比例分摊。

② 售后公有住房之间共用部位、共用设施设备的维修和更新、改造费用，由相关业主和公有住房售房单位按照所交存住宅专项维修资金的比例分摊；其中，应由业主承担的，再由相关业主按照各自拥有物业建筑面积的比例分摊。

③ 售后公有住房与商品住宅或者非住宅之间共用部位、共用设施设备的维修和更新、改造费用，先按照建筑面积比例分摊到各相关物业。其中，售后公有住房应分摊的费用，再由相关业主和公有住房售房单位按照所交存住宅专项维修资金的比例分摊。

住宅共用部位、共用设施设备维修和更新、改造，涉及尚未售出的商品住宅、非住宅或者公有住房的，开发建设单位或者公有住房单位应当按照尚未售出商品住宅或者公有住房的建筑面积，分摊维修和更新、改造费用。

2. 申请使用住宅专项维修资金的程序

（1）住宅专项维修资金划转业主大会管理前　住宅专项维修资金划转业主大会管理前，需要使用住宅专项维修资金的，按照以下程序办理：

① 物业服务企业根据维修和更新、改造项目提出使用建议；没有物业服务企业的，由相关业主提出使用建议。

② 住宅专项维修资金列支范围内专有部分占建筑物总面积三分之二以上的业主且占总人数三分之二以上的业主讨论通过使用建议。

③ 物业服务企业或者相关业主组织实施使用方案。

④ 物业服务企业或者相关业主持有关材料，向所在地直辖市、市、县人民政府建设（房地产）主管部门申请列支；其中，动用公有住房住宅专项维修资金的，向负责管理公有住房住宅专项维修资金的部门申请列支。

⑤ 直辖市、市、县人民政府建设（房地产）主管部门或者负责管理公有住房住宅专项维修资金的部门审核同意后，向专户管理银行发出划转住宅专项维修资金的通知。

⑥ 专户管理银行将所需住宅专项维修资金划转至维修单位。

（2）住宅专项维修资金划转业主大会管理后　住宅专项维修资金划转业主大会管理后，需要使用住宅专项维修资金的，按照以下程序办理：

① 物业服务企业提出使用方案，使用方案应当包括拟维修和更新、改造的项目、费用预算、列支范围、发生危及房屋安全等紧急情况以及其他需临时使用住宅专项维修资金的情况的处置办法等。

② 业主大会依法通过使用方案。

③ 物业服务企业组织实施使用方案。

④ 物业服务企业持有关材料向业主委员会提出列支住宅专项维修资金；其中，动用公有住房住宅专项维修资金的，向负责管理公有住房住宅专项维修资金的部门申请列支。

⑤ 业主委员会依据使用方案审核同意，并报直辖市、市、县人民政府建设（房地产）主管部门备案；动用公有住房住宅专项维修资金的，经负责管理公有住房住宅专项维修资金的部门审核同意；直辖市、市、县人民政府建设（房地产）主管部门或者负责管理公有住房

住宅专项维修资金的部门发现不符合有关法律、法规、规章和使用方案的，应当责令改正。

⑥ 业主委员会、负责管理公有住房住宅专项维修资金的部门向专户管理银行发出划转住宅专项维修资金的通知。

⑦ 专户管理银行将所需住宅专项维修资金划转至维修单位。

(3) 发生危及房屋安全等紧急情况　发生危及房屋安全等紧急情况，需要立即对住宅共用部位、共用设施设备进行维修和更新、改造的，按照以下规定列支住宅专项维修资金：

① 住宅专项维修资金划转业主大会管理前，按照第 (1) 项中第④项、第⑤项、第⑥项的规定办理。

② 住宅专项维修资金划转业主大会管理后，按照第 (2) 项中第④项、第⑤项、第⑥项和第⑦项的规定办理。

发生上述情况后，未按规定实施维修和更新、改造的，直辖市、市、县人民政府建设（房地产）主管部门可以组织代修，维修费用从相关业主住宅专项维修资金分户账中列支；其中，涉及已售公有住房的，还应当从公有住房住宅专项维修资金中列支。

3. 不得从住宅专项维修资金中列支的情况

下列费用不得从住宅专项维修资金中列支：

① 依法应当由建设单位或者施工单位承担的住宅共用部位、共用设施设备维修、更新和改造费用。

② 依法应当由相关单位承担的供水、供电、供气、供热、通信、有线电视等管线和设施设备的维修、养护费用。

③ 应当由当事人承担的因人为损坏住宅共用部位、共用设施设备所需的修复费用。

④ 根据物业服务合同约定，应当由物业服务企业承担的住宅共用部位、共用设施设备的维修和养护费用。

4. 关于住宅专项维修资金购买国债的规定

在保证住宅专项维修资金正常使用的前提下，可以按照国家有关规定将住宅专项维修资金用于购买国债。利用住宅专项维修资金购买国债，应当在银行间债券市场或者商业银行柜台市场购买一级市场新发行的国债，并持有到期。

利用业主交存的住宅专项维修资金购买国债的，应当经业主大会同意；未成立业主大会的，应当经专有部分占建筑物总面积三分之二以上的业主且占总人数三分之二以上业主同意。

利用从公有住房售房款中提取的住宅专项维修资金购买国债的，应当根据售房单位的财政隶属关系，报经同级财政部门同意。

禁止利用住宅专项维修资金从事国债回购、委托理财业务或者将购买的国债用于质押、抵押等担保行为。

思考题

1. 物业管理的概念是什么?
2. 物业管理的特征是什么?

3. 物业管理的基本内容有哪些？
4. 简述物业管理的主要环节。
5. 业主的权利和义务有哪些？
6. 由业主共同决定的事项有哪些？
7. 简述业主委员会的职责。
8. 什么是临时管理规约，什么是管理规约，它们有什么区别？
9. 物业管理的委托方可能会有哪些？
10. 物业服务合同有哪几种，它们的签订双方相同吗？
11. 什么是物业管理招投标？
12. 物业管理招标的方式有哪几种？
13. 在物业的承接查验中，建设单位应当向物业服务企业移交哪些资料？
14. 物业服务企业现场查验部位及设施设备有哪些？
15. 简述物业服务收费的概念、原则。
16. 简述物业服务收费价格管理方式。
17. 利用物业共用部位、共用设施设备进行经营的产生收益应当如何分配？
18. 代收供水、供电、供气、供热、通信、有线电视等费用的手续费应当如何收取？
19. 物业使用人交纳物业费有什么规定？
20. 简述住宅专项维修资金的概念、性质和用途。
21. 简述住宅专项维修资金的交存范围和标准。
22. 简述住宅专项维修资金的管理和使用。

参考文献

[1] 李适时. 中华人民共和国民法总则释义 [M]. 北京：法律出版社，2017.
[2] 崔建远. 物权法 [M]. 北京：中国人民大学出版社，2009.
[3] 胡卫. 合同法论 [M]. 北京：人民法院出版社，2010.
[4] 中国房地产估价师与房地产经纪人学会. 房地产基本制度与政策 [M]. 第 8 版. 北京：中国建筑工业出版社，2017.
[5] 黄贤金. 土地政策学 [M]. 第 4 版. 北京：中国农业出版社，2014.
[6] 中国房地产估价师与房地产经纪人学会. 房地产经纪职业导论 [M]. 第 2 版. 北京：中国建筑工业出版社，2018.
[7] 李伟. 房地产投资分析与综合开发 [M]. 北京：机械工业出版社，2005.
[8] 张景伊，陈伟. 物业管理基本制度与政策 [M]. 北京：中国建筑工业出版社，2006.
[9] 刘文锋. 建设法规概论 [M]. 第 2 版. 北京：高等教育出版社，2011.
[10] 金国辉. 新编建设法规教程与案例 [M]. 北京：机械工业出版社，2009.
[11] 李延荣，周珂. 房地产法 [M]. 第 4 版. 北京：中国人民大学出版社，2012.